中國學術思想 研究輯刊

十 編

林慶彰 主編

第 25 冊

黃梨洲思想旨歸探析（上）

林于盛 著

花木蘭文化出版社

國家圖書館出版品預行編目資料

黃梨洲思想旨歸探析（上）／林于盛 著—初版—台北縣永
和市：花木蘭文化出版社，2010〔民99〕
目 2+238 面：19×26 公分
（中國學術思想研究輯刊 十編；第 25 冊）
ISBN：978-986-254-354-2（精裝）
1.（清）黃宗羲　2.學術思想
127.11　　　　　　　　　　　　　　　　　99016463

ISBN - 978-986-2543-54-2

9 789862 543542

中國學術思想研究輯刊

十　編　第二五冊　　　　　　ISBN：978-986-254-354-2

黃梨洲思想旨歸探析（上）

作　者　林于盛
主　編　林慶彰
總編輯　杜潔祥
出　版　花木蘭文化出版社
發行所　花木蘭文化出版社
發行人　高小娟
聯絡地址　台北縣永和市中正路五九五號七樓之三
　　　　　電話：02-2923-1455／傳眞：02-2923-1452
網　址　http://www.huamulan.tw 信箱 sut81518@ms59.hinet.net
印　刷　普羅文化出版廣告事業
封面設計　劉開工作室
初　版　2010 年 9 月
定　價　十編 40 冊（精裝）新台幣 62,000 元

黃梨洲思想旨歸探析（上）

林于盛　著

作者簡介

林于盛，男性，1970 年出生於臺灣高雄。國立中山大學中國文學系博士畢業，學術專長為宋明理學、儒家義理、中國思想史，另對古典詩詞頗有興趣。目前在中山大學中文系等等學校服務，已發表學術論文若干篇。平日教學之餘，致力於中國傳統思想之探討，未來將以儒、道、釋三家修養成聖之學為研究重心，並導向現代生活課題，期望能活化古典知識，並對個人及社會大眾之身心安頓、生命圓融有所裨益。

提　　要

黃宗羲（西元 1610～1695），號梨洲，是中國明末清初的重要思想家，迄今關於他的學術研究成果已十分豐贍。然而，對於他的理學思想與博綜涉獵之間的理論性、邏輯性關聯，似乎尚未能充分地確認，以致於對其全盤思想旨歸的把握，有時難免略顯分歧或不夠明朗。本文在觀察梨洲現存的文字後，嘗試著去說明其大意，認為其說的根本性格，係一關懷人文大群現世全幅生活的文化性思維，而不沿襲舊有的理學思路，遂在其理氣心性諸觀念的特殊界定之基礎上，完成一「道德價值性之宏富文明的世代建構」之理論，從而儼然達到一種「文化哲學」的高級型態，並非空泛地宣揚經世致用而已。因此，梨洲不是單純的理學興趣，但其理學中事實性與價值性統體共在的實然本體、和道德認同感的新心體，則成為其學說的核心基礎；一方面成為其個人在政治學、歷史學、文學、科學種種領域之專門見解與活動建樹的內在義蘊、指導原則；一方面又使得傳統由內聖而外王的思想舊格局，在形式、內容、操作上，皆變更為以外王來確定內聖地位的新規模。是故，我們不太適合逕稱其為傳統宋明理學或陸王心學的殿軍，且其整體學術乃為首尾一致的思想體系，應該也不存在晚年思想重大轉變的現象。

目

次

上　冊

第一章　緒　論………………………………………………1

　第一節　梨洲思想研究概況述要………………………1

　第二節　本文的研究取向………………………………26

第二章　梨洲的理學…………………………………33

　第一節　理氣與心性……………………………………33

　　一、事實性與律則性統一共在的理氣觀………………33

　　二、具體心智之道德感知的心性論……………………44

　第二節　成德工夫………………………………………62

　　一、工夫前提：有本的靜存……………………………62

　　二、工夫原則：心智單純化……………………………69

　　三、工夫實踐：識取與修治……………………………79

　　四、境界在工夫之中……………………………………92

第三章　梨洲的博綜之學…………………………101

　第一節　政治思想………………………………………101

　　一、標舉道德文化義涵的政治理念…………………102

　　二、規劃制度以實現政治理念………………………109

　　三、強調心術以涵養政治理念………………………120

第二節　史學思想⋯⋯⋯⋯⋯⋯⋯⋯⋯ 133
　　一、文明危殆不定的歷史觀點⋯⋯⋯⋯ 134
　　二、維繫歷史進化的道德情操⋯⋯⋯⋯ 137
　　三、道德情操特化的歷史意識⋯⋯⋯⋯ 149
第三節　文學思想⋯⋯⋯⋯⋯⋯⋯⋯⋯ 160
　　一、承載歷史情感的「詩史」觀⋯⋯⋯ 162
　　二、回歸道德情操的「性情」觀⋯⋯⋯ 171
　　三、融鑄個性學力的「文道」觀⋯⋯⋯ 185
第四節　科學思想⋯⋯⋯⋯⋯⋯⋯⋯⋯ 203
　　一、以實證的態度研究自然世界⋯⋯⋯ 203
　　二、講求人文世界中的實用成效⋯⋯⋯ 216
　　三、自然世界與人文世界的同一⋯⋯⋯ 224

下　冊

第四章　梨洲思想的基本義蘊⋯⋯⋯⋯⋯ 239
第一節　梨洲對傳統心學的繼承與轉變⋯⋯ 240
　　一、梨洲對陽明四句教的本體批評⋯⋯ 240
　　二、梨洲對陽明四句教的工夫批評⋯⋯ 249
　　三、梨洲對蕺山見解的承襲⋯⋯⋯⋯⋯ 262
　　四、梨洲「道德認同感」的新心體⋯⋯ 274
第二節　梨洲關注文化的思想性格⋯⋯⋯ 297
　　一、注重獨創自用的自得觀念⋯⋯⋯⋯ 297
　　二、提倡兼容並蓄的學術態度⋯⋯⋯⋯ 310
　　三、開創經天緯地的儒學規模⋯⋯⋯⋯ 326
第三節　傳統心學的思想格局與梨洲思想的意義 343
　　一、傳統心學由內聖而外王的觀點⋯⋯ 343
　　二、梨洲「實然本體」的理氣新說⋯⋯ 360
　　三、「實然本體」在外王上的新突破⋯⋯ 372

第五章　結論：道德文化的世代建構⋯⋯⋯ 391

主要參考書目⋯⋯⋯⋯⋯⋯⋯⋯⋯⋯⋯ 399

第一章　緒　論

第一節　梨洲思想研究概況述要

　　黃宗羲（西元 1610～1695），字太沖，號梨洲，浙江餘姚人。生於明神宗萬曆三十八年，卒於清聖祖康熙三十四年，享壽八十六歲。年十七，父尊素以忠直爲魏忠賢所害，死於詔獄。年十九，入京訟冤，終得昭雪。歸益肆力於學，盡發家藏書讀之，不足，復借鈔之。受業劉宗周，又精研經史，至於天算、百家、九流，以及釋道之書，莫不博究。明亡時，糾合志士，起義於浙東，抵禦清兵，追隨魯王從亡海上，出入危難，九死一生。後睹復國無望，歸里奉母，專心著述，從游日眾。康熙年間，詔舉鴻博，薦修明史，皆以年老固辭。卒，門人私諡文孝，學者稱南雷先生。著有《明夷待訪錄》、《明儒學案》、《南雷文定》、《南雷詩曆》等等。

　　我們知道，一個題目之所以能成爲論文題目，必有其學術上的客觀價值，因此在選定黃梨洲爲研究對象前，須先觀察現今學界關於黃梨洲的研究情形。基本上，對於這位中國思想史上的重要人物，已有的學術論述十分豐富，此處想要面面俱到又鉅細靡遺地介紹其中的各種成果及長短得失，誠非篇幅所許。因此以下將略分成七個方面，儘量採用扼要的敘述，擇取較具有代表性之研究中的若干，以試圖呈現目今的研究大概爲主，而不擬求詳求備。〔註1〕

〔註 1〕以下所舉的研究論述勢必無法將具有代表性的作品盡數網羅，讀者若欲一份

一、梨洲的生平事蹟與著作

這一方面，早期有謝國楨《黃梨洲學譜》，傳纂生平，又分理學、政治、史學、文學四門述略學術，並對梨洲著述及其學侶、家學、弟子、私淑的行蹟加以考錄，所涵蓋的範圍頗為全面，然猶屬草創之作。〔註2〕目前大陸學者因地利之便而能掌握原始文獻，故表現卓越。其中當以沈善洪、吳光等人的團隊完成《黃宗羲全集》的編輯點校最為重要，建立了全面研究的基礎，極具里程碑式的意義。〔註3〕而吳光對梨洲著作緣由、寫作年代、刊布情況、版本優劣及真偽諸問題的詳盡考證則已成為此方面的權威。〔註4〕另外在《黃宗羲全集》之外，又陸續有許多梨洲佚文為人所發現，〔註5〕這種現象或許未來

〔註1〕 詳細的文獻書目，可以參考瞿岩〈黃宗羲研究主要論著索引（1901～1986年）〉，收於吳光主編：《黃宗羲論》（杭州：浙江古籍出版社，1987年），頁639～659；季學原、章亦平：《黃宗羲研究資料索引》（杭州：浙江古籍出版社，1993年）；張安如、皇甫賢昌：〈1990～1994年國內黃宗羲研究綜述〉，《中國史研究動態》1996年第1期，頁14～19；及朱義祿：《黃宗羲與中國文化》（貴陽：貴州人民出版社，2001年）書末所附之〈建國以來的黃宗羲研究〉；及徐定寶：《黃宗羲評傳》（南京：南京大學出版社，2002年），頁370～388的附錄。

〔註2〕 見謝國楨：《黃梨洲學譜》（台北：商務印書館，1968年）。另外，更早的黃嗣艾：《南雷學案》（台北：明文出版社，1985年），亦為此類之作，而形式上則近於傳統學案體裁，先述梨洲生平、著述目錄，繼以大量摘錄梨洲作品，後則分家學、師承、先正、同調、及門、私淑、尊聞，附上與梨洲相關學者的傳記與言論。

〔註3〕 沈善洪、吳光等主編：《黃宗羲全集》（杭州：浙江古籍出版社，1985年～1994年），乃本文徵引梨洲原文的依據，為簡潔起見，以下均對此書簡稱《全集》。又此書於2005年刊行新增訂版，然已後於本文原初寫作時間點，故不及採用。新舊版大致相同，唯頁碼稍有移動，使用新版的讀者請予留意。

〔註4〕 詳見《全集》各冊末所附吳光之〈黃宗羲遺著考〉，及其《黃宗羲著作彙考》（台北：臺灣學生書局，1990年）。此方面又可參考張克偉：〈黃宗羲著述存逸考（上）（中）（下）〉，《國立編譯館館刊》1988年第17卷第1、2期，頁77～109、81～111，及1989年第18卷第1期，頁251～270。另外，張安如：〈黃宗羲著作補考〉，《古籍整理研究學刊》2001年第2期，頁53～56則對吳光之考證作出進一步之修正與補充。

〔註5〕 如方祖猷〈黃宗羲及其弟子宗譜詩文輯佚〉，《寧波大學學報》1992年第1期；張安如〈新發現的黃宗羲佚文「邑侯康公救災記」〉，《北京圖書館館刊》1993年第3期；季學原〈新發現的黃宗羲兩篇佚文之重要價值〉，《清史研究》1992年第4期，頁109～112；高洪鈞〈黃宗羲著作彙考補正——記《黃氏續鈔》三種〉，《天津師大學報》1995年第3期，頁70～72、59等等。前註3所提之《全集》新版，已將這些佚文收入第11冊中。

還有可能出現，而《全集》也還有若干值得商榷之處。〔註6〕此外，在年譜方面，今人在梨洲後人黃炳垕的《黃梨洲先生年譜》基礎上，予以增補說明，其中以徐定寶所編者最爲詳贍。〔註7〕至於其他方面，尙有述介梨洲活動的遺蹟，而對梨洲故里、家族、別號等等予以實地考查；〔註8〕或考證其與時人錢謙益、朱之瑜、方以智、呂留良等等的交遊關係。〔註9〕

二、梨洲的政治思想

政治學乃梨洲思想最爲世人所重視的部分，歷來的研究論述至爲豐富，主要焦點集中在梨洲政治思想的根本性質與重大貢獻。整合學者們的基本觀點，大抵均肯定其對專制政治深切著明的勇敢抨擊，暢揚了傳統民本思想的

〔註6〕 如鍾彩鈞：〈來知德哲學思想研究〉，《中國文哲研究集刊》2004 年 3 月第 24 期，頁 231 指出《明儒學案》至少就來氏學案而言，莫晉刻本較爲成熟，故《黃宗羲全集》據鄭性刻本的抉擇或須再考慮。

〔註7〕 徐定寶主編：《黃宗羲年譜》（上海：華東師範大學出版社，1995 年）。其他常見的梨洲年譜，又有王政堯點校：《黃宗羲年譜》（北京：中華書局，1993 年），對黃炳垕《年譜》作出若干訂正，書末則附錄不少有關梨洲的各種傳記資料。此外，計其邊：《黃宗羲》（天津：新蕾出版社，1993 年），則爲白話傳記，對梨洲生平敍述亦頗爲曉暢而全面。（黃炳垕《年譜》可見於《全集》冊 12 頁15～60）。

〔註8〕 如季學原、章亦平《黃宗羲研究資料索引》頁 57～117；徐仲力、諸煥燦：〈黃宗羲「梨洲」、「南雷」兩號探微〉，《清史研究通訊》1986 年第 2 期；葉樹望：〈黃梨洲與化安山〉，《中國典籍與文化》1997 年第 4 期，頁 118；孫棟苗：〈黃梨洲墓散記〉，《浙江檔案》2000 年第 4 期，頁 41；及吳光主編《黃宗羲論》中的季續〈黃宗羲別號考〉、邵九華〈黃宗羲故居考〉、徐仲力〈黃竹浦略考〉、葉樹望〈竹橋黃氏述略〉，與吳光、季學原主編：《黃梨洲三百年祭》（北京：當代中國出版社，1997 年）中的計文淵〈黃宗羲與藍溪〉、黃厚香〈雁蕩山新發現的黃宗羲遺跡〉等等。

〔註9〕 如裴世俊：〈論黃宗羲和錢謙益的關係〉，《寧夏社會科學》1992 年第 3 期，頁89～94；錢明：〈黃梨洲朱舜水關係辨——兼與白砥民先生商榷〉，《杭州大學學報》1986 年 12 月第 16 卷第 4 期，頁 28～34；張安如：〈異人諸士奇探究〉，《寧波師院學報（社會科學版）》1989 年第 4 期；諸煥燦〈黃宗羲與朱之瑜關係考索〉（收於吳光等主編《黃梨洲三百年祭》頁 240～253）；蔣國保〈黃宗羲和方以智〉、費思堂〈黃宗羲和呂留良〉（此二文收於吳光主編《黃宗羲論》頁 439～472、496～504）。又如方祖猷：《清初浙東學派論叢》（台北：萬卷樓圖書公司，1996 年），頁 113～154；錢穆〈記呂晚村詩集中涉及黃梨洲語〉，收於其《中國學術思想史論叢（八）》（台北：聯經出版事業公司，1995 年），頁 241～251；包賚：《呂留良年譜》（台北：廣文書局，1971 年）；陳祖武：《清初學術思辨錄》（北京：中國社會科學出版社，1992 年），頁 146～151 等等。

大義，在種種新制度的設計裏顯示出企圖突破傳統政治的用心，而深富民主與啓蒙的精神及意義，代表儒家思想對帝制反省的高峰；同時又指出其畢竟不脫君主政體的範圍，欠缺現代民主、民權思想「民有、民治、民享」之眞正有效的具體主張，實際價值有限，未能造成眞正轉變，只能就歷代典章制度之得失利病予以補偏救弊，終究不出儒家政治思想的局限，其根據古代的政治理想及原則所提供的改良構想並不甚可行。〔註 10〕由這些基本的看法

〔註10〕學者的論述中，比較具代表性的，大致上有：
(1) 民初的胡適《胡適文存（第二集第三卷）·黃梨洲論學生運動》、章太炎《章氏叢書太炎文錄初編·文錄》卷一〈説林（上）〉、〈非黃〉。
(2) 蕭公權：《中國政治思想史》（台北：聯經出版事業公司，1993 年）、薩孟武《中國政治思想史》（台北：三民書局，1992 年）、曾繁康：《中國政治思想史》（台北：大中國圖書公司，1959 年）、謝扶雅：《中國政治思想史綱》（台北：正中書局，1970 年）、金耀基：《中國民本思想史》（台北：臺灣商務印書館，1993 年）等政治思想史著作。
(3) 梁啓超：《中國近三百年學術史》（台北：里仁書局，1995 年）、錢穆：《中國近三百年學術史》（台北：商務印書館，1995 年）、譚丕模：《清代思想史綱》（上海：上海書店，1990 年）、陸寶千：《清代思想史》（台北：廣文書局，1983 年）、侯外廬：《中國思想通史（第五卷）》（北京：人民出版社，1958 年）、勞思光：《新編中國哲學史》（台北：三民書局，1992 年）、韋政通《中國思想史》（台北：水牛出版社，1994 年）等（清代）學術（或哲學）思想史類的書。
(4) 高準：《黃梨洲政治思想研究》（台北：中國文化學院，1967 年）、狄百瑞的專論。狄氏著作一般常見的中譯有段昌國等譯：《中國思想與制度論集》（台北：聯經出版事業公司，1981 年）中的〈中國的專制政治與儒家理想〉、周博裕主編：《傳統儒學的現代詮釋》（台北：文津出版社，1994 年）中的〈黃宗羲明夷待訪錄之現代意義〉、李弘祺譯：《中國的自由傳統》（台北：聯經出版事業公司，1983 年）等。
(5) 季學原與桂興沅：《明夷待訪錄導讀》（成都：巴蜀書社，1992 年）中長達 60 頁的「導論」，吳光主編《黃宗羲論》、《黃梨洲三百年祭》中的若干論文，與《全集》冊 1 沈善洪〈黃宗羲全集序〉、冊 12 吳光〈清初啓蒙思想家黃宗羲傳〉中的意見。
(6) 董金裕：《忠臣孝子的悲願——明夷待訪錄》（台北：時報文化出版公司，1998 年）、李廣柏：《新譯明夷待訪錄》（台北：三民書局，1995 年）則對《明夷待訪錄》加以詳細注譯，並予以扼要説解評判。
(7) 許多學位論文，如李東三：《黃梨洲及其明夷待訪錄之研究》（台北：台灣大學中文所碩士論文，1983 年）、康長健：《黃宗羲政治思想之研究》（台北：政治大學政治所碩士論文，1985 年）、黃啓霖：《黃梨洲與孫中山經世思想之比較研究》（台北：台灣大學三民主義所碩士論文，1985 年）、林朝和：《黃梨洲政治哲學之研究》（台北：文化大學哲學所碩士論文，1986 年）、南鐘鎬：《黃梨洲的政治思想》（台北：台灣大學政治

裏，我們可以看出梨洲政治思想在根本始點上具有一關心人民的道德性格，在政治與道德意識間有密切的關聯。

　　另外，有些則針對梨洲某些具體政治制度的設計內容及其長短得失予以述評。比如法律方面，針對梨洲所倡言法律的發生本質及作用、專制下法律的扭曲、法制秩序的建立等等，探討梨洲以天下之法取代一家之法、強調有治法而後有治人的法治思想。〔註11〕比如經濟方面，對梨洲的重視工商、廢金銀等等的貨幣政策，及恢復井田的土地分配、賦稅改革等等，加以述評。〔註12〕比如教育方面，分別就梨洲揭露科舉制度的毒害，及其理想中學校的性質、教育的歷史使命和社會職能、教育的體系、教學內容、教學原則與方法、教師的作用與地位及其選聘條件、政治人才的培訓與舉用方法種種方面予以述論；〔註13〕或者聚焦在梨洲對建功立業、傑出創造的「豪傑」之理想人格的界定和養成上；

　　　　所碩士論文，1991年）、黃尚信：《黃梨洲經世之學研究》（台北：文化大學中文所博士論文，1991年）、陳昭鈞：《黃宗羲《明夷待訪錄》民本思想之研究》（台北：臺灣師範大學政治所碩士論文，2004年）等等，對於梨洲政治思想及學者們的主要論點已頗有相當詳贍的整理，足供有興趣者對此一領域的基本認識。

〔註11〕如張晉藩：《中國法律史論》（北京：法律出版社，1982年），頁176～177；張國華《中國法律思想史》（北京：法律出版社，1982年），頁370～378；及張國華、錢鑫賢主編：《中國法律思想史綱》（蘭州：甘肅人民出版社，1987年），頁200～214；王潔卿：《中國法律與法治思想》（台北：王潔卿發行，1988年），頁811～814；蘇鳳格：〈黃宗羲法律思想評述〉，《廣西師範大學學報（哲學社會科學版）》2002年10月第38卷第4期，頁120～123等等。

〔註12〕如周金聲：《中國經濟思想史（二）》（台北：周金聲著作發行所，1965年），頁672～678；吳演南：〈黃宗羲的經濟思想〉，《復興崗學報》1972年6月第10期，頁145～152；侯家駒：《中國經濟思想史》（台北：中央文物供應社，1982年），頁366～373；葉世昌：〈關於黃宗羲的工商皆本論〉，《復旦學報》1983年第4期，頁108～110；駱浪萍：〈黃宗羲經濟思想之我見〉，《杭州大學學報》1987年6月第17卷第2期，頁14～18；方同義〈明夷待訪錄的經濟思想述評〉（收於吳光主編《黃宗羲論》頁617～620）；林麗月：〈晚明「崇奢」思想隅論〉，《國立臺灣師範大學歷史學報》1991年10月第19期，頁226～227等等。

〔註13〕如毛禮銳、沈灌群主編：《中國教育通史》（濟南：山東教育出版社，1987年），頁528～551；季學原：〈黃宗羲教育改革思想的借鑒意義〉，《寧波師院學報（社會科學版）》1995年第3期，頁，18～23；陳增輝〈黃宗羲教育思想簡述〉、王維和〈黃宗羲人才「八法」述評〉（此二文收於吳光主編《黃宗羲論》頁604～616）；謝玲玲〈黃宗羲教育思想初探〉（收於吳光等主編《黃梨洲三百年祭》頁209～211）；鄭文嵐《黃宗羲教育思想之探討》（台北：台灣師範大學教育所碩士論文，1988年）等等。

〔註14〕或者更旁及梨洲的藏書成就及講學的活動事蹟並其弟子考述。〔註15〕除此之外，又有針對梨洲個人對清廷的政治態度及言行，討論其是否堅守遺民氣節的問題；〔註16〕又有觀察其政治思想與東林學派的淵源者。〔註17〕

〔註14〕如張錫勤、孫實明、饒良倫主編：《中國倫理思想通史》（哈爾濱：黑龍江教育出版社，1992 年），下冊頁 66〜71；馮契：《中國古代哲學的邏輯發展》（上海：上海人民出版社，1995 年），頁 1030〜1045；李明友、渠玉九：〈黃宗羲的理想人格散論〉《寧波師院學報（社會科學版）》1996 年第 4 期，頁 26〜29 等等。

〔註15〕主要可詳見金林祥：《教育家黃宗羲新論》（西寧：青海人民出版社，1993 年）。另外，又可參見羅友松、蕭林來：〈黃宗羲藏書考〉，《華東師大學報》1980 年第 4 期，頁 85〜89；方祖猷《清初浙東學派論叢》頁 23〜36、65〜112；王汎森：〈清初的講經會〉，《中央研究院歷史語言研究所集刊》1997 年 9 月第 68 本第 3 分，頁 503〜588 等等。

〔註16〕此方面的討論，早期有章太炎〈非黃〉及〈說林（上）〉「守節不孫」、「將俟虜之下問」的指責，而陳寅恪：《柳如是別傳》（北京：生活讀書新知三聯書店，2001 年）第五章，頁 860〜861 亦謂梨洲撰《明夷待訪錄》自命為箕子，而以清聖祖比周武王，誠可愧惜。梁啓超：《中國近三百年學術史》（台北：里仁書局，1995 年），頁 71 則持反對意見，謂梨洲係欲為代清而興者說法；至於錢穆：《中國近三百年學術史》（台北：商務印書館，1995 年），頁 36〜37、79〜80 則持調停之論，既認為其晚節多可議，又有確不可奪者，且亦情勢之至可悲可畏者，故不當深論，否則亡國之下終無完人。

另外，最近較具特色的討論，有吳光：〈《與徐乾學書》的考證和說明〉，收於其《古書考辨集》（台北：允晨文化實業公司，1989 年），頁 181〜185；及其《黃宗羲著作彙考》頁 184〜187、〈清初啟蒙思想家黃宗羲傳〉（《全集》冊 12 頁 137〜138）。吳氏謂梨洲〈與徐乾學書〉詞句諂媚，反映其晚年反清思想淡化，然並非晚節不終的汙點，而是開明通達、正視歷史現實的證明。又高準：〈黃梨洲明夷待訪錄對象之探索〉，《大陸雜誌》第三十四卷第 6 期，頁 14〜19 認為梨洲本無民族主義思想，凡能具仁心而大公者，不論其人為夏為夷，皆可認同。又南炳文〈黃宗羲肯定封建君主專制制度的思想〉由梨洲各時期著作中對明朝與清朝稱呼的變化，認為其確有肯定君主專制的思想，其對清廷的讓步，正欲藉之保持遺民身分，以完成自己對前朝的道德要求；而莊嚴〈黃宗羲的華夷之辨和他的學人生涯〉亦認為梨洲晚年已由啟蒙思想的君臣之義轉為宣揚對明室的愚忠；（南莊二文收於吳光主編《黃宗羲論》頁 350〜357、頁 365〜376）。又陳永明〈論黃宗羲的「君臣之義」觀念——兼評所謂黃氏「晚節可議」說〉（收於吳光等主編《黃梨洲三百年祭》頁 135〜151）謂梨洲明亡前本即已不熱中於功名，《待訪錄》完成後又擺脫一姓之忠的教條，以為人民謀安治、延續漢文化為前提，對清代新良政有各種認同的態度與行為表現，故其不仕，並非出於君臣之間的「忠」，而是對父親、師友不幸遭遇的緬懷神傷，乃是個人情感上「孝」和「義」的決定。

同時，亦可參考董金裕〈明夷待訪，待誰之訪〉（收於國立中山大學中文系《第一屆清代學術研討會論文集》頁 51〜64）及《黃梨洲三百年祭》頁 254

三、梨洲的哲學思想

　　對於梨洲理氣心性諸觀念的解說，當以牟宗三、劉述先最爲重要。牟氏謂梨洲將即活動即存有之於穆不已的天命流行實體，誤解爲氣化之流變，故以理爲至變之氣的不變定則，使得理只是氣的自然質性，並不是超越的所以然之理；又視心爲氣，以至變之心中有惻隱等之不變者爲性，使得性善只是一時偶然，而不能必然地、普遍地被建立；結果理與性俱爲虛名，純爲自然主義實然之平鋪，幾成唯氣論，全失先秦儒家及宋明理學大家之本義，亦不解其師劉蕺山對獨體的義理間架。〔註 18〕劉氏則謂梨洲乃「理氣心性貫通爲一的內在一元」論，係緊守蕺山之師說，將性理的超越義更加減煞，進一步

〔註17〕〜261 之管敏義、賀亞敏的〈黃宗羲與張蒼水〉。另外，陳瓊瑩：〈清初士大夫反滿之探討〉，《中正嶺學術研究集刊》1987 年第 6 期，頁 19〜45；黃進興：〈清初政權意識形態之探究：政治化的「道統觀」〉，《中央研究院歷史語言研究所集刊》1987 年 3 月第 58 本第 1 分，頁 105〜131；王思治及劉鳳雲：〈論清初遺民反清態度的轉變〉，《社會科學戰線》1989 年第 1 期，頁 128〜137；謝正光：〈顧炎武、曹溶論交始末——明遺民與清初大吏交遊初探〉，《中國文化研究所學報》1995 年第 4 期，頁 205〜222 及〈清初的遺民與貳臣——顧炎武、孫承澤、朱彝尊交遊考論〉，《漢學研究》1999 年 12 月第 17 卷第 2 期，頁 31〜60；何冠彪：《明末清初學術思想研究》（台北：學生書局，1991 年）中之〈論明遺民之出處〉及〈論明遺民子弟之出試〉等等亦有所相關。

〔註17〕如小野和子〈從東林黨到黃宗羲〉藉由《萬曆疏鈔》、《萬曆邸鈔》中之文獻發現東林黨的活動和政治思想給予梨洲非常深刻的影響，東林中（如李三才等）諸多言論實爲梨洲重大政理論的先聲。又司徒琳〈明夷待訪錄和明儒學案再評價〉認爲《待訪錄》不是梨洲的獨創，而是東林與復社之政治改革的總結，其說早已見於顧憲成、顧允成、趙南星、繆昌期、劉宗周、張溥等人之言，又與時人顧亭林、王夫之、陸世儀、魏僖、唐甄、王源多有類似，故非時代思想的開山先驅，而是若干舊說的集成。另外，高橋進〈黃宗羲思想的歷史性格〉則指出東林學派以經世濟民爲目的，顯出強烈的政治意欲，異於陽明所關心的自我如何成聖之問題，而梨洲之父、師皆東林派，故影響其強調史學之經世。（三文收於吳光主編《黃宗羲論》頁 273〜286、287〜302、74〜87）。另外溝口雄三著、林右崇譯：《中國前近代思想的演變》（台北：國立編譯館，1994 年）第三章論東林派人士的思想，而頁 332 則指出梨洲《待訪錄》可視爲東林人士言論的結集，諸如批判君主貪財、批判宦官、主張天下之是非和公論、強化宰相權限、保障土地所有權、要求分治等等皆是東林諸人早已提出的見解，但在梨洲加以體系化後，從而具有先進性。此外，又可參考古清美：〈清初經世之學與東林學派的關係〉，《孔孟月刊》1985 年 11 月第 24 卷第 3 期，頁 44〜51。

〔註18〕詳見其《心體與性體》（台北：正中書局，1994 年），第二冊頁 117〜135；及《從陸象山到劉蕺山》（台北：聯經出版事業公司，2003 年），頁 371。

地內化發揮，徹底泯除一切理氣心性間的相對差別，但尚未完全墮爲實然之氣化；其即以此內在一元爲綱領判準，去簡擇陽明思想、批判朱子哲學，因此他只是廣義的王學，並非真正王學的嫡派；而他一面由博返約以體證理一，又一面由心體變動不居以體究分殊，走上編纂思想史之路，希望由此建立思想的正確方向，下開一個新時代；可是此種內在一元論卻使得時人將整個宋明理學的超越本體完全抹滅，使其理學爲主與經史文獻學爲輔的架構，反成主客易位，竟造成理學的終結、清學的開始，這種影響結果正與梨洲所期者相反，故可將之定位爲宋明理學的殿軍。〔註19〕

另外，其他學者亦有若干頗值得注意的觀點或提示。比如勞思光指出梨洲極反對以「理」爲存有而以「心」爲觀理之能力，一切理皆統歸於此本心，而所謂「心無本體」者，蓋言心非被決定之存有，其係作爲一純自由自主之主體性，故其自身「如何活動」，即決定自身「成爲如何」。〔註20〕又如樓宇烈謂梨洲氣質之性本善的一元說，造成惡與人欲問題在理論上的困難，且將人欲混同於惡，又將人欲排斥在氣質人心外，則與其心性論的基本出發點相矛盾。〔註21〕又如陳德和認爲梨洲氣概念具有生化論、存有論、主體論、道德論涵義，理概念則旁落減殺其活動義與主宰義，此已將理氣由超越區分轉爲內在區分，實是宋明理學的解構者，不是殿軍。〔註22〕又如張立文指出梨洲對一物兩名的邏輯條件缺乏足夠認識，既以理是氣之理，則理氣合一不二應指理從屬於氣，蓋實體和其屬性不可分，是以理不能涵蓋氣的所有指涉，不當又謂理是氣之主宰。〔註23〕

除此之外，大陸學界又有一爭論焦點，即是：梨洲思想基本性質屬於唯心抑或唯物主義。撇開其中政治意識型態的局限，這一爭論實緣梨洲「無非一氣」、「盈天地皆心」一類的言論，在乍見之下頗有難解的本體論糾結所致。綜觀其間的各種說法，大致有氣本論的唯物主義、理氣一元論的唯物主義、主觀唯心主義、唯物主義體系中殘留唯心主義的因素、唯心主義體系中有唯

〔註19〕詳見其《黃宗羲心學的定位》（台北：允晨文化實業公司，1986年）一書。
〔註20〕詳見其《新編中國哲學史》（台北：三民書局，1992年），第三冊下，頁639～642。
〔註21〕詳見其〈黃宗羲心性說述評〉（收於吳光《黃宗羲論》頁176～187）。
〔註22〕詳見其〈黃宗羲「理氣同體二分論」析釋——以《孟子師說》爲中心〉（收於吳光等主編《黃梨洲三百年祭》頁92～104）。
〔註23〕詳見其《氣》（北京：中國人民出版社，1990年），頁221～222。

物主義的傾向、從主觀唯心過渡到唯物主義的理論環節，或者乾脆承認梨洲思想中存在唯心與唯物的內在矛盾而斥其缺陷、或者認爲梨洲並未涉及宇宙的本體論而企圖根本取消此唯心唯物的矛盾、或者認爲梨洲是分別談論不同層次的問題故不矛盾……。〔註24〕

〔註24〕　茲舉數例於此以見一斑，至於其他的詳細書目可參見鄔滿君〈黃宗羲研究三十年〉（收於吳光《黃宗羲論》頁537～540）、及朱義祿《黃宗羲與中國文化》頁368～371。
　　　　　如侯外廬等主編：《宋明理學史（下卷）》（北京：人民出版社，1984～1987年），頁814～815 謂梨洲理氣觀有著明顯的二重性，在理氣關係上以氣較理更爲根本，而本體論上卻仍歸結於王學的心本論。如沈善洪〈黃宗羲全集序〉（《全集》冊1頁13～23）認爲梨洲否定「心」是宇宙本體之說，發展了唯物主義的氣一元論，其「氣」與「理」，即物質本原與物質運動規律的關係；而「心」則作爲認識的主體，須透過「意」與「知」去認識「物」，才有其內容，這是唯物主義的反映論；但是梨洲爲了強調主體的能動性，又將「心」說成是「氣」的一種，混淆意識與物質的界限，又把這種「心氣」說成是「靈」的，能囊括天地萬物之「理」，陷入主觀的唯心主義，這一理論上的重大失誤，使其未能建立一種新的哲學體系。
　　　　　如朱伯崑：《易學哲學史》（台北：藍燈文化事業公司，1991年），第四卷頁274～277；及管敏義主編：《浙東學術史》（上海：華東師範大學出版社，1993年），頁333～336 亦持類似的意見，謂梨洲就實體說爲氣，就其功能說爲心，以氣爲心之本、不是以心爲氣之本，但雖在本體觀上堅持唯物的氣一元論，認識觀上卻又堅持唯心的心一元論，故其雖試圖用氣一元論改造陸王心學，將之轉化爲氣學體系，若能再向前發展一步，就是唯物主義，但其說畢竟有失，心是第二性的東西，與第一性的氣混同，模糊物質與意識的界限，心本是反映萬物的意識，卻成了萬物的存在，這就陷入唯心論的泥潭。
　　　　　又如張立文：《理》（北京：中國人民出版社，1991年），頁235～240認爲梨洲以氣來解釋氣、理、心的統一，卻未認到事物與其屬性、物質與精神的本質差別，而把三者混合在一起，陷入調和折衷的困境，在理論上顯得十分龐雜。
　　　　　又如朱義祿：〈論宋明理學的「一本萬殊」〉《朱子學與21世紀國際學術研討會論文集》（武夷山：武夷山朱熹研究中心，2001年），頁539～553則認爲梨洲批判理一元論，贊同氣一元論，但就整體傾向而言，實服膺心一元論，其以天地萬物無非是心體流行變化的產物，心包含天地萬之理，人的認識對象即在吾心之中，這是本體論與認識論相統一的主觀唯心主義。而丁國順：〈從「功夫即本體」的命題看黃宗羲哲學思想的實質〉，《浙江學刊》1992年第3期，頁90～94認爲梨洲是討論認識論的問題，故氣與心不能割裂，並非論宇宙的本原，故無矛盾。而程志華等：〈「自然視界」與意義世界——關於黃宗羲「盈天地皆氣」與「盈天地皆心」關係的新詮〉，《河北大學學報（哲學社會科學版）》2005年第5期，頁39～44則認爲盈天地皆氣是討論萬物統一性及終極構成的生成論問題，盈天地皆心則討論價值和意義建構的精神本體問題，兩者並不在同一層面上，因而是不矛盾的。

我們從以上不甚一致的、乃至相對立的見解可知，對於梨洲理學思想似乎尚無融通性或決定性的完整說法，然而由此卻亦可見，眾學者們不同說法中，大多意謂著其思想具有某種肯定世界的現實性之傾向，這確實是梨洲的重大特色所在。

四、梨洲的史學思想與著述

在此一方面，有致意於梨洲史學的基本性質或重大成就者：如謂其治史之旨在於矯空疏無學的時弊，並寄其故國之思，而爲一代史學之開山祖；〔註25〕或謂其最大成就在對明朝史料的徵存，與學術史的創作；〔註26〕或謂經世應務乃其治史的根本目的，而特點則是將重點放在近現代史的研究，特別重視政治史和思想史，注重歷史上治亂之故的總結，又著力表彰歷史人物的氣節和實際的功業，主張治史要有鮮明的立場和觀點、褒貶善惡，方法上則要廣泛搜集史料並認眞考證以去僞存眞；〔註27〕或謂梨洲治史不僅限於研求史實之詳，而重在以史證經，能應世務而致用，達到史學的經世目的，亦即藉由歷史事跡的演化過程，發明源本於經書之義理，以垂鑒當世，例如由明末動亂中諸人物的行爲表現以申說明亡之因、殉國之義、爲君之道等等，故其重視當代的實人實事，尤以透顯民族存亡、國家盛衰爲意；〔註28〕或謂其重視當代史的研究、鄉邦文獻的蒐羅、明末抗清的記載，意欲使明代典章人物得以考見，並宣揚民族思想，引導人民進行反清復明，同時亦爲其政治主張提供歷史根據；〔註29〕或謂梨洲

〔註25〕詳見金毓黻：《中國史學史》（上海：上海書店，1989年），頁255。
〔註26〕詳見陳訓慈〈清代浙東之史學〉，收於杜維運、黃進興編：《中國史學史論文選集》（台北：華世出版社，1976年），頁605～607。此文又言及浙東史學有博涉而返約、躬行氣節、經世實用、寓於民族思想、不立門戶之大公會同諸特色，梨洲爲其間之重要人物亦具足此精神。後來杜維運：《清代史學與史家》（台北：東大圖書公司，1984年），頁179～203依陳氏之意，補列更多資料，又提出梨洲有垂訓褒貶、志傳碑銘之體例、不以成敗論史、以詩補史，及重視第一手資料、敘事技術、客觀不輕信而科學考辨，乃至實地考察史實之種種史學理論的建設。
〔註27〕詳見吳光〈清初啓蒙思想家黃宗羲傳〉（《全集》冊12頁145～148、160）；及趙連穩：〈黃宗羲史學初探〉，《齊魯學刊》1997年第1期，頁108～114。
〔註28〕詳見古清美：《黃梨洲之生平及其學術思想》（台北：國立臺灣大學文學院，1978年），頁134～142；甲凱：《史學通論》（台北：學生書局，1985年），頁372～378；齊婉先：《黃宗羲之經世思想研究》（台北：政治大學中文所碩士論文，1991年），頁183～192。
〔註29〕詳見潘德深：《中國史學史》（台北：五南圖書出版公司，1994年），頁390～

史學的核心乃是史學家主體意識的自我覺醒、社會責任感的強烈外化，由之表現爲保存史料、探求明亡原因、抨擊封建現實的三大史學活動的特點；〔註30〕或者探究其史學思想的淵源自陽明、蕺山、朱子及浙東的金華、永康、永嘉學派，並討論梨洲歷史哲學強調變革的重要與人的主觀動機對歷史事件的作用，而對歷史循環論雖有所懷疑但未能走出、未能貫徹其進化論；〔註31〕或者全面地整理、綜述梨洲史學的時代背景、史學所依據的基本觀點、目的、特色、方法及影響，而羅列成若干條目，頗便觀省。〔註32〕

在以上討論梨洲史學的基本性質之外，又有著重探討其具體歷史著作之得失者，如梨洲對《明史》成書的影響關係，〔註33〕及其許多南明史之撰述中的歷史價值。〔註34〕

另外，有關《明儒學案》亦是討論的熱區。諸如探究此書的體裁源流、思想背景、著作因緣、基本性質、流傳版本、主要內容等等，肯定其在學術史上開創體例、結構完整、內容弘大、準確把握各家的宗旨、注意學派的淵源授受與地理分布、勾勒有明一代學術發展的脈絡、尊重思想的多樣性、試圖建立評論學術的客觀標準並力矯學術流弊、刻劃明儒的人格風範與氣節……的貢獻與價值，誠爲一歷史編纂學的鉅作，並指出其受限於反對佛老

391。又可參見宋衍申主編：《中國史學史綱要》（長春：東北師範大學出版社，2001 年），頁 239～242。

〔註30〕詳見張文濤：〈梨洲史學再檢討〉，《中國社會科學院研究生院學報》2002 年第 4 期，頁 56～62。

〔註31〕如王紀錄：〈論黃宗羲史學思想的學術淵源〉，《河南師範大學學報（哲學社會科學版）》1999 年第 1 期，頁 60～64；及其〈黃宗羲的歷史哲學〉，《煙台師範學院學報（哲學社會科學版）》2003 年第 2 期，頁 24～28。。

〔註32〕詳見張高評：《黃梨洲及其史學》（台北：文津出版社，1989 年）。

〔註33〕如湯綱〈黃宗羲與明史〉（收於吳光《黃宗羲論》頁 404～413）、吳光《黃宗羲著作彙考》頁 252 謂梨洲的《明文案》大量有關明代政經文化材料成爲《明史》重要參考及列傳引用的奏疏原文，《明史條例》及《明史案》透過萬斯同而成爲編修《明史》的指南，又成爲黃百家《明史曆志》、萬言《崇禎長編》諸作的濫觴。如魏偉森：〈宋明清儒學派別爭論與《明史》的編纂〉，《杭州大學學報》1994 年 3 月第 24 卷第 1 期，頁 66～72 認爲梨洲並未能說服史館官員而在《明史‧儒林傳》中爲陽明學爭到正統地位，傳中雖錄及陽明學派，但實際上被貶到第二位。又曹江紅：〈黃宗羲與《明史‧道學傳》的廢置〉，《中國社會科學院研究生學報》2002 年第 1 期，頁 98～103 考明梨洲〈移史館論不宜立理學傳書〉寫於康熙二十一年二月及其對史館的巨大影響。

〔註34〕如陳恭祿〈弘光實錄鈔的作者及其史料價值〉，《南京大學學報（人文科學）》1963 年第 3～4 期，頁 82～86 等。

等異端的觀念，偏袒陽明學派而忽視明代朱子學的重要性，及帶有維護東林黨人的門戶情感等等缺陷，〔註 35〕而有些研究則檢討學案中對於某些學派的劃分及某些理學家評語的正確與否。〔註 36〕

〔註 35〕在這一方面的討論，比較精彩或重要的，如：阮芝生〈學案體裁源流初探〉（收於杜維運、黃進興編《中國史學史論文選集》頁 574〜596）。如陳祖武：〈孫夏峰和黃梨洲〉，《清史研究通訊》1983 年第 2 期，頁 8〜11；及其《中國學案史》（台北：文津出版社，1994 年），頁 102〜103 及 111〜156；及其〈清初蕺山南學與夏峰北學之交涉〉，收於鍾彩鈞：《劉蕺山學術思想論集》（台北：中央研究院中國文哲研究所籌備處，1998 年），頁 557〜571。何佑森〈顧亭林與黃梨洲——兼述清初朱子學〉，《幼獅學誌》1978 年 12 月第 15 卷第 2 期，頁 60〜74；黃進興：〈「學案」體裁產生的思想背景〉，《漢學研究》1984 年第 2 卷第 1 期，頁 201〜221；陳錦忠：〈黃宗羲「明儒學案」著成因緣與其體例性質略探〉，《東海學報》1984 年 6 月第 25 期，頁 111〜139；陳榮捷《王陽明與禪》（台北：學生書局，1984 年），頁 181〜190；成中英：〈談明儒學案中的明儒氣象〉，《幼獅月刊》1978 年 2 月第 47 卷第 2 期，頁 19〜20；侯外廬《宋明理學史（下卷）》頁 729〜822（此中侯氏又論及《宋元學案》具有兼取百家、綜羅文獻、和會異同、注重經史之學、側重理學源流和學統師承的辨析種種特質）；倉修良〈黃宗羲和明儒學案〉，《杭州大學學報》1983 年 12 月第 13 卷第 4 期，頁 94〜109；吳光〈明儒學案考〉（《全集》冊 8 頁 1000〜1004）；郭齊：〈說黃宗羲《明儒學案》晚年定本〉，《史學史研究》2003 年第 2 期，頁 43〜50。而李顯裕：〈「明儒學案」與明代學術思想史之研究〉，《史匯》1997 年 6 月第 2 期，頁 1〜18 及韓學宏：《黃宗羲與明儒學案之研究》（台北：政治大學中文所博士論文，1998 年）則有整合性的整理。

〔註 36〕如錢穆：《中國學術思想論叢（七）》（台北：聯經出版事業公司，1995 年）中之〈羅整菴學述〉、〈讀陽明傳習錄〉、〈說良知四句教與三教合一〉、〈顧涇陽高景逸學述〉、〈讀劉蕺山集〉等文，認為羅欽順與朱子吻合無間，非如梨洲所謂理氣一而心性二之不能自一其說者；梨洲不當輕疑《傳習錄》之記載，其以江右為姚江正傳亦未得往年實況，且對陽明四句教竭力開脫實殊陽明旨趣，亦不宜獨罪於龍谿；又其本已走上由王返朱之路卻不能自覺，故於陽明多生迴護，而在肯定與否定高攀龍之間，時見扞格；至於蕺山學則實近於宋學而非紹承陽明心學，梨洲對蕺山糾矯王學以上返濂洛關閩之精神，湮沒未彰，乃復時參以門戶之見、意氣之爭。

而古清美：〈黃梨洲東林學案與顧涇陽高景逸原著之比較〉，《孔孟月刊》第 22 卷第 3 期，頁 47〜50；及其《明代理學論文集》（台北：大安出版社，1990 年），頁 361〜364；及郭亞珮：〈羅整菴與朱子思想的距離——對梨洲「學案」的反駁與檢討〉，《史繹》1990 年 5 月第 21 期，頁 29〜55；亦指出羅欽順、顧憲成、高攀龍思想近於朱子，非梨洲所謂的與朱子不同；又對薛瑄的評價、羅洪先的師承、江右王門與二溪的褒貶、陳獻章的推崇，皆有含混、矛盾與不當之處。侯外廬《宋明理學史（下卷）》頁 801〜802 謂梨洲以蔣信一派才是楚中王門的真正代表，其實與其說蔣信得陽明之傳，毋寧說他更傾向於張載，而冀元亨則更傾向於程顥。

　　由上所述，可知梨洲的史學，不論是特重於義理氣節的表彰，或對時代的關心、強調對社會的致用價值，或者討論學術源流，顯然皆具有某種的義理思想撐持在其間，而不僅是客觀地紀錄歷史而已。

五、梨洲的文學思想與作品

　　有關此方面，一般的中國文學批評史、理論史，或者討論明清詩歌現象一類的書籍，多有論及梨洲文學的基本主張者，其間雖各有偏重、詳略、用語的差異，但總體立論的基本思路，大致上謂：梨洲受亡國的時代刺激，遂具民族志士文學觀點的政治傾向，倡導經世致用、文道合一，以正統的儒家政治及道

　　又如牟宗三《從陸象山到劉蕺山》頁 245～256、《中國哲學十九講》（台北：學生書局，1991 年）頁 410～411；周志文：〈鄒守益與劉宗周〉，《佛光人文社會學刊》2001 年 6 月第 1 期，頁 171～196；高瑋謙：〈《明儒學案・浙中王門學案》中錢緒山與王龍溪思想之述評〉，《鵝湖學誌》2001 年 12 月第 27 期，頁 63～104 等謂梨洲以江右爲王門嫡傳並不適當，反倒是浙中王門現成良知說合於陽明心即理之體用一原，而當爲嫡傳。

　　又劉述先：〈論王陽明的最後定見〉，《中國文哲研究集刊》1997 年 9 月第 11 期，頁 165～188 認爲陽明致良知乃其最後定見，梨洲則以爲只是陽明學成後的第二變，並不符合事實，而是承其師蕺山反對四句教而來的特殊偏向；彭國翔：〈周海門的學派歸屬與《明儒學案》相關問題之檢討〉，《清華學報》2001 年 9 月新 31 卷第 3 期，頁 339～374 以梨洲不當爲劃清陽明學與禪宗，將周海門作爲羅近溪的弟子而歸入泰州學案，蓋無論從地域、思想傳承還是自我認同，都應作爲龍溪弟子而歸入浙中王門；而李芳桐、蔣民：〈泰州學派的歸屬——兼評黃宗義的儒佛觀〉，《學海》2002 年第 2 期，頁 39～41 則以泰州學派應是陽明學支流，梨洲不應以門戶之見而將之別屬於禪宗。

　　又鄧志峰：《王學與晚明的師道復興運動》（北京：社會科學文獻出版社，2004 年），頁 14、266～267 及鮑世斌：《明代王學研究》（成都：巴蜀書社，2004 年），頁 121～122 謂梨洲在《明儒學案》中以地域兼顧師承的做法乃是一種人文地理的劃分，雖有利於把握整體學術源流，但無法充分展現王學分化的方向，一落實到具體個案，可討論處卻很多，蓋同一地域、師承者間之思路不一定一致，而思想相近者未必同出一派，如以浙中爲例，錢德洪與王畿間的理論差別便比他和鄒守益之間更甚，又如泰州學派大部分學者，特別是王襞以下的數支，從思想內在的傳承上看，主要應視爲王畿的後勁。

　　另外，錢茂偉：〈黃宗義研究二題〉，《寧波師院學報（社會科學版）》1995 年第 3 期，頁 31～33 則發現梨洲推崇蕺山學，而與當時崇尚正宗陽明學的姚江書院派不合，顯示其爲一個派系觀念很深的學者；孫中曾〈證人會、白馬別會及劉宗周思想之發展〉（收於鍾彩鈞《劉蕺山學術思想論集》頁 457～522）亦指出梨洲爲突顯劉蕺山「救正」陽明思想的純粹性，斷開蕺山與周海門、陶望齡、陶奭齡及白馬山別會諸友間「交脩之益」的和諧關係，將此諸人貶爲王學末流，此一判定並不合乎事實狀況。

德理性來規範文學的創作主體，重視文章的眞精神與眞作用，要求眞性情、眞思想的眞作品，側重於客觀、鮮明地表現時代社會的歷史內容，強調學問以養識，反對擬古主義；而在文學批評上則態度寬容、又重獨創，審美觀上特別欣賞是非鮮明、愛憎強烈、淒楚蘊結、陽剛之美的風格，能對傳統溫柔敦厚說有所突破，但卻有囿於名教、封建正統意識的局限；故其文學思想整體而言，實際上受到復古運動的影響或者構成復古思潮的一個環節。〔註37〕由這些頗爲周

〔註37〕 如劉大杰：《校訂本中國文學發展史》（台北：華正書局，1991年），頁1163～1166；郭紹虞：《中國文學批評史》（台北：文史哲出版社，1990年），頁757～767；王運熙、顧易生主編：《中國文學批評史（下冊）》（上海：上海古籍出版社，1991年），頁17～27；敏澤：《中國文學理論批評史》（吉林：吉林教育出版社，1993年），頁1007～1017；黃保眞等：《中國文學理論史（明清鴉片戰爭前時期）》（台北：洪葉文化事業公司，1994年），頁112～143；林保淳：《經世思想與文學經世》（台北：文津出版社，1991年）；唐富齡：《明清文學史（清代卷）》（武昌：武漢大學出版社，1991年），頁256～258、374～377、418～423；張兵：〈黃宗羲詩歌理論的傳承與創新〉，《西北師大學報（社會科學版）》1992年第5期，頁22～28；廖可斌：《明代文學復古運動研究》（上海：上海古籍出版社，1994年），頁348～350；韓經太：《理學文化與文學思潮》（北京：中華書局，1997年），頁305～317；許總：《宋明理學與中國文學》（南昌：百花洲文藝出版社，1999年），第十章；陳居淵：《清代樸學與中國文學》（南昌：百花洲文藝出版社，2000年）上編部分；鄔國平、王鎮遠：《清代文學批評史》（上海：上海古籍出版社，1995年），頁15～38；張少康：《中國文學理論批評史（下冊）》（台北：水牛出版社，2005年），頁160～164等等。

另外，有些篇章側重在某些論點上的發揮而頗具特色。如龔鵬程：《詩史本色與妙悟》（台北：學生書局，1986年），頁64～68論述梨洲「以詩證史、補史之缺」之觀點所開出的「詩史」新意義；李世英、陳水雲：《清代詩學》（長沙：湖南人民出版社，2000年），頁24～26則論及詩史之史不是社會史、政治史，更包括民族情感發展史、文化心態史的層面，是通過個體心靈感受所反映出的時代心理；如方祖猷《清初浙東學派論叢》頁181～186論及梨洲對「浙東文學」的開創；甲凱〈清代史家論文舉例——清初史家對於文學的一些看法〉，《簡牘學報》1986年第12期，頁24～25謂梨洲的道乃是文學的時代使命，即須有民族自尊心及人格，不是韓愈的道；如張亨：〈試從黃宗羲的思想詮釋其文學視界〉，《中國文哲研究集刊》1994年3月第4期，頁177～224認爲傳統的文以載道視文爲明道的枝葉，但梨洲的文道合一不只重視理學家所探究的道，也重視其文，進一步地打開文與道的密切關係，豐富文的內涵、提升文的地位、尊重文的價值，此乃其寬廣宏通的文學視界的特點所在。又如黃齡瑤：《黃宗羲的詩文觀與明清之際的文學思潮》（台北：靜宜大學中文所碩士論文，2000年）側重論述在梨洲詩文理論的內部觀念與明代文學思潮之間的脈動；項念東：《黃宗羲詩學性情論研究》（蕪湖：安徽師範大學文學研究所碩士論文，2004年）對梨洲以性情爲詩之本體，詳細論述了性

全的見解，我們已可窺知梨洲以其深厚的理學與史學做爲文學理論的基礎，諸如性情觀中的道德理性的規範，反映其理學和文學的融合，而強調表現時代、現實責任意識的詩史說中，則呈現史學與文學的交流。

　　此外，又有對梨洲文學的著作或影響予以探討者。比如：或觀察梨洲反對明代復古派以來的宗唐模擬詩風，標舉宋詩又不薄唐，乃是欲澄清詩歌當以「眞性情」爲本質，搭配「眞學問」爲內容，融「學人之詩」與「詩人之詩」爲一爐，更具寬容精神和獨創性，在創作中則以下字重拙、造語生新、取境荒寒、句法拗折、以俗爲雅而呈現頹唐蒼勁的宋詩風格，又培養大批弟子，使得清初詩壇宗宋派能與宗唐派相抗，成爲清代浙派詩之先導；〔註38〕或論其《明文海》的編纂與流傳過程，與借文存人、借文存史的文化意義，而在選文標準上則尤重明朝各家各派文論的代表作，及反映、探討明代各朝政治得失及社經狀況的奏疏，然在體例上不免繁瑣錯互、內容上偶有遺漏佳作而採入蕪雜的缺失；〔註39〕或者提及梨洲的文學作品著力表彰明季忠烈之士，多故國之悲、懷舊之感的特點，其《南雷詩曆》乃一自傳式詩史，負有經世使命，以遺民血淚爲主要內容、以故鄉的民風風景及說理詩爲次要內容，而呈現「冷」、「悲」揉合的蒼涼悲壯、冷淡峭拔的風格，給清詩提供新內容、影響宋詩派及浙派詩的發展，而散文上則以記傳文創作爲主，內容上多表彰節氣、頌揚忠義，手法上常取法古道、別出新意、史文揉合、情理交融，風格上趨於凝重沉鬱、簡練平易；〔註40〕或者述評梨洲在賦的創作上，成就甚

　　　　情的產生和融養、性情的內在價值、性情的表現，成就其「詩以道性情」的詩歌理論。

〔註38〕如朱則杰：〈黃宗羲與浙派詩〉，《浙江師範學院學報》1983年第2期，頁23～27；張兵：〈黃宗羲的唐宋詩理論與清初詩壇的宗唐和宗宋〉，《西北師大學報（社會科學版）》1993年第5期，頁45～51；廖淑慧：《清初唐宋詩之爭研究》（嘉義：中正大學中文所博士論文，2002年），頁265～275；劉世南：《清詩流派史》（台北：文津出版社，1995年），頁240～262；張仲謀：《清代文化與浙派詩》（北京：東方出版社，1997年），頁55～84；嚴迪昌：《清詩史》（台北：五南出版社，1998年），上冊，頁202～207等等。

〔註39〕詳見湯綱、李明友〈《明文海》初探〉，收於丁守和、方行主編：《中國文化研究集刊（第三輯）》（上海：復旦大學出版社，1986年）；及郭英德：〈黃宗羲明文總集的編纂與流傳〉，《鄭州大學學報（社會科學版）》2000年第4期，頁88～93。

〔註40〕詳見孫善根：〈論清代浙東學派的歷史地位〉，《浙江學刊》1996年第2期，頁105；張高評：〈南雷詩曆與傳記詩學〉，收於方祖猷、滕復主編：《論浙東學術》（北京：中國社會科學出版社，1995年），頁285～301；張仲謀《清代文

高，內有英爽志氣之激蕩，別具反映其生活經歷及無神論之思想、開拓賦的
題材領域、散發濃厚的浙東鄉土氣息、使用板塊結構等等特色，而在賦的文
學史上有其地位；〔註41〕或者就梨洲的詞曲戲劇觀的變化，述論其肯定徐渭
本色論之見解及湯顯祖〈牡丹亭〉劇作之體現兒女真情；〔註42〕又有對梨洲
詩文加以選註，並扼要說明背景、旨趣者，頗有裨於作品繫年的作用。〔註43〕

六、梨洲的科學性論述與研究

關於此一方面，主要集中在敘述梨洲若干反對佛教、天主教及破除世俗
迷信的主張，如不信佛舍利、墳墓風水，反對地獄、輪迴、天主，以道教神
仙乃世俗自欺欺人之說；並指出梨洲立論係由社會治亂、崇尚功利、「氣」之
流動變化觀念、求實精神來著眼，但其無神論思想中仍有投胎托生、聖賢長
留、靈魂不滅、人格天等等觀念的殘留而顯得矛盾。〔註44〕或者述其天文曆
法、數學、地理學，〔註45〕乃至於醫學上的成就；〔註46〕或者揭示其科學研

化與浙派詩》頁60～70；徐定寶《黃宗羲評傳》頁249～300。

〔註41〕如馬積高：《賦史》（上海：上海古籍出版社，1987年），頁571～575；及張
安如〈黃宗羲賦初探〉，《寧波師院學報（社會科學版）》1995年第3期，頁
24～30。。

〔註42〕如朱義祿：〈論黃宗羲的戲劇觀〉，《船山學刊》1998年第2期，頁42～48；
張萍：〈也談黃宗羲的戲曲觀〉，《戲文》2002年第1期，頁11～13；徐定寶
《黃宗羲評傳》頁243～249。

〔註43〕詳見寧波師範學院黃宗羲研究室：《黃宗羲詩文選》（上海：華東師範大學出
版社，1990年）。

〔註44〕如侯外廬《中國思想通史（第五卷）》頁165～169；江汛清〈黃宗羲無神論思
想的時代特色〉（收於吳光主編《黃宗羲論》頁621～624）；王友三：《中國無
神論史綱》（上海：上海人民出版社，1986年），頁349～353；牙含章、王友
三主編：《中國無神論史》（北京：中國社會科學，1992年），頁757～768；
董根洪：〈論黃宗羲傑出的無神論〉，《中共寧波市委黨校學報》2003年第6
期，頁83～88等等。

〔註45〕如劉操南：〈授時曆術述要〉，《寧波師院學報》1985年第2期，論述梨洲對郭
守敬授時曆的繼承與突破。又如楊小明〈黃宗羲的科學成就及其影響〉（收於
吳光主編《黃梨洲三百年祭》頁177～192）及〈黃宗羲與邢雲路──明清之
際授時曆傳承的一條線索〉，《華僑大學學報（哲學社會科學版）》1997年第4
期，頁94～98，述梨洲《授時曆故》多本於邢雲路《古今律曆考》，《西曆假
如》本於《崇禎曆書》及薛鳳祚《天學會通》，《今水經》主要參考圖志而成，
把中國水系分成南水北水二大系，而關於長江源頭能附上徐霞客的正確觀
點；《匡廬遊錄》則解釋五老峰係因雨水流水侵所成、且因石皆雲母故遠望呈
白亮色；其他又有討論海市蜃樓及霧淞現象成因的文章，而其整體影響則開

究中具有求實思想、明理思想，相信自然界具有規律、而欲弄清事物發生和發展的原因之科學性質的特點；〔註 47〕或者觀察其與明末所輸入之西學的關係。〔註 48〕由此可見，梨洲的科學研究當中，仍與其理氣觀點的預設有密切的關聯。

七、全面性的論述

這一方面的研究不限於討論梨洲的某一面向，而兼併數種，試圖貫串其學，揭示旨趣所在。

其中影響最大的是較早的梁啟超和錢穆。梁啟超基本上由大視野將梨洲涵於清初諸儒的「經世致用」思潮中，並定位為王學的修正者，而述論其各領域的成果，尤其看重其在政治學及史學上的發明，並極力推崇其人格，又評其很有門戶偏見。〔註 49〕錢穆則著重於比較梨洲學說理論，對其學術源流

浙人研治西洋曆算之風氣。另外，曹國慶：《曠世大儒——黃宗羲》（石家庄：河北人民出版社，2000 年）頁 107～123、146～184 則結合梨洲生平，對其研究地理學、曆學、數學、律呂，以及考訂禮制、論辨象數，種種的活動過程與成果，有比較全面性而詳贍的述論。

〔註 46〕 如楊小明：〈黃宗羲與醫學〉，《中華醫史雜誌》2002 年第 4 期，謂梨洲肯定溫補學說而亦不斥傷寒之論。

〔註 47〕 如周瀚光〈黃宗羲科學思想略論〉（收於吳光《黃宗羲論》頁 427～438）。另外，楊小明：〈黃宗羲的科學研究〉，《中國科技史料》1997 年第 4 期，頁 20～27 則提出梨洲倡導科學的原因乃經世致用的實學思想、通天地人的儒家人格理想、及宏揚民族文化的責任感三者。

〔註 48〕 如夏乃儒〈黃宗羲與中國近代思維方式的萌芽〉（收於吳光主編《黃宗羲論》頁 188～199）謂梨洲對當時傳入之西學未予深入了解，缺乏近代實驗精神與邏輯學基礎。又如夏瑰琦〈黃宗羲與西學關係之探討〉（收於吳光主編《黃梨洲三百年祭》頁 169～176）認為明末以來浙江一帶傳教士活動興盛，梨洲讀過利瑪竇的著作，受學於湯若望，其《曆學假如》融匯中西曆法，反映其對西學兼收並蓄的開放胸懷，而其民主啟蒙思想則受到天主教倡言上帝之前人人平等的影響，又能在講授經史之外，亦講曆算、地理，開新式學校之先河，但其囿於華夏文明優越感，不能正視西方科學的先進性，知識水平遠遜於徐光啟、李之藻一輩，且不實際地提出「西學東源」說。又如徐海松：〈論黃宗羲與徐光啟和劉宗周的西學觀〉，《杭州師院學報》1997 年第 4 期，頁 1～7指出梨洲吸取徐光啟全面吸收並會通以求超勝的西學觀，又接受其師劉宗周的理性認識及中國禮教的道統觀，故欲借鑒西學又以華夏中心為觀念而不信天主教且提出中學西竊說。

〔註 49〕 梁氏有關梨洲的討論，主要見於其《飲冰室合集‧文集》（北京：中書書局，1989 年），卷七〈中國學術思想變遷之大勢〉；卷四十〈黃梨洲朱舜水乞師日本辯〉、卷四十一〈明清之交中國思想界及其代表人物〉。及其《中國近三百

（東林、陽明、蕺山）、演變及與時人（陳確、潘平格、呂留良）的交涉互動、影響，論述較詳。若干學者追隨並擴展錢穆的意見，雖其間說法不盡相同，但整合此派諸人所說，大致謂：清初諸儒道德、經濟、學問兼而有之，可以「屬實行」、「濟實用」二語盡之，遂以經世致用為梨洲思想之總綱；又依據〈明儒學案序〉及〈陳乾初墓誌銘〉的前後改稿等等，將梨洲理學主張中看似不調和的論點視為其思想隨生命歷程而來的轉變，特別是晚年受到陳確的影響所致；故認為梨洲一生逐漸由早年原先服膺劉蕺山的心學立場轉出，增加蕺山學中原有之由王返朱傾向，主張心體之外在化，不願再談本體，無意於心性工夫的精微辨析與踐履，忽視統總宇宙人生一切的大原理，由內面的自證轉向外面的共證，掃除宗教出世意味，注意人文大群中的共同經驗，允許人各萬殊，看重客觀世界的變化與智識、應用與實行，故重視經史之研讀而以之為根柢，漸朝朱子學轉移，終於大成經世的性格，而以史學為其基調，呈現了明末清初學術轉移的痕跡。〔註50〕

年學術史──清代學術概論 合刊》（台北：里仁書局，1995年）等作。

〔註50〕 錢穆之說主要見於《中國近三百年學術史》頁1～96；《宋明理學概述》（台北：聯經出版事業公司，1995年），頁402；〈晚明學術〉，《中國學術思想史論叢（七）》頁379～392；〈述清初諸儒之學〉，《中國學術思想史論叢（八）》（台北：聯經出版事業公司，1995年），頁1～4等等。追隨其說的代表主要有古清美《黃梨洲之生平及其學術思想》及《明代理學論文集》頁299～394；甲凱：〈明儒學案與黃宗羲〉，《中央月刊》1972年2月第4卷第4期，頁139～144；何佑森：〈黃宗羲晚年思想的轉變〉，《故宮文獻》1971年第3卷第1期，頁35～42，及其〈黃梨洲與浙東學術〉，《中國書目季刊》1974年3月第7卷第4期，頁9～16，與〈顧亭林與黃梨洲──兼述清初朱子學〉，《幼獅學誌》1978年12月第15卷第2期，頁60～74；林聰舜〈劉蕺山與黃梨洲──從「理學殿軍」到「經世思想家」〉，收於淡江大學中文系主編：《晚明思潮與社會變動──中國社會與文化學術研討會論文集》（台北：弘化事業股份有限公司，1987年），頁117～219；李紀祥：《明末清初儒學之發展》（台北：文津出版社，1992年）；鄧立光：《陳乾初研究》（台北：文津出版社，1992年），第八章；周志文：《晚明學術與知識分子論叢》（台北：大安出版社，1999年），頁137～155；黃翔：〈黃梨洲晚年思想轉變說試探〉，《中國文學研究》2000年5月第14期，頁273～306；曹美秀：〈論黃宗羲晚年思想之轉變〉，《中國文哲研究通訊》2001年6月第11卷第2期，頁223～248等等。另外，如嵇文甫〈黃梨洲文集序言〉（《全集》冊11，頁464～465）：「梨洲之學，近承蕺山，遠宗陽明，基本上仍是走「心學」一路……不過梨洲究竟是一位從宋明理學到清代樸學的過渡人物，他一方面談論心性，一方面講究讀書……但是他畢竟轉向後來清代學者讀書稽古那條路了……然而這還是一方面，梨洲自有他非宋明理學家和清代樸學家所不能及的地方，那就是他的政治思想……」，這

　　錢穆等人的「晚年思想轉變說」或「治學興趣轉移說」，揭示梨洲思想以經世致用爲其根本性格的事實，誠爲極重大的發現。學界固不乏反對思想變化之說者，〔註51〕雖反對者較能疏通梨洲理學本身的連貫性，但卻反而有點輕忽梨洲理學思想與其師蕺山間的截然差異處，且又多只討論梨洲的理學，不能更有效地解釋梨洲其他的學術何以重經世而大異於蕺山，在整體上好像不如主張思想轉變者觀察的深入。然而，錢穆等人的說法也似乎不是全無弱

　　　　也將梨洲的理學、讀書考古、政治學三者獨立論述，謂其治學傾向有由心學轉向樸學的變化。

〔註51〕如華山、王慶唐：〈黃梨洲哲學思想剖析〉，《文史哲》1964 年第 3 期，頁 73～79 認爲梨洲思想從來沒有離開過唯心論，思想前後一貫，依然是陽明、蕺山衣鉢，其明儒學案序文的改本，顯示其著重本體而非工夫、著重一致而非萬殊、反對程朱學派，並無所謂「晚年定論」，亦無須資取於陳確。又北京中華書局《陳確集》（北京：中華書局，1979 年）的點校者，及寧波師範學院黃宗羲研究室《黃宗羲詩文選》的編者，在其書中〈陳乾初先生墓誌銘〉一文後所加的案語，皆認爲梨洲思想與陳確漸行漸疏。又劉述先《黃宗羲心學的定位》（特別是第六章）、〈理學殿軍──黃宗羲〉（收於吳光等主編《黃梨洲三百年祭》頁 11～13），及其〈論黃宗羲對於孟子的理解〉，《鵝湖》2000 年 1月第 25 卷第 7 期，頁 2～11 亦認爲梨洲内在一元並不等於無有超越性體，其始終株守蕺山之教，即使其對陳確越來越有同情的了解，仍是認爲陳氏由蕺山處所得甚淺，更談不由此而改變了自己整個思想的規模，而《孟子師說》中即便採入一些陳氏的說法，也仍以蕺山思想爲基準，不存在與之背離的問題，故錢穆之說於義理與考據兩皆無當，至於論者所觀察到的明儒學案序之修改現象，只是體認到自己的孤立後，來自梨洲性格的一種策略性的退卻，並無關於思想的變化。另外，鄭宗義〈論黃宗羲與陳確的學術因緣〉（收於吳光等主編《黃梨洲三百年祭》頁 118～134），及其《明清儒學轉型探析》（香港：中文大學出版社，2000 年），頁 69～93，既欲迴護其師劉述先肯定梨洲直承蕺山而爲理學殿軍的說法，又不欲違背牟宗三不滿梨洲失落形上本體的觀點，遂既謂梨洲本是博覽之人，一向有經史之興趣，何來晚年思想之轉變；又謂梨洲早年緊守師說，後有轉向，此係明末思想大勢即是把形上世界下拉，梨洲亦不能自覺，而梨洲只得蕺山學之半，無法體會並守住形上世界，且其鑒於王學末流之放蕩、時代危機下制度與知識的必要，欲補蕺山外王學之不足，故將蕺山内在一元思想之將形上全内化於形下中的圓融觀點，直接移到分解層面，雖有使理淪爲氣之性質的自然主義唯氣論的危險，但亦非完全不從超形上層面講心性，而藉此内在一元的基礎，通過理一分殊的架構，即可倡一結合心性與經史的有體（收歸一心）有用（窮極變化）之儒學，故其不能只緊守形上心性，而必須落到形下世界中講求開拓。按鄭氏之說於「梨洲思想前後是否有所轉變、是否本質地同於蕺山」之問題的立場雖不甚一致，但基本上始終堅持梨洲係由蕺山思想而來，並非受陳確影響，其晚年對陳確脱胎於蕺山學的肯定、對自己異於蕺山思想的正視，皆只是主觀看法的轉變，而非客觀思想架構上的轉變。

點。首先，我們固然同意梨洲思想是經世致用的，但是我們是否一定要認定他原先的理學主張即不太適合於聯結到經世致用上，其原先的理學主張又是否即真地與後來有所不同而不能是同一性質、同一體系的呢？我們由前面對梨洲各領域的研究述要中，應該可以看出不論是政治、史學，還是文學、科學，在在都牽涉到梨洲的道德心性或理氣觀念，顯示梨洲理學與其他的博綜之學間應該存在某種不可切斷的理論關係才是。本文在考察梨洲各領域、各時段的著作後，感覺梨洲思想原即有其一貫性，看似不同的主張之間應無甚矛盾，而是一套連貫理論的展現，亦即其理學的主張本即為經世致用而服務的，所以我們應可不需使用「思想轉變」、「興趣轉移」的觀點來詮釋，以免又造成某種不必要的思想割裂。〔註 52〕此外，其亦只簡單謂梨洲理學思想轉變後的重客觀化、重實行即導致其經世的形成，並未充分分疏何以此重客觀化具有足以作為經世行為的理論基礎，如此則難免導致梨洲的理學與博綜之學二者的聯結不夠清晰，事實上已是將其理學虛懸化或貶低化，〔註 53〕轉而

〔註 52〕 華山、王廉唐〈黃梨洲哲學思想剖析〉頁 73 曾謂一個人的思想儘管很複雜，總有其主導的一面，此即其思想的本質；欲判定此本質，則須全面研究其思想體系，把握住主導面；如果僅抓住某一點而從其整個體系中割裂開來，便容易得出片面的結論。而李明輝：〈劉蕺山對朱子理氣論的批判〉，《漢學研究》2001 年 12 月第 19 卷第 2 期，頁 6～7 在論蕺山思想時又指出面對表面相互矛盾的說法，不宜輕率斷定這是出於思想本身的矛盾，因為在哲學文本的詮釋中有一項不待明言的原則，即是：我們應儘可能從統一的觀點來詮釋文本，而這就要對其基本思想與系統有通盤的把握，並認識其特有的思維模式，才能正確地解讀。

〔註 53〕 姑舉數例以言之。如錢穆《中國近三百年學術史》頁 30～31 即謂梨洲談論理學只是爭門面，實則其平日為學精神早已另闢務博綜、尚實證的經史之學的新局，不俟乎晚年才改悟如此。又如古清美《黃梨洲之生平及其學術思想》頁 11～15、148、163～166 謂梨洲以經史之學為根底，當此經史之學於身心之際的自然表現即是心性之學，而在此一校正心學後，即將心學擺在歷史的架子上，轉向另一看似駁雜的新路徑，而實是以一經世致用之思想來貫串總攬，故究心學而不往精深處走去，窮經而非傾全力以治傳注，反倒是以史之方式來整理學術、政治、文學各方面才是貫注其最深切的關心，其學的經絡可謂史學精神，但是直至晚年也沒有形成一個確定而完整的理論體系，當中更不免對義理深執而辯解含混，不過此缺憾，正是他作為時代學術轉變的樞紐人物之特點所在。古氏此說已不僅使梨洲理學與梨洲其他領域之探討平列，更轉而將之隸為經史學下的一支，認為梨洲對理學的若干堅持乃其思想中最不必要者。而古氏〈從明儒學案談黃梨洲思想上的幾個問題〉（見其《明代理學論文集》頁 381～393）又進謂梨洲以氣層面言心，使心遍布於客觀事物中，一面又要強調理義只在心中，然而後者之心已由前者的氣化流行總攝

看重其博綜的實務成就，這樣一來，似乎未能認眞處理梨洲經世的理論來源
之問題。既然不能詳究梨洲理學與博綜之學的關聯、經世的理論根據所在，
則對梨洲思想的特質便終只能以有些籠統模糊的「經世致用」一語來說明。
蓋經世致用乃一相當廣泛的觀念，〔註 54〕幾乎所有儒者都或多或少有此思
想，即使是平日講學論道、析心言性的理學家們也是欲由明明德而親民而止
於治平之至善，〔註 55〕甚至也可以說中國思想本即帶有極重的用世應世傾

義，化作一對時代世道的關注及歷史文化的使命感，乃是經世精神，而不是
氣之行處的心了；又其〈黃宗羲的《孟子師說》試探〉，收於林慶彰、蔣秋華
主編：《明代經學國際研討會論文集》（台北：中央研究院中國文哲研究所，
2002 年，頁 428 中謂梨洲沒有從事鞭辟入裏的心性修證工夫，他繼承或使用
蕺山理念，把此理念推出變成經世之學就夠了。此則似已以爲梨洲言心性乃
是前後矛盾的虛說。另外，又如李紀祥《明末清初儒之發展》第四章第二節
謂梨洲的企向雖在聖王合一之學，一方面作心學的轉化，一方面求取經世之
學，晚年更折入經史以爲全體大用之根本，但終究不僅未曾留下代表其心志
的典範性作品，且身後之形象亦分裂爲三，即：漢學家眼中的經學家、理學
家眼中的王學發展者或修正者、浙東學派的史學家。依李氏之說，顯然梨洲
的學問是分立而未能整合的。且其書中亦未曾仔細說明梨洲起初是如何地以
其心學來攝經世之學，又謂梨洲理學上的變化並非晚年重組儒學歷程中的主
要所在。

〔註 54〕關於此觀念的義界與學術研究概況，可參考齊婉先《黃宗羲之經世思想研究》
及李紀祥《明末清初儒學之發展》二書中的第一章，當中羅列相關資料頗詳，
於此不再贅述。

〔註 55〕此由齊婉先《黃宗羲之經世思想研究》頁 16～37 列舉由先秦孔孟以至現代新
儒家，經世思想顯隱層出而未嘗斷絕，即可見一斑。而張灝〈宋明以來儒家
經世思想試釋〉，收於中央研究院近代史研究所編：《近代中國經世思想研討
會論文集》（台北：中央研究院近代史研究所，1984 年），頁 3～19 則謂宋明
儒者經世之觀念有三層意義：澈底之入世淑世精神的價值取向、主要透過政
治以表現此精神而把修身與經世綜合爲一而強調政治是人格的擴大、有「治
道」亦有實現「治道」之客觀制度規章的「治法」，是以修身不但與經世同爲
儒學中心目標，且爲達到經世的基本手段，即使是心學家也都強調心性之學
不能與經世觀念分離。故林煌崇：《明末清初之經世學風與史學思想》（台北：
政治大學歷史所碩士論文，1991 年），頁 35、50～51、59～60 即進而指出經
世之論，於中國傳統學術中，原可謂無處不在、俯拾即是，乃是維繫中國人
文傳統之基本力量，而爲造成中國歷史文化所以異於其他國家的根本理由，
而其所包含的內容，不止於直接關乎治平之知識，其他諸如道德、禮法、教
化、政制國務，以至農桑水利、工藝匠作、民生器用、商賈百業，舉凡生活
所需、生命所依者，均在其範圍中。又韓學宏：〈明末清初經世思想興起因素
平議〉，《中華學苑》1994 年 4 月第 44 期，頁 135～149 則指出整個明代士人
都有經世思想，只是實踐重於立說，大都表現於入仕進諫之中而不透過專著
來表達，直至明末清初，政治阻礙抱負之實現，才轉向著述以明志，遂有經

向,例如諸子百家都是苦思解決具體的社會與政治難題而「各引一端,崇其所善,以此馳說,取合諸侯」,〔註56〕是故我們應該有必要更進一步地探討梨洲經世的義涵究係意欲成就何等理想世界,而這或許必須先準確把握並重視梨洲理學的實指後,才能比較清晰地呈現其經世的歸趨。易言之,經世致用一語適合用於描述明末清初智識界由內聖的道德本體轉到外王的政治社會體制之思潮大動向,乃為各家各派所同具者,〔註57〕梨洲思想當然亦列在此中而具此基本性格,但此語畢竟宜於共性而不太宜於殊性,倘若欲針對梨洲思想的個人特色,則應再進行一更為細緻的說明始愈佳。〔註58〕

　　除了梁啓超、錢穆的綜合研究外,近來又有許多研究梨洲的專著,對其時代背景、各領域的思想及對後來的影響予以詳細、豐富、整合的探討,可謂已將梨洲思想中的各個觀點都全面網羅,儼然已具總結性的研究規模,而使後人難以越出其範圍中。比如曹國慶以梨洲生平為主軸,貫串其各種學術活動與成果,有相當生動而精彩的述論。〔註59〕而徐定寶亦復如此,特別在論述梨洲的文學方面,十分全面,他又指出梨洲注重在工夫中體現本體的理學思想,使得思辨的重心趨向表現人性天理的現實社會,而為其經世致用觀念的哲學源頭。較可惜的是徐氏此種重大指示仍太簡要。〔註60〕又有不少學者以「啓蒙主義」來歸納貫穿梨洲的經濟思想、政治思想、科學思想、哲學思想、治學特點,〔註61〕此說頗能結合時代氛圍的影響與諸思想家們的互動

世思潮興起的現象。

〔註56〕引語出班固《漢書・藝文志・諸子略》。而李紀祥《明末清初儒學之發展》頁5亦已將經世的範疇包含了儒學正統以外的浙東功利之學、明末的實用主義,以及儒家以外的法家、墨家等。

〔註57〕如梁啓超《飲冰室合集・文集》卷七〈中國學術思想變遷之大勢〉頁81即以堅忍刻苦、經世致用、尚武任俠、科學實驗為顧炎武、黃宗羲、王夫之、顏元、劉獻廷五人所相同者。

〔註58〕侯外廬《中國思想通史(第五卷)》頁145已謂「前人研究清初大師的思想,多以經世之學為其特點,這是不錯的。然而問題更重要的地方,在於經其何世?世繫何經?……更有細密研究的必要,不是一句經世致用的話便可交代的」。

〔註59〕詳見其《曠世大儒——黃宗羲》。

〔註60〕文學部分詳見其《黃宗羲評傳》第六章,而此處所提的理學與經世關係則見於此書頁183～184。

〔註61〕如侯外廬《中國思想通史(第五卷)》頁144～203;沈善洪〈黃宗羲全集序〉(《全集》冊1頁1～28)等等。其中當以朱義祿:《逝去的啓蒙——明清之際啓蒙學者的文化心態》(鄭州:河南人民出版社,1995年);及其《黃宗羲與

及共性，往往能發現到前人未見的現象。然而，梨洲政治思想是否具有迥出傳統思維的局限則已如上述之眾說紛紜，倘若將其全盤思想逕朝向倡導新生與變革的路數上去詮釋，似乎太忽略梨洲之特重於歷史文明傳統的恆常不易與一體相續，除非我們願意同意他們以「新的被舊的束縛著、死的拖住活的」來解釋一思想家內部學說有不盡合於啓蒙的事實、又以「階級屬性及其利益不同」來說明何以同為啓蒙思潮之思想家卻不能互相欣賞的現象，〔註 62〕只是是否就在他們這種意見之中，即暗示不當以啓蒙的觀念來概括此期諸大家之思想呢？倘若能另尋一無此矛盾的說法，應該更具解釋效力。

此外，李明友以「一本萬殊」來概括梨洲思想的基本精神，其意大致謂梨洲在劉宗周的基礎上進一步改造陽明心學，又吸取張載、羅欽順、王廷相的氣本論，批評朱熹的理本論；故在宇宙論上，以一團生氣為本，運化為萬物之殊；在心性論上，以心為一本，心有各種不同表現為萬殊；在認識論上，

《中國文化》之專作最為鉅細靡遺。其將晚明至清初視為中國封建社會尚未崩潰而各種矛盾充分顯露下所進行自我批判的一股早期啓蒙思潮，全面性地述論梨洲的思想，如功利主義抬頭下重利輕義、反禁欲的價值觀念，鞭撻傳統家天下、科舉取士的政治文化，提倡反守一、懷疑與自得、會通古今與中西的學術民主，重視窮究實驗、實地考察、數學化歸納的科學意識，標舉扶危定傾、學有實功的豪傑人格與經世致用學風，肯定市民情感的審美趣味及個性鮮明的文藝作品等等。

〔註 62〕 比如侯外廬《中國思想通史（第五卷）》頁 184～203 謂梨洲仍留連於道學的枝葉，其主觀願望與主觀不願的部分同時存在，思想呈現轉變的痛苦，乃是資本主義社會未成熟的矛盾，這是新的被舊的束縛著、死的拖住活的所致。又如朱義祿《逝去的啓蒙——明清之際啓蒙學者的文化心態》頁 318～335 謂啓蒙學者仍存在著封建專制與傳統意識的局限性，雖有許多別開生面的創新，但也有不少陳舊的渣子與自身的矛盾，如梨洲即肯定三綱五常、遺民所顯露的家天下觀念、固守名教、道德價值至上、雖倡自私自利人性觀卻又主張周敦頤無欲之教而反陳確、批評李贄這位啓蒙先驅⋯⋯。而唐凱麟：《走向近代的先聲——中國早期啓蒙倫理思想研究》（湖南：湖南教育出版社，1993年），頁 236～244 則謂李贄屬於正形成中的市民階層，王夫之等則為中小地主階級改革派，故後者批判前者，不是不同性質的思想體系的對立，而是同一陣營對傳統文化取捨態度的不同，正反映了早期啓蒙思想內部的階級矛盾與兩難的坎坷歷程。關於此點亦可參考姜廣輝、陳寒鳴：〈關於明清之際啓蒙思想的幾個問題〉，《中國史研究》1992 年第 1 期，頁 115～122。而有關中國啓蒙思想之性質及其各主要人物的思想，則可參考唐明邦：《中國近代啓蒙思潮》（南昌：江西人民出版社，1993 年），及蕭萐父、許蘇民：《明清啓蒙學術流變》（瀋陽：遼寧教育出版社，1995 年），二書雖非早出，但在論述及資料上十分完整。

本體是知識真理，工夫是認識活動，真理就在人類認識過程中開展，而通向真理可有不同的途徑，故一本是人認識的主體，對於客體的認識則取於主體的萬殊狀態；在哲學史觀上，則認為中國哲學的發展是以儒學聖人之道為本而形態萬殊的發展過程，亦即人對此道的理解和闡釋各有異同而形成萬殊。李氏此說頗有見地，但是其「一本萬殊」似乎是形式上的規定，實則在內容上尚無法完全地統歸為一本。比如他認為梨洲在理學上所窮的理是倫理綱常之理，故須求諸心之萬殊，但梨洲在自然科學上談論對自然之物的認識時，卻在事物上探究其理，顯然在理論上未能解決人如何認識萬物之理的問題，這是梨洲思想的蒼白無力處。由此觀點，梨洲的認識論和宇宙論中並未能一致符合，是則所謂一本萬殊，只存在各領域的形式上，至於內容上並無貫通一切的「一本」。此外，其書的後半討論梨洲的各門博綜之學，但幾乎不再談及一本萬殊，只在論文學時，簡單地說梨洲以心靈活動的主動性和創造性，而主張文學的獨創與多樣，反對定於一家，正是其一本萬殊原則的貫徹。因之，我們仍無法充分了解理學中的一本萬殊，與博綜之學的詳細關係到底如何。〔註63〕

其他又有楊自平與陳文章的觀點亦值得注意。楊氏認為梨洲由於傳統心性學已發展至極致，復值國破家亡的大變，遂異於陽明、蕺山之由本體層次的天命下貫處肯定人的存有，改而提出上遂式的實踐觀點，亦即重視人如何於具體情境中發揮心性本然，強調人經由實踐去證成天理，此乃不由本體處言存有，轉向以實踐言存有，所開出的「實踐存有學」；而此實踐之場即包含整個生活世界及歷史文化，不再只限於個人的身心修養，因此人的主體性便由道德主體轉向歷史主體，所對治的問題也由心性修養轉向歷史文化及現實

〔註63〕詳見李明友：《一本萬殊——黃宗羲的哲學與哲學史觀》（北京：人民出版社，1994年）。另外，吳光〈明儒學案考〉（《全集》冊8頁1002～1004）以「一本而萬殊」、「會眾以合一」為梨洲的學術史觀，然而其說只指分析與歸納的治學態度及方法，並未真正指出此種史觀的實際內容為何，又只為說明《明儒學案》的價值而發，亦未擴展到梨洲一切的著述，不如李氏之深廣。而吳光：《儒道論述》（台北：東大圖書公司，1994年），頁201～204、227～229；及其〈清初啟蒙思想家黃宗羲傳〉（《全集》冊12頁149～150、157），〈黃宗羲思想的特色：批判性、兼容性、實踐性〉（收於其《黃梨洲三百年祭》頁25～28），又謂可以把梨洲哲學歸結為「力行」哲學，表現出一種主張學以致用、強調「經世應務」的實學精神，發而為政治實踐的人文主義，試圖代替傳統的理學和心學，來回答大變動時代提出的種種新問題，這經世應務的精神就是他的「一以貫之」之道。顯然此說亦屬於經世致用的說法。

環境的關懷：一方面，歷史即最高的自由主體（人的自覺心）通過形軀在實然界中展現一理之表現，故道德就是歷史之道，歷史是環繞著道（人性）的某些面相而開顯的，梨洲即以此去批判、反省史學、政治、與詩文；另一方面，則經由人性具體於生活世界、歷史脈絡的實踐去參與歷史創造，去體現、成就人存有的價值，使生命更爲充實；這兩方面合起來就是「歷史性的實踐存有學」，亦即「歷史性儒學」。〔註64〕無疑地，楊氏以歷史性儒學來總括梨洲思想極富有啓發性，但是我們知道理學家亦大都經由實踐進路以證成其形上本體，才能肯定天命下貫的不虛，何以他們的實踐卻不似梨洲專以歷史文化爲其場域，亦即楊氏未能充分解釋在梨洲與其他理學家相似的理氣心性的命題中，何以特殊地不以指向道德修養爲重；而最可惜的是他在具體的內容論述上，實未能反映全面的梨洲學，重點僅落在此歷史性儒學與宋明理學的關係，所言大抵不出理氣心性的義界、王門後學的判教問題，而對梨洲博綜之學中究竟如何顯現或涵具其所謂的「歷史性儒學」均付之闕如，亦即他實未詳言一切文化是如何地以人性爲核心而層層開展、人性又要如何地一步步參與歷史實踐而成其價值，是故其說在內容舉證上的欠缺，終使其說偏向理論形式的指點意義上，而尚有待開發。至於陳氏則析論梨洲道德之學與政治之學，謂梨洲內聖思想中可以含容、接通外王之理念而爲其外王思想之基礎者，即是其唯氣論之主張，以天地間只是一氣、理氣心性情如一，使心性主體不與外物對立，將一切經世實務、繁雜俗務合理化，確立其存在的價值，故可曲通知識、轉出客觀事業，而不得厭棄逃離，遁入心性以爲潔身之道。陳氏之說頗引人深省，可惜尚屬簡略，轉將大量篇幅用以述論儒學現代化之議題，而未能繼續針對梨洲之說窮其底蘊。〔註65〕

　　另外，成中英雖無全面性探討梨洲的專書，但曾謂梨洲史學實發軔於理學與心學，史學乃其用，亦即梨洲經由對理學與心學的批評和反省，從而具有理性思考，並理解人心本性，樹立是非眞理標準，於是形成其批評的史學。成氏能指出梨洲以理學爲本，實屬一大睿見，可惜其說只是單篇論文，未能充分援舉實例，更擴其說於梨洲其他學門的活動。〔註66〕

〔註64〕詳見楊自平：《梨洲歷史性儒學之建立》（中壢：中央大學中文所碩士論文，1995年）。
〔註65〕詳見陳文章：《黃宗羲內聖外王思想之研究》（屛東縣內埔鄉：睿煜出版社，1998年）。
〔註66〕詳見其〈理學與心學的批評的省思──綜論黃宗羲哲學中的理性思考與眞理

以上這些著作，顯然已不只在單一觀念上，且在貫通梨洲全盤思想的旨趣上，作出不少努力與貢獻，而雖未使用晚年思想轉變的觀點，但似比思想轉變說者更能正視梨洲理學主張及其經世博綜之學間的理論與邏輯相關。

第二節　本文的研究取向

在看過上述各種研究的概況之後，可知學界對於梨洲思想的探討已取得豐碩成果，然而我們仔細檢視上述的研究，當中尚有一略嫌不足之處，即：普遍存在著將梨洲各部分的學問切開探討，而未能充分整合，以指出其整體學問的一貫思想所在，至於所謂貫通式的全面論述，其所標舉的關聯性、一致性則又似太簡略而尚可加詳加廣。〔註 67〕如此一來，我們便不能對梨洲全盤思想的根本性格、終極歸趨有清晰而確定的認識，則在研究上，恐將出現「見樹不見林」的遺憾，比如僅討論其理氣心性觀則易陷於唯心或唯物的爭論、比如僅觀其若干科學研究即斷定梨洲深具無神論的科學精神之類；而若有此一認識的指引，則能使任何有意從事於梨洲精深研究的人更迅速地進入狀況，將其心力投注於所關切的單一問題上。因此本文的研究取向，便設定在呈現梨洲思想的旨歸之上。

既然以呈現思想總旨歸為主，即須討論梨洲各領域的主要觀點，說明其間的關聯，因此必然要面臨到其理氣心性的解說。可是正如前文所指出的，對於梨洲的理學並無一種一致性的定論，本文覺得梨洲理學的重大特色在於現實世界的強調，因此若採用內在一元論之類的成說，總覺偏於人的精神主體性而未能充分照應到此特色，但若套用大陸學者常用的唯物主義或氣本論，則亦不盡可行，蓋梨洲的氣也不好說是一種物質性的構成成素；同時，對於梨洲的工夫論的仔細探討，迄今並不多見，一般大多只偏重在說明其理氣心性的義界如何，而稍有針對工夫論者，所言似仍屬零散而不夠全面或正確。〔註 68〕可是如果在理學的本體論與工夫論上不去試圖理出梨洲對此的一

標準〉（收於吳光主編《黃宗羲論》頁 8～45）。

〔註 67〕裘克安〈黃宗羲研究中的幾個問題〉（收於吳光主編《黃宗羲論》頁 386）已曾指出研究梨洲，現在往往把他分成幾個方面分開研究，如作為哲學家、政治思想家、歷史學家等等，其實宗羲學問博大精深，因此對他應該有個綜合的評價。

〔註 68〕關於工夫論比較可觀的討論，應是古清美〈黃宗羲的《孟子師說》試探〉，陳文章：〈黃宗羲之工夫論評述〉，《鵝湖》1998 年 8 月第 24 卷第 2 期，頁 30～

貫性、系統性說法，就不能充分認識到他對世界與人性的理解，因之無法豁顯其經世的理論基礎，從而再連結到他的博綜之學上。此外，對梨洲博綜之學，大多著重在述評其各主張的內容及得失，較少聚焦於其中之基礎精神、最終目的為何，（比如介紹梨洲強調文學應以表現時代為內容的說法，而不太再深入討論此內容將使文學導向何種的終極歸趨；比如敘述梨洲各種的科學研究成果，卻對其心中對自然世界屬性的預設及科學活動的動機，較少進行仔細的分析），而這方面應是與梨洲思想旨歸更息息相關者。

　　因此，本文便嘗試採取自行說解梨洲原語作為論述的主體，使用許多新詞彙，諸如普遍與殊相、事實與律則、內化鍵結、道德認同感、實然本體等等，〔註69〕而此種嘗試性的作法，並不是企圖要形成一種詮釋的方法或理論，不是想要建立一套完整的知識，也不是說梨洲思想原即唯須此等名詞始能釐清，也不是要否定或取代學界前輩的任何成果（相反地，本文還是站在他們辛苦成果的基礎上，才能有此嘗試性作法）。這只是一種方便的選擇，其目的不過在希望能使我們比較容易地了解梨洲簡奧之言語下的實指，並能比較充

38（此文又收於其《黃宗羲內聖外王思想之研究》中），及李慧琪：《黃梨洲思想與明清之際儒學焦點的轉移》（桃園縣中壢市：中央大學中文所碩士論文，2004年），頁45～60。古氏謂梨洲工夫論有三種：自然現成、氣（知覺運動）中實踐、靜中存養，三者彼此矛盾；本文則認為此諸種工夫，仍有其理路可循，未必淆亂。而陳氏謂梨洲工夫見解可歸納為從寡欲到無欲、心安則身安、學不至於樂不可謂之學、唯有一義能將生死抹去、免為鄉人方有作聖之路：本文覺得除第一點與工夫操作密切相關外，後四點實際所說的內容多當隸屬於對生命與文化世界所抱持的態度。而古氏與陳氏的解說，又多未能詳釋各工夫主張的次第或關聯，因之也不能有系統地呈現梨洲工夫論的建構。至於李氏則將梨洲工夫分成體認本心的「立本」與讀書窮理的「致用」二大部分，前者是後者的根據，後者是前者的實現。按李氏之說雖較成體系，但實以致用為操作的主要內容，故其所說的立本工夫，似猶未能充分重視梨洲在此中如何令本心作主又有一段特殊操作，而為梨洲工夫論的主要內容及根本要義所在；同時，李氏對梨洲氣與心的理解總不欲承認其乃物質性的唯氣論，視為超越性、根源性道德本體之存在的流行或流行的存在，故謂梨洲立本工夫中不當混淆內賦義理與血氣的層次、不應以氣質為義理根源，如此則似未免失落梨洲以現實實然為唯一的原義。

〔註69〕　這一作法，係模仿自王師金凌：〈論道德經的無為〉，《中山人文學報》1995年第3期，頁37～45；及其〈莊子的生命觀〉，收於陳伯元先生六秩壽慶祝壽委員會編：《陳伯元先生六秩壽慶論文集》（台北：文史哲出版社，1994年），頁65～81二文的詮釋方式。蓋古人言語大多簡奧，往往只有結論，故欲試著以我們自己的話來充分補上古人思想中隱涵的一段論證過程並豁顯其說的思想義蘊，使讀者更能明白其中的曲折。

分地認識到梨洲各思想主張乃是成體系的彼此相連貫，及確認其思想總旨的所在而已。

因此，本文在寫作上，儘量避免複述或細注先進已有的學術成說，改將目前的學術成果作一鳥瞰而概述交代於上，作爲第一章的緒論。至於正文部分，第二章先述梨洲的理學思想，觀其對傳統理學中的主要議題的見解，亦即其理氣心性的本體觀點，及道德實踐的工夫作法，而對此兩者的說明，儘量試圖去充分說明其所指的內容，而不欲停留在形式的敘述。第三章將觀察梨洲在政治學、史學、文學、科學諸博綜之學中，各重大主張間的層次關係如何，其立論基點何在、又欲歸向何處，以發現其在各學門中，所共具的內在精神旨趣。經由此一方面的討論，則可對梨洲思想的基本取向有所認識，在此認識的前提下，便可使得第四章中的討論有了指南與例證，不致對梨洲的話語望文生義，跳脫或遺失其學說的根本方向，終竟無法鑒別出其與他人表面雷同之下的特殊性。第四章裏藉由梨洲與傳統心學的比較，特別是與陽明、蕺山間的異同，來揭示其思想的特殊處，〔註70〕而明白其全盤思想的主要義蘊，並點出其諸根本觀念的理論連結、優缺長短，及其學說的地位。第五章結論，揭示梨洲思想係以文化思維爲其根本的性格，而爲首尾一致的整體。

另外，本文在材料的運用方面，以吳光所整理考據的《黃宗羲全集》中的梨洲著作爲中心。其中比較有問題的是《孟子師說》一書。本文認爲《孟子師說》仍屬梨洲自身思想的闡述，而非劉宗周思想的代言或複現，主要理由有：

第一，梨洲曾自述說：

> 《四子》之義，平易近人，非難知難盡也。學其學者，詎止千萬人、千百年，而明月之珠，尚沈于大澤。既不能當身理會，求其著落；又不能屏去傳註，獨取遺經。精思其故，成說在前，此亦一述朱，彼亦一述朱，宜其學者之愈多而愈晦也。先師子劉子於《大學》有《統義》、於《中庸》有《慎獨義》、於《論語》有《學案》，皆其微言所寄，獨《孟子》無成書。義讀《劉子遺書》，潛心有年，麤識先師宗旨所在，竊取其意，因成《孟子師說》七卷，以補所未備，或不能無所出入，以俟知先生之學者糾其謬云。（《孟子師說·題辭》，

〔註70〕此一作法係學習劉述先《黃宗羲心學的定位》中的方式，劉氏即以陽明、蕺山、朱子之學爲參考座標，以替梨洲思想做出定位。

《全集》冊1，頁48）

據此觀之，梨洲此作當爲改變學術界一貫沿襲朱子學說而致《四書》原旨不得澄清的現象而來，並非以複現師說原貌爲主；而之所以大費周章地欲補蕺山所未備，正惟恐此缺將導致學界無法廓清朱子學對《孟子》詮釋的迷障。故此書係截取師意、援引師說以申明自己的理學思想、反朱子的立場，至於是否密合蕺山本旨，連其本人也不敢保證而要說「或不能無所出入」，亦即《孟子師說》在包裹蕺山言論的外衣下，實際上應是梨洲自身的主張，至少是梨洲所同意的蕺山思想，因之亦必與梨洲自身思想相去不遠。

　　第二，據古清美的研究，此書雖號稱「師說」，但實與蕺山不同，其異處主要有：蕺山學以《中庸》爲根柢，與《孟子》工夫進路不同，故少言及《孟子》；蕺山對朱子並不嚴斥，雖其學與之不同，仍尊爲聖學宗傳，但梨洲此書則大斥朱子爲異端；此書中有三類思路，一是堅守心即理以攻朱子性即理、即物窮理之學，而近於龍溪、近溪良知現成、工夫自然不假修證之說，與蕺山平素深斥二溪，重視愼獨靜存的嚴苦治心工夫不類；二是闡揚蕺山氣化流行論及靜存工夫，但卻混內賦義理虛靈變化之本的氣與知覺運動的血氣而無別，鮮言愼獨，更決不談蕺山的「意」，其工夫只在血氣中做，不能及於蕺山靜存之本體根本，只是用蕺山氣觀念以述己心性理氣無別之說；三是混體用爲一，把道德事行之所發的道德心體視爲後起的虛名，而以「實行爲本、性體爲虛、仁義爲後」，破斥程朱的別求本體，此則顯與心學立場相衝突，係晚年受陳確影響而來，而其攻程朱亦受陳確啓發，書中亦有不少言論襲取陳確者；以上三類思路，在哲學思考上充滿淆亂矛盾，此乃梨洲經世傾向所致，其僅藉由如此之詮釋孟學，以破朱學籠罩，使儒學創新開大，供給活潑的生命力，故資取眾家之說，混同本末、體用、理氣、心事，實爲開創新局不可避免的作法。〔註71〕古氏之見，本文雖不盡同意，但其所指出二人的本體與工夫理論之異，洵屬事實。此外，鍾彩鈞亦指出梨洲此書雖明引或暗用蕺山之言，甚至於立論之字面幾乎同出一轍，似乎不復區別師說己說，然二人對孟子的理解仍有相當差異，主要有：性善論方面，蕺山由道德著眼，以之做

〔註71〕詳見古清美〈黃宗羲的兩種《師說》〉（收於吳光等主編《黃梨洲三百年祭》頁74～91）、〈黃宗羲的《孟子師說》試探〉二文。另外，黃俊傑〈黃宗羲對孟子心學的發揮〉（收於林慶彰、蔣秋華主編《明代經學國際研討會論文集》）指出梨洲此書透過釋孟以反朱，乃晚明以反朱子學爲基調之新四書學的一個案例。據此一觀察，亦可知此書非全是循蕺山之態度而來的著作。

爲道德責任的承擔，始終保持性體的形上尊主地位，梨洲則從文化能力著眼，改以種差爲人與物之別，由聰明與否來建立人的優越，而以心氣爲主，不復有形而上下之分；工夫論方面，蕺山是道德實踐者，建立刻刻不離的求放心工夫，梨洲則爲文人，藉由「理不在心外」而提出「心在理先」的觀點，但其心不像道德心，卻像朱子的虛靈知覺，只是這心不用來窮外在的理，而是經過心體的經綸化裁才建立起萬物之理，是故窮理成爲一種人文創造活動，心則是此活動的根源，所以他對複雜層累的成聖工夫失去興趣，放下道德踐履中的細緻分辨與掙扎，偏好自然現成的泰州派之論，但根本不求泰州派弔詭工夫的深義，而只重視日用常行、具體道德（如孝弟）的表現；學術史觀方面，蕺山是理學殿軍，其誠意說係爲陽明良知說的補偏救弊，自處於後覺的地位，欲永遠正確無誤地傳承此學，梨洲則以堯舜孔孟爲倫理學說完成的第一循環，以周程朱陸爲性理思想完成的第二循環，宣告性理學說已隨蕺山而結束，自許爲新時代新學術的開路先鋒，而非爲前人振衰起蔽；此外，梨洲此書對年代、故籍、歷史多作考證，又及於音律等博物之學，皆非蕺山學所能範圍者。〔註 72〕按鍾氏之見甚諦，雖其只是概略提出整體鳥瞰下基本性質的幾個差異點，但已足以提示我人梨洲此作決非同於蕺山而了無新意。

第三，綜觀此書中的思想大抵關涉理學與政治學二者，而在理學方面與梨洲《明儒學案》及其他與友人論學書信中的旨趣一致，屬於同一思想路數，至於政治方面，亦與《明夷待訪錄》的言論同出一轍。〔註73〕

第四，其實此書中不乏廣徵他人言論處，如二程、朱熹、王守仁、羅汝芳、郝敬、顧憲成、高攀龍、孫愼行等等，此諸人之學問思路自已不齊，自然不能說梨洲與此諸人思想一致，而當是梨洲依自己申論上的需要，援引他說以加強說服力，此係彼此在字面上的意義可以相屬，近於斷章取義的作法，決非其背後的整體思想主旨渾然無別。因此我們對於書中所明引或暗用的蕺山話語，亦可以如是理解，也就是不必眩惑於梨洲與蕺山二者的淵源，而改以直接觀察梨洲所欲傳達的想法即可。

總之，《孟子師說》一書中的大多數材料實可視爲梨洲自身思想的表述，

〔註72〕詳見鍾彩鈞〈劉蕺山與黃梨洲的孟子學〉，收於其主編《劉蕺山學術思想論集》，頁 367～408。

〔註73〕如卷二的「孟子將朝王」章、卷三「滕文公問爲國」及卷七「有布縷之征」章、卷四的「離婁」章，分別與《明夷待訪錄》的〈奄宦〉、〈田制〉、〈原法〉同一旨趣，詳見《全集》冊 1，頁 72、79～81、162～163、87。

〔註 74〕只要小心使用，同時參考梨洲的其他著作，當無太大問題。此猶如讀朱子《四書集註》時，若能參照朱子的其他言論，對朱子學有一基本認識，則應可區別出朱子本身思想與《四書》原意，乃至於與其徵引者間的差異而不致混淆。

另外，我們細讀梨洲現存的所有文字，可以發現其思想似不存在著晚年劇變的現象，這一點詳見本文第四章第二節中的討論；此外梨洲的寫作態度十分認真，其曾自述即使在一般人情難免的應酬之文中，其亦不肯苟為，而是慎擇對象，「藉以序交情、論學術，與今所應徵啟文詞不類」。〔註 75〕因此我們可以將他的所有著作合為一整體而加以觀察，免去了分期分類討論的必要。以上既已交代本文的研究進路，接下來即展開正式的述論。

〔註74〕王雪梅：〈黃宗羲《孟子師說》述論〉，《四師範學院學報（哲學社會科學版）》2000年第4期，頁9已謂《孟子師說》書中直接引其師的觀點甚少，而是承接師說，充分發揮了梨洲自己的哲學思想。王氏所謂引蕺山者甚少，此可再商榷，但充分發揮己見則當不錯。

〔註75〕詳見《南雷文案外集・張母李夫人六十壽序》，《全集》冊10，頁666。當然，梨洲的文章有些仍屬一般性的應酬之作，不過大多數皆涉及史實或思想的紀錄與討論，因此，本文以下的討論並不忽略墓銘贈序之類，而是揀擇其間具有梨洲鮮明主張的部分，加以徵引和討論。

第二章　梨洲的理學

　　由於梨洲的理學乃其全盤思想的理論基礎，是故有必要先予以觀察。本章的重點主要在指陳其理學的核心觀念，將分成有關道德本體的理氣觀、心性論，以及有關道德踐履的修養工夫兩大部分來討論。

第一節　理氣與心性

　　理學家關心人類之道德行為「為何可能」及「如何可能」的兩大問題，前者即須說明人類本身內在的道德根源及此道德根源的普遍存在基礎，此即解答道德本體的心性論與理氣論；後者則須提供一套細密可施的修養工夫，此即實現道德生活的工夫論。〔註1〕梨洲對道德本體的基本見解，主要認為宇宙的氣與理構成了人類的心與性，兩者之間具有對稱的關係，以下分別說之。

一、事實性與律則性統一共在的理氣觀

（一）理氣為一

　　對於傳統理學中構成宇宙根本的理與氣二大觀念，梨洲認為兩者的關係乃是不可分離。他說：

> 朱子謂「無極即是無形，太極即是有理，在無物之前而未嘗不立于
> 有物之後，在陰陽之外而未嘗不行于陰陽之中」，此朱子自以「理先

〔註1〕關於理學的性質與精神，及由之而來的以本體與工夫為其學的兩大問題，可以參考董金裕：〈理學的名義與範疇〉，《孔孟月刊》1982年5月第20卷第9期，頁25～26。

氣後」之説解周子，亦未得周子之意也……「無極之眞，二五之精，妙合而凝」三語……正明理氣不可相離，故加「妙合」以形容之，猶《中庸》言「體物而不可遺」也，非「二五之精」則亦無所謂「無極之眞」矣。朱子言無形有理即是，是尋「無極之眞」于「二五之精」之外，雖曰無形而實爲有物，亦豈無極之意乎？（《宋元學案・濂溪學案下》，《全集》冊 3，頁 617）

我們姑且不論周敦頤、朱熹的本意如何，梨洲在此處反對理先氣後、別有無極本體的意思已很明確，他堅持理必須即氣而存在，二者妙合，決不許在氣化形體之前、之上、之外又有個更高級的、異質的宇宙本源。他又說：

朱子以爲「陽之動，爲用之所以行也；陰之靜，爲體之所以立也」。夫太極既爲之體，則陰陽皆是其用。如天之春夏，陽也；秋冬，陰也；人之呼，陽也；吸，陰也。寧可以春夏與呼爲用、秋冬與吸爲體哉！緣朱子以下文「主靜立人極」，故不得不以體歸之靜。先師云：「循理爲靜，非動靜對待之靜」，一語點破，曠若發矇矣。（《宋元學案・濂溪學案下》，《全集》冊 3，頁 605）

此則反對體靜用動之說，認爲宇宙本體並非靜止之物，而是循理不停地表現各種動態或靜態的發用與活動。然則此一本體爲何？他又說：

夫大化只此一氣，氣之升爲陽，氣之降爲陰，以至於屈伸往來，生死鬼神，皆無二氣。故陰陽皆氣也，其升而必降，降而必升，雖有參差過不及之殊，而終必歸一，是即理也。今以理屬之陽，氣屬之陰，將可言一理一氣之爲道乎？（《明儒學案・浙中王門學案三》，《全集》冊 7，頁 308）

至此即明白宣稱宇宙現象及其萬物，根本只是一氣，非有諸氣各存交作，而此氣之變化運作有其必然的條理規律，此條理規律即是理。梨洲又說：

（薛瑄）其謂：「理氣無先後，無無氣之理，亦無無理之氣」，不可易矣。又言：「氣有聚散，理無聚散。以日光飛鳥喻之，理如日光，氣如飛鳥，理乘氣機而動，如日光載鳥背而飛，鳥飛而日光雖不離其背，實未嘗與之俱往，而有間斷之處，亦猶氣動，而理雖未嘗與之暫離，實未嘗與之俱盡而有減息之時。」義竊謂：理爲氣之理，無氣則無理，若無飛鳥而有日光，亦可無日光而有飛鳥，不可爲喻。蓋以大德敦化者言之，氣無窮盡，理無窮盡，不特理無聚散，氣亦

無聚散。以小德川流者言之，日新不已，不以已往之氣爲方來之氣，亦不以已往之理爲方來之理，不特氣有聚散，理亦有聚散也。(《明儒學案·河東學案上》，《全集》冊 7，頁 121)

他認爲從宏觀的、共有源頭的角度來看，宇宙乃始終常在的一大事物，故其氣與理永續運作而不曾消散改異；而從微觀的、萬殊自身的角度來看，則每一具體事物皆是不停地新生變動，故事物不同或時空不同則其型態樣貌不同，型態樣貌不同則其身之氣有異，而其理亦有異，故此角度下的理氣有聚散。不論理氣有否聚散，梨洲都意在說明事物在則氣在、氣在則理在，是故氣無窮或聚散則理亦無窮或聚散，二者統合同步，絕無異致，因此要反對日光飛鳥之譬，強調理須是氣之理、若無氣則無理的觀點。他又說：

(曹端)其辨太極：「朱子謂理之乘氣，猶人之乘馬，馬之一出一入，而人亦與之一出一入。若然，則人爲死人，而不足以爲萬物之靈；理爲死理，而不足以爲萬物之原。今使活人騎馬，則其出入行止疾徐，亦由乎人馭之如何耳，活理亦然。」先生之辨，雖爲明晰，然詳以理馭氣，仍爲二之。氣必待馭於理，則氣爲死物。抑知理氣之名，由人而造，自其浮沈升降者而言，則謂之氣；自其浮沈升降不失其則者而言，則謂之理。蓋一物而兩名，非兩物而一體也。薛文清有日光飛鳥之喻，一時之言理氣者，大略相同爾。(《明儒學案·諸儒學案上二》，《全集》冊 8，頁 355～356)

據此可知，梨洲的理與氣乃一物之兩名，不可分離，無有先後本末，並不是在變化移易的氣之外，另有個不隨氣動而操控氣的固定之理。更徹底地說，氣必有理、理必有氣，不存在無理之氣、無氣之理，理即是氣之理、氣即是理之氣，理氣爲一非二，不過是對同一物採取兩個不同視角下所得的抽象觀念，並非相異的兩物結合爲一體，故不得構成主從先後的關係。

在明白梨洲妙合爲一的理氣關係之後，下文即當進究此一亦理亦氣的宇宙本體，其所指爲何之問題。

(二)事實性與價值性的統一共在

梨洲的理氣觀並非意在建構一種精緻的宇宙發生論，〔註2〕試觀其言，如

〔註2〕除了此節所論外，尚有其他證據顯示梨洲並不滿意於舊有之宇宙論的建構，即其反對種種後起解釋《周易》的象數之說，此點將於第三章第四節中再予以討論。

說：

> 夫太虛，絪縕相感，止有一氣，無所謂天氣也，無所謂地氣也。自
> 其清通而不可見，則謂之天；自其凝滯而有形象，則謂之地。故曰
> 「資始資生」，又曰「天施地生」，言天唱而不和，地和而不唱。今
> 所謂生者，唱也；所謂成者，和也。一、三、五，天之生數，六、
> 八、十，地之成數；二、四，地之生數，七、九，天之成數。是天
> 唱而復和，地和而復唱，眞若太虛之中，兩氣並行，天氣、地氣，
> 其爲物貳矣。是故一氣之流行，無時而息。當其和也，爲春，是木
> 之行。和之至而溫，爲夏，是火之行。溫之殺而涼，爲秋，是金之
> 行。涼之至而寒，爲冬，是水之行。寒之殺則又和。木火金水之化
> 生萬物，其凝之之性即土。蓋木火金水土，目雖五而氣則一，皆天
> 也；其成形而爲萬物，皆地也。若以水木土天之所生，火金地之所
> 生，則春冬屬天，夏秋屬地，五行各有分屬，一氣循環，忽截而爲
> 天，忽截而爲地，恐無此法象矣。原其一水、二火、三木、四金、
> 五土，不過以質之輕重爲數之多寡，第之先後，故土重於金，金重
> 於木，木重於火，火重於水。然方其爲氣，豈有輕重之可言？未聞
> 涼重於溫，寒輕於和也。則知天一至地十之數，於五行無與矣。(《易
> 學象數論・卷一・圖書四》,《全集》冊9，頁8～9)

此處梨洲雖認爲氣既有處於清通不可見而不具質量輕重的狀態之時，又有處於凝滯有形象而成形爲萬物的狀態之時，但卻籠統以爲只有一氣流行，天、地、四季、五行、萬物不過都是一氣之不同的表現型態，並不進一步去細繹這些型態間漸進的出現過程，反而反對將一至十的數字分配對應於五行的說法。我們知道象數《易》學之所以必欲以天地二氣交相作用、從而連結五行與數字的關係，乃是藉此探討宇宙的起源及變化，以顯示萬物生成之逐漸發生的先後次第，造出一具象圖譜，以爲建構一質實的宇宙論之所需。既然梨洲如此地反對，則其所謂一氣和溫涼寒之循環流行而爲「木火金水之化生萬物，其凝之之性即土」，當中之化生凝成又是什麼意思呢？觀梨洲又說：

> 「《易》有太極，是生兩儀」，所謂一陰一陽者是也。其一陽也，已
> 括一百九十二爻之奇；其一陰也，已括一百九十二爻之偶。以三百
> 八十四畫爲兩儀，非以兩畫爲兩儀也。若如朱子以第一爻而言，則
> 一陰一陽之所生者，各止三十二爻，而初爻以上之奇偶，又待此三

十二爻以生。陰陽者，氣也；爻者，質也。一落於爻，已有定位，焉能以此位生彼位哉。「兩儀生四象」，所謂老陽、老陰、少陽、少陰是也。乾爲老陽，坤爲老陰，震、坎、艮爲少陽，巽、離、兌爲少陰。三奇☰者，老陽之象。三偶☷者，老陰之象。一奇二偶☳☵☶者，少陽之象。一偶二奇☴☲☱者，少陰之象。是三畫八卦即四象也。……「四象生八卦」者……六十四卦統言之，皆謂之八卦也。蓋內卦爲貞，外卦爲悔，舉貞可以該悔，舉乾之貞，而坤乾、震乾、巽乾、坎乾、離乾、艮乾、兌乾該之矣，以下七卦皆然……由是言之，太極、兩儀、四象、八卦，因全體而見。蓋細推八卦（即六十四卦）之中，皆有兩儀四象之理，而兩儀四象初不畫於卦之外也。其言「生」者，即「生生謂易」之「生」，非次第而生之謂。康節加一倍之法……以爲宓戲之時，止有三畫而無六畫，故謂之「先天」；又以己之意，生十六、生三十二、生六十四，倣此章而爲之，以補義皇之闕，亦謂之「先天」。不知此章於六十四卦已自全具，補之反爲重出……非《易》之所有耶？（《易學象數論・卷一・先天圖一》，《全集》冊9，頁16～18）

此處明言「生者，即生生謂易之生，非次第而生之謂」，即以具有明確爻位的具體六十四卦，非由太極之分裂衍化爲兩儀、四象、八卦，而逐漸成形所致。故反對邵雍及朱熹以積累形式所做之發生過程的說明，而認爲是在具體的六十四卦之中即具太極的兩儀四象之「理」，此太極的兩儀四象之中又已含括六十四卦三百八十四爻而非離於具體卦爻之外別爲另一存在，所謂「因全體而見」、「初不畫於卦之外」者。既然梨洲在這裏以兩儀乃一陰一陽，而「陰陽者，氣也」，且其四象乃是陰陽多寡的狀態，則其兩儀四象實即是氣；而「爻者，質也，一落於爻，已有定位」，則卦爻代表具體事物。是故梨洲之意，實即謂凡有時位形質之事物皆具「氣」與「氣之條理」；而「氣」與「氣之條理」又含括事物全體，且只顯現於其中，不是在事物之外的存有物。

據此，則氣理與萬物乃是互相包括、一時並在、無有差距，非先後、次第、階段而生成，所以這便不是追究宇宙的起源、發展、組成。因此，上上一段引文中梨洲所謂一氣之五行化生凝成了萬物，其意當非偏重於以某種先在的物質或能量，經量變、質變後，而爲若干的質料或形式，彼此再交互作用而創生演化爲萬事萬物，否則應有事物從無到有、從微到顯之成形的過程、

與諸因緣條件之加入的機制等等，值得觀察與描述，不宜付之闕如，甚至否定此類（如邵雍、朱子）的努力；且若真是如此，則萬物中固皆有氣，但卻不可謂氣已具萬物，此猶如每個饅頭皆含麵粉、每個小孩皆有父母，但不能說麵粉含有每個饅頭、父母本身就只在小孩身上。細揆梨洲之意，主要是在藉以說明一氣流行，依氣自身之條理，表現爲一氣生天地、天地生四季、四季生五行、五行生萬物之生生不息的整體。

　　基於這樣的認識，我們似乎可以對梨洲之說進行如下的詮釋：此「生」並非質實的創造產生，不是「以此位生彼位」的「生」，而有一變化發展的歷程，如雞生蛋、父母生子女之類；此「生」乃是成就了充滿生意生機的生命全貌，即是使萬事萬物得成其存在與活動而朗現一芸芸生生的恆常宇宙之保證。而能有如此意義之「生」的「氣」，便不能是指事物之先在的構成質素、材料或能量，亦不是指質素、材料與能量的來源方式、範疇規則或其間之基本作用過程與關係，而應是作爲提供事物得以存在與活動的事實基礎，是使宇宙的一切得以實現的純粹實現性、得以具有規律與不斷開展完美的所在。亦即「氣」之觀念，原只是用以說明宇宙整體及其間一切現象與事物的「事實性」，而不在於描繪宇宙或事物是如何地成其存在與活動之種種具體風貌。這樣的氣，才能滿足氣與事物兩者幾乎是全等互換、同調一致的形式關係。蓋事物的存在乃是其事實性存在的直接明證，有事物必有其事實性，否則事物將不得實存；有事實性必有其事物，否則事物不存之空無，即表示此事實性無法存物，乃是無效非真，已造成事實性的自我否定，不得謂之爲事實性；而若沒有此事實性，則事物將是虛幻或空無，根本不成其爲事物；若沒有事物，則既無物矣，又何勞此事實性的保證；是故梨洲認爲氣能生萬物但氣又須在事物中，亦即事物與其事實性間必是同調一致，不能獨立而互不相干。因此梨洲的觀點，根本上已先預設著眼前世間生生不息的萬物存在與活動，乃是一不容否認之事實，且是唯一的事實，而凡不具存於此現實世間者，即非事實、非事物，而是虛幻無聊之臆造的立場；是故此事實既已不證自明地呈現在我人眼前，則此事實之得以成立的事實基礎亦必確實有之，否則豈能有此事實？因此，一個不離於萬物又不同於萬物、超越於萬物又內在於萬物、而不必涉及萬物實質發生內容且又足以作爲萬物生生變化不窮的本體於焉得證。〔註3〕

〔註3〕梨洲此一觀點未必可以完美成立，蓋其「事物即真實」純屬想當然爾的預設，

　　既然「氣」係作為使事物成為真存實有的根本性，則其乃是一普遍的概念，為一切事物所同具者，初不涉及具體事物個別的內容特性，至於具體事物的殊性則又由此普遍的基礎所導引出來。為了方便討論，我們可以說不同的事物，其事實性不同，這是「殊相的事實性」，乃是某事物之所以為此事物而異於彼事物的成立基礎；而一切的事物，彼此風貌固異，但皆作為「事物」則同，這是「普遍的事實性」，乃是任何事物得以實存的共同保障。此兩種事實性，後者是前者最基本的潛能，是前者之所以能成其為事實性之事實性基礎；前者是後者眾多可能性中的一小部分，是後者在不同形象中特定的、局部的、有限的具現；此種情形好比土木工程師與機械工程師雖為不同的專才，但皆是由人類所普遍同具的數理認知能力而來的特殊訓練後所成。

　　普遍事實性既是殊相事實性的成立保證，殊相事實性既是隨普遍事實性而來的，所以梨洲說氣升為陽、氣降為陰、一氣化生四季萬物，此氣即是普遍事實性；更正確地說，作為普遍事實性的氣（或者說太極），提供了殊相事實性（如兩儀、四象、無輕重可言的五行之氣、清通不可見、凝滯有形象、和溫涼寒凝等等），而後這些殊相事實性才成其殊相事物（如一百九十二爻之奇、一百九十二爻之偶、有質量的水火木金土、天、地、春夏秋冬萬物等等）。舉例來說，亦即普遍事實性之氣，由其內涵中予以特擇，提供「清升」的殊相事實性，由此而後才有具體的「清升之陽」一事物得以成立，並非氣直接變化而質實地生出陽氣來，（氣只能生出陽氣的殊相事實性，不是生出具體的陽氣）；至於此清升的殊相事實性，又可再就其中進一步予以特定抽取，成為更細緻的許多殊相事實性，而為各卦中的奇爻的事實基礎。然而殊相事實性及其具體事物間彼此之同調一致的關係，有時便可簡略地說普遍的大化之氣，流行而為天、為地、為四時、為萬物等等具體事物，雖則此等說詞極易令人誤解為一質實的氣化宇宙發生過程，但若詳察梨洲說「原其一水、二火、三木、四金、五土，不過以質之輕重為數之多寡，第之先後，故土重於金，金重於木，木重於火，火重於水，然方其為氣，豈有輕重之可言」、「陰陽者，氣也；爻者，質也。一落於爻，已有定位，焉能以此位生彼位哉」，則知他雖未能再充分說明殊相事實性是如何地分享普遍事實性而成其自身，但畢竟是

而未能充分證明其真偽。若依佛教之見，事物係由因緣假合，故有現象未必有實體，無現象亦不代表無真實境界。當然佛教亦未必正確，然其所言亦有其可能，因此我人必須對梨洲此預設予以某種程度之保留，而不宜遽行接受。

意欲表達普遍事實性、殊相事實性、具體事物的分別與關係,只是其行文用語不甚精細明確而已。

此外,普遍事實性必須唯一且恆在。若是爲二爲多,則所成的事物便是分屬於多個或多層的宇宙,而不得共存同現於此世界,如此便違反宇宙乃是唯一的基本預設常識;若是偶然暫有,則所成的宇宙亦是有限暫態,如此便違背宇宙的義界乃是永恆廣漠的時空;所以梨洲說大德敦化之氣無有聚散、流行不息、無始終、無不通,大化只此一氣、不得有二氣、無有天地皆唱和生成的法象,亦即提供生成的根源必須是恆在的唯一。至於自普遍事實性而出的殊相事實性則必須是某時空中暫態的、有限的特殊存在,所以梨洲說小德川流之氣有聚散、各自不同,否則某一殊相事實性既具普遍事實性的全幅內涵及潛能,則將成另一普遍事實性,得以成就另一世界,從而造成宇宙的衍生與分裂,這就違反了唯一性。

然而,殊相事實性雖爲有限的暫態,但就在其所成之各種具體事物的變遷、隱沒、興繼中,彼此共譜共營了豐富盈滿、無窮無盡的宇宙萬象,亦即藉由眾多有限事物的參與和對比,反而始得呈現出普遍事實性的無限普遍爲眞爲存,因此個體雖有終,但所構成的整體卻無窮;而就在無窮的整體中,又確定了每一個體的存在爲不可或缺、不可替代,否則宇宙當下的豐滿性便有虧損,因此個體便亦具有必要的價值與意義,亦可謂有限的事物在無限的宇宙間各具其唯一且永恆的特殊地位。於是可知,事實性與事物間既必一致,普遍事實性便須能引導出眾多的殊相事實性而成爲一切事物與現象的實現保證,否則即不得謂之普遍,因此其勢必具有不斷開展的潛能,一切已有者及可能者皆具足於此,當中含藏著無數奧秘,這就顯示普遍事實性不僅只是簡單的事實性而已,其內涵必須兼具獨一義、恆久義、變化義、流行義、豐盈義、無窮義,可總謂之爲「生生不息」義,這「生生」之義,即通向「律則性」,亦即「理」,而奠定宇宙整體及其間各事物的意義與價值。關於此點,我們可以看看梨洲自己的表達方式。

梨洲〈答忍菴宗兄書〉中說:

> 宗兄謂「陰陽二氣,皆一理之散見,即是太極之昭著」,以先師所云「二氣分,極隱於無形」爲非是。弟以爲二氣雖有形,然不可竟指二氣爲太極,程朱言「性不離氣,不可指氣即是性」,豈非太極隱於無形乎?宗兄舉橫渠「有無不可以言《易》」,故隱見亦不可以言

《易》。夫有無與隱見不同，盡天地間皆是理，以爲無也，則鳶魚皆是；以爲有也，則不睹不聞。故《中庸》言「費而隱」，費則不落於無，隱則不落於有，此張子之意也。先師云「以一生二，乃得偶數」，宗兄以爲非是：言理，則理一而無二；言氣，則物之生生，便合下有陰陽二氣，原無一與二畸重而相生；言數，則數固無所生，烏能一生二、二生四、以至八乎？弟以爲理、氣、數三者，雖分而實則一致。理雖一而生生不窮，不礙其爲一也，若滯於一，則理爲死物矣；氣則合下只有一氣，相生而後有陰陽，亦非合下便有陰陽也；數以相生而後變化，若無所生，則無所用數矣。陰陽本是一氣，其互生也，非於本氣之外又生一氣。故左伴一畫是陽，右伴做其一畫便是陰；既成陰矣，則左伴是偶，右伴加一畫便是陽。一陰一陽乃一氣之變化，若由下而上，則認陰陽爲二氣矣。（《南雷文定五集・卷一》，《全集》冊 10，頁 218）

又〈再答忍菴宗兄書〉說：

宗兄以先師之「陰陽分，極隱於無形」爲可議，云：「太極無形，本來如此，若以陰陽分，始謂之無形，豈陰陽未分前、已分後，隱見尚有不同乎？」弟以爲一陰一陽之爲道，道即太極也，離陰陽無從見道。所謂「《易》有太極，是生兩儀」，此爲作《易》者言之，因兩儀而見太極，非有先後次第也。宗兄之意，是先有太極，而後分之爲陰陽，當其未分陰陽之時，不知太極寄於何所？「有物先天地，無形本寂寥；能爲萬象主，不逐四時凋」，此二氏之言也，《易》豈有是乎？故先師必於陰陽分後，始言隱於無形也。宗兄云：「隱見即有無，有何差別？」夫隱者，所謂體物而不可遺也，無則體物而遺矣，其差別迴如。《中庸》言費而隱，不言費而無，今欲避無而幷隱亦避之，強坐以有無言《易》，無乃文致乎？（同上，頁 219～220）

由以上這兩段話可知梨洲反對由太極一理化生出陰陽二氣之宇宙論式的次第建構，而認爲「因兩儀而見太極」、「體物而不可遺」、「費而隱」，以太極乃實有，即隱於形氣萬物之中爲其本體而與之不離；但「不可竟指二氣爲太極」、「一陰一陽乃一氣之變化」、「理、氣、數三者雖分而實則一致」，即謂太極此一本體並非形氣，而是理、氣、數同在一身的本體，故雖獨一卻可生生變化，但又非「先有太極，而後分之爲陰陽」，「非於本氣之外又生一氣」。我們經由

以上的討論，當可輕易了解梨洲所欲說明者乃是事實性（太極）與事實（陰陽萬物）必須一致並在，但二者所指並不是相等的概念，故不得混淆。此處所應注意者，即梨洲以爲此事實性之太極，兼具理、氣、數的性質，而必可生生、相生、互生，此生非由本體產下一異質或異體之外物，而是由「本身變化」，此即前文所論的引導出諸多之殊相事實性，故謂之「倣」。梨洲又說：

> 一陰一陽之流行往來，必有過有不及，寧有可齊之理？然全是一團
> 生氣，其生氣所聚，自然福善禍淫，一息如是，終古如是，不然，
> 則生滅息矣。此萬有不齊中，一點眞主宰，謂之「至善」，故曰「繼
> 之者善也」。（《孟子師說‧卷三》，《全集》冊1，頁77）

他認爲宇宙的內容形形色色、萬有不齊，然而其整體呈現出生生不息的風貌，不致於放縱獨大某一事物，始終「福善禍淫」而使生不滅息，此即是至善主宰於其中所致。亦即萬物各有其存在與活動而得以永續，從而共同構成了繽紛的生命洪流，這種豐富的生命性事實，而非趨向單一或枯寂的現象，便顯示出宇宙不是無序或暫時的混沌盲動，而是具有自動性的調整機制，朝著明確的「生生」方向與目的，成就豐滿的宇宙整體，並保障其間事物各自的特殊地位。這根本性的生生導向，就是客觀宇宙運作活動之自身中不變的最高律則，凡是悖此律則便不得久存。而我們知道在滿足某種明確的方向與目的之中，其所象徵者便是可有價值與意義的獲得，既然事物的存在和活動必須契合此生生總方向、完成此生生大目的，則此律則即成爲萬事萬物之價值與意義的總根源、總標準，故梨洲謂之爲主宰性的「至善」；又謂繼之者爲「善」，即言膺此的事物貢獻於宇宙生生的豐滿性，故得其價值及意義，達致其應有的地位。於是可知，作爲普遍事實性的氣，不是靜止的、被動的或雜亂的氣而徒然造成一堆事物；其須是一團「生氣」，即必具有生生之理的性質及實際作用，故謂太極乃是理氣數一致的本體。

　　統合梨洲之意，我們可以如此地解釋：宇宙間根本只此一氣的存在流行，並非別有更超越的形上來源，此氣具有永不失其秩序的特性，使氣之充周流行得以成就生生不息的宇宙，即具有了活動運作的方向與目的，從而確定了價值與意義，因此可以說是「理」。亦即由條理的角度觀察，可將氣稱爲理，這並不是氣中別有理的運作使氣有條理，而是氣本身即是理，理乃氣之屬性。也就是說宇宙的根本，依其能流行而言，名爲氣；依其有條理而言，名爲理；氣與理同是一物，可用以分別說明宇宙本源、宇宙整體及其間事物的雙重特

性：「事實性與律則性」的同在。而梨洲律則性、規範性的「理」，實際上通向了意義與價值的建立，以之作爲事物之意義與價值的源頭，且其氣與物乃是事實性與事物同調一致的關係，因此其「理氣一而不二」理學主張的所指，可謂是「宇宙全體乃事實性與價值性的統一共在」。

此點我們可以再舉他對佛教「知氣不知理」的批評作爲佐證。他說：

> 釋氏固未嘗無眞見，其心死之而後活，制之而後靈，所謂「眞空即妙有」也，彌近理而大亂眞者，皆不在此。蓋大化流行，不舍晝夜，無有止息，此自其變者而觀之，氣也；消息盈虛，春之後必夏，秋之後必冬，人不轉而爲物，物不轉而爲人，草不移而爲木，木不移而爲草，萬古如斯，此自其不變者而觀之，理也。在人亦然，其變者，喜怒哀樂，已發未發，一動一靜，循環無端者，心也；其不變者，惻隱、羞惡、辭讓、是非，栝之反覆，萌蘗發見者，性也。儒者之道，從至變之中以得其不變者，而後心與理一。釋氏但見流行之體變化不測，故以知覺運動爲性、作用見性，其所謂不生不滅者，即其至變者也。層層掃除，不留一法，天地萬物之變化，即吾之變化，而至變中之不變者，無所事之矣。是故理無不善，氣則交感錯綜，參差不齊，而清濁偏正生焉；性無不善，心則動靜感應，不一其端，而眞妄雜焉。釋氏既以至變爲體，自不得不隨流鼓盪，其猖狂妄行，亦自然之理也。當其靜坐枯槁，一切降伏，原非爲存心養性也，不過欲求見此流行之體耳。見既眞見，儒者謂其所見非眞，只得形似，所以過之而愈張其焰也。（《明儒學案·崇仁學案二》，《全集》冊7，頁22～23）

此以宇宙中有不變的律則存在，非僅爲盲目偶然的自然流變而已，即氣中有理，非只是無理之氣。若如佛教只見到宇宙爲錯綜之氣的一面而不知其亦是有純善之理的一面，將不解人心的各種活動狀態中皆有道德價值根源的恆在作用，只隨順自然生命的變化而不知持守價值、開創意義，終淪爲猖狂妄行。同樣地，他又說：

> 生生之機，洋溢天地間，是其流行之體也。自流行而至畫一，有川流便有敦化，故儒者於流行見其畫一，方謂之知性。若徒見氣機之鼓盪，而玩弄不已，猶在陰陽邊事……未免有一間之未達……此流行之體，儒者悟得，釋氏亦悟得。然悟此之後，復大有事，始究竟

得流行。今觀流行之中，何以不散漫無紀，何以萬殊而一本，主宰
歷然？釋氏更不深造，則其流行者亦歸之野馬塵埃之聚散而已。故
吾謂釋氏是學焉而未至者也，其所見固未嘗有差，蓋離流行亦無所
爲主宰耳。(《明儒學案·泰州學案三》，《全集》冊8，頁4)

此言流行鼓蕩乃氣之變化，畫一有紀乃理之主宰，氣成萬殊，理統一本，理
氣妙合爲一，不得分離，宇宙的本體即此理氣兩重性的生生之機，知此始爲
究竟，佛教則尚隔一層。從這些排佛的言論裏，姑且不追究其批評是否適當，
但我們已可看出梨洲的理氣觀即通向其心性論，理氣觀是其心性論的抽象
化、理論化、基礎化、普遍化，二者呈現類比對稱的關係。也就是宇宙整體
的兩重性即落下成爲事物自身（特別是人類）的兩重性，而直接關係到該事
物的價值標準。因此，本節既已論述宇宙整體的理氣兩重性，下節便須討論
事物自身的兩重性中所具有的義涵。

二、具體心智之道德感知的心性論

（一）性是物種的殊性

我們已知梨洲理氣妙合的宇宙本體提供了宇宙的事實性及律則性，其中
論及由普遍事實性之氣導引出殊相事實性而爲具體事物的實現基礎，但並未
說明理的部分。其實，理亦如同氣的情形，作爲宇宙普遍律則性之理亦引導
出殊相律則性，而成爲具體事物各自存在與活動的規律；或者說，普遍事實
性本身的基本特點即是具有律則性，故在由其所引出的殊相事實性當中，亦
必具有某種律則性，而此律則自然不能違背於普遍律則，而須是普遍律則的
全部或局部特化。再換個角度來看，普遍事實性既不能只是事實性，而必須
亦爲生生之理，始得成就宇宙的豐滿；同樣地，殊相事實性亦必須在事實性
之外，更同時提供事物存在與活動的特殊條理律則，始能標識該事物異於他
物的殊異本質，而成其爲殊相事實性。總而言之，由亦理亦氣的宇宙本體所
成就的各種事物，皆分享此大化之氣、一本之理的局部內涵，而爲此氣此理
的某種特化型態，因此事物如同本體般，其身亦兼具事實與律則的雙重性。
然而，若從宇宙整體的宏觀角度來說，任何事物均服膺、匯歸於此氣此理，
普遍事實性與普遍律則性便是討論的對象；而從具體事物的微觀角度來說，
各事物間的差異則成爲關注的焦點，必須側重於殊相事實性與殊相律則性的
實質內容，才能眞正把握該物的特色，點出其在宇宙間的地位。

　　有了此一認識，我們發現梨洲正認為「性」不是泛指萬物的通性，「性」須是指同類事物（亦即「物種」）所共具的特殊本質，從而異於他類事物的所在，蓋討論殊相性不得與普遍性無別。對此他說：

> 朱子云：「《易》言『繼善』，是指未生之前；孟子言『性善』，是指已生之後。」此語極說得分明。蓋一陰一陽之流行往來，必有過有不及，寧有可齊之理？然全是一團生氣，其生氣所聚，自然福善禍淫，一息如是，終古如是，不然，則生滅息矣。此萬有不齊中，一點眞主宰，謂之「至善」，故曰「繼之者善也」。「繼」是繼續，所謂「於穆不已」。及到成之而為性，則萬有不齊，人有人之性，物有物之性，草木有草木之性，金石有金石之性，一本而萬殊，如野葛鴆鳥之毒惡，亦不可不謂之性。孟子「性善」，單就人分上說。生而稟於清，生而稟於濁，不可言清者是性，濁者非性。然雖至濁之中，一點眞心埋沒不得，故人為萬物之靈也。孟子破口道出善字，告子只知性原於天，合人物而言之，所以更推不去。（《孟子師說・卷三》，《全集》冊 1，頁 77～78）

此即謂宇宙性的理氣為萬物實現的總根源、總標準，這是一切事物所同具的基礎共性，但是宇宙間的各類事物，在整體共現的風貌外，又各自有其自身的特殊性而異於他類事物，是以論事物之殊性不當與宇宙之共性相混淆，而應分別地看。所以此處梨洲區分「原於天」的普遍共性與「成之」而有的類別殊性，而謂告子合人物以言性並不正確。梨洲又更明白地說：

> 無氣外之理，「生之謂性」，未嘗不是。然氣自流行變化，而變化之中，有貞一而不變者，是則所謂理也、性也。告子唯以陰陽五行化生萬物者謂之性，是以入於儱侗，已開後世禪宗路徑。故孟子先喻白以驗之，而後以牛犬別白之。蓋天之生物萬有不齊，其質既異，則性亦異。牛犬之知覺，自異乎人之知覺；浸假而草木，則有生意而無知覺矣；浸假而瓦石，則有形質而無生意矣。若一概以儱侗之性言之，未有不同人道於牛犬者也。假使佛氏而承孟子之問，必將曰「犬之性猶牛之性，牛之性猶人之性」也，其譸張為幻，又告子之罪人也。（《孟子師說・卷六》，《全集》冊 1，頁 133～134）

即謂萬物共具之通性不為自身之殊性，不得因萬物皆是氣化所生即認為彼此無別，若僅從彼此的共同點來觀察萬物將失於片面，須再注意到彼此的細部

差異才可，因此人類，及各種動物、植物、無生物的瓦石之類，皆各有其性，並非籠統不異。此處值得注意的是，在「及到成之而爲性」、「生而稟於清，生而稟於濁」、「其質既異，則性亦異」諸語中，以爲所稟賦到的氣質如何，才擁有其各自的殊性。我們知道，梨洲的形質是由氣所成就者，是故此即表明「氣」決定了「性」。而依我們的詮釋，具體事物身上的「氣」既是指其殊相事實性，則「性」當指具體事物的殊相律則性。亦即事物分享普遍事實性（即大化之氣）的局部爲其殊相事實性（即所稟之氣），而此殊相事實性的本身也就又提供（或者說具備）殊相律則性（即所具之性），使得該物能眞正表現出異於他物的性徵。關於此義，須再觀其人禽之異的言論始更顯豁，且梨洲所眞欲說明者，倒不是細陳各物之性如何，而是專論人類。因此接下來，將著重觀察人類這一物種異於其他物類而能爲「萬物之靈」的殊性究係爲何。

（二）人性乃人心之道德感知

關於人類的性，梨洲說：

> 此氣雖有條理，而其往來屈伸，不能無過不及。聖賢得其中氣，常人所受或得其過，或得其不及，以至萬有不齊。（唐鶴徵）先生既言性是氣之極有條理處，過不及便非條理矣，故人受此過不及之氣，但可謂之氣質，不可謂之性，則只言氣是性足矣，不必言氣之極有條理處是性也，無乃自墮其說乎？然則常人有氣質而無性乎？蓋氣之往來屈伸，雖有過不及，而終歸於條理者，則是氣中之主宰，故雨暘寒燠，恆者暫而時者常也。惟此氣中一點主宰，不可埋沒，所以常人皆有不忍人之心。（《明儒學案·南中王門學案二》，《全集》冊7，頁701）

> 竊以爲氣即性也，偏於剛，偏於柔，則是氣之過不及也。其無過不及之處方是性，所謂中也。周子曰：「性者，剛柔善惡中而已矣。」氣之流行，不能無過不及，而往而必返，其中體未嘗不在。如天之亢陽過矣，然而必返於陰；天之恆雨不及矣，然而必返於晴。向若一往不返，成何造化乎？人性雖偏於剛柔，其偏剛之處未嘗忘柔，其偏柔之處未嘗忘剛，即是中體。若以過不及之氣便謂之性，則聖賢單言氣足矣，何必又添一「性」字，留之爲疑惑之府乎？古今言性不明，總坐程子「惡亦不可不謂之性」一語，由是將孟子性善置之在疑信之間，而荀、楊之說紛紛起廢矣。（《明儒學案·南中王門

學案二》,《全集》冊 7,頁 721）

他認爲大化之氣含蘊豐富,每個人所稟得的氣不同,故具體氣質亦異,但人性是氣之極有條理處,此條理是不論人類何種的氣質當中皆所共具的規律,而能主宰人,使人類有普遍的同情憐憫、節制自我個性的表現。因此,氣即性,但更精確地說,氣質非即是性,而是氣質之條理才是性。梨洲又說:

> 耳目口鼻,是氣之流行者,離氣無所爲理,故曰性也。然即謂是爲性,則理氣渾矣,乃就氣中指出其主宰之命,這方是性。故於耳目口鼻之流行者,不竟謂之爲性也。(《孟子師說·卷七》,《全集》冊1,頁 161;亦見於《明儒學案·蕺山學案》,《全集》冊 8,頁 919）

> （盧宁忠）謂「天地間有是氣,則有是性,性爲氣之官,而綱維乎氣者」,是矣。然不知此綱維者,即氣之自爲綱維,因而名之曰「性」也。若別有一物以爲綱維,則理氣二矣。(《明儒學案·諸儒學案下二》,《全集》冊 8,頁 624）

此則明言人的感官雖亦是來自氣化天賦,但不具人身之主宰地位,故不宜指爲人性所在,然而主宰者亦不在人的氣化天賦之外,而是即在此氣化的本身裏。既然感官不足以爲人性,然則人的氣化天賦中又有何條理足以綱維人類之氣質而爲人之性呢?梨洲認爲人的性,乃人心之性。他說:

> 古今無心外之性,世人恆有失性之心,乃孟子不言失其本性而言失其本心,心性之不可相離明矣。然爲宮室妻妾窮乏之心,亦何嘗不昭昭靈靈也,竟以之爲性可乎哉!(《南雷文案·卷八·朝議大夫清溪錢先生墓誌銘》,《全集》冊 10,頁 345）

此處宣稱心性不可分離,性就在心中,但只是心中的某種部分,並不將人心謀求私利的欲望計議等等層面（如爲宮室妻妾窮乏之心）,亦列入人「性」之中。然則人心中的何者始是性呢?他說:

> 天地間只有一氣充周,生人生物。人稟是氣以生,心即氣之靈處,所謂知氣在上也。心體流行,其流行而有條理者,即性也。猶四時之氣,和則爲春,和盛而溫則爲夏,溫衰而涼則爲秋,涼盛而寒則爲冬,寒衰則復爲春,萬古如是,若有界限於間,流行而不失其序,是即理也。理不可見,見之於氣;性不可見,見之於心;心即氣也。
> (《孟子師說·卷二》,《全集》冊1,頁 60）

又說:

（薛敬之）先生之論，特詳於理氣，其言「未有無氣質之性」是矣，
而云「一身皆是氣，惟心無氣」、「氣中靈底便是心」，則又歧理氣而
二之也。氣未有不靈者，氣之行處皆是心，不僅腔子內始是心也，
即腔子內亦未始不是氣耳。(《明儒學案・河東學案上》，《全集》冊
7，頁 145)

梨洲強調理氣是一，認為心即是氣，不論是表現在外的心智活動或者潛在內
中的心智本身，皆是氣、皆是心。關於此點，我們可解說為：宇宙的普遍事
實性之氣，由其豐富的內涵中提供其「靈知」的部分，成為了人類的「心」。
因此「心」是人類這一物種的殊相事實性所在，所以心是氣。嚴格地說，這
種「心」乃「心氣」，實有別於現實裏具體的心智，其係具體心智之得以成其
為事實存在與活動的基礎所繫，故引文中梨洲謂之為「心體」，又謂腔子內外
或隱或顯的具體心智俱是心氣。而心體流行之中恆在的條理秩序即是「性」，
意思是說心氣這一殊相事實性的本身，不僅只是單純的事實性，同時又有其
條理，而成為支配人類的殊相律則性，故謂性不可見、須見之於心氣。如此
一來，心是氣，性是理，性理是心氣自己的條理，故心性不可相離，無心則
性無可附麗，無性則心不得自為主宰之綱維；同時，性既是心之理，則其實
質仍屬於心，而心是氣，故性亦可籠統稱之是氣；此外，心既有性，而性是
理，則心本自有理，故心亦可言是理（心即理之義詳見下文分疏）。總之，心
性兩者皆是亦理亦氣，心性是一物，是人類殊相事實性與殊相律則性統體共
在之處。

　　顯然地，梨洲論人類的心性關係，又回歸到前文以氣理妙合為一說明宇
宙之事實性與律則性兩重互在的根本通性。接下來我們必須進一步追問，作
為心氣之條理秩序的性究竟是什麼呢？因為以上所談的心性理氣主要皆是範
鑄人類之抽象的、形式的性質，然而這些性質下的實質內容卻未曾真正觸及、
徹底說明，亦即「心氣」（即殊相事實性）成就了「具體心智」（即殊相事實，
梨洲亦以「心」表之），則在心氣之「性理」（即殊相律則性）所界定、展現
的「實際內容」（即殊相律則，梨洲亦稱之為「性」）究係如何呢？對此梨洲
所提供的答案是心智中的道德靈覺與道德情感。以下即陸續討論這些殊相事
實裏的殊相律則。

　　關於靈覺方面，梨洲說：

離心之知覺無所為性，離氣質亦無所為知覺。(《明儒學案・諸儒學

案下四》,《全集》冊8,頁678)

（霍韜）以知有聖人之知,有下愚之知,聖人之知則可致,下愚之
知則無所不至矣。夫文成之所謂良知,即人人所同賦之性也。性之
靈處即是知,知之不息處即是性,非因下愚而獨無也,致者致此也。
先生之所謂知,乃習染聞見之知也,惡得良?故聖人與下愚,相去
倍蓰無算,如何致之哉?此眞千里之謬矣。(《明儒學案·諸儒學案
下一》,《全集》冊8,頁606)

他認爲人的氣質所成的心中,其知覺即是性的所在處。性是不息之靈知,亦
即一異於習染聞見、始終常在的普遍良知才是人性。此靈知既非泛指一般知
識的認識心,那它是什麼樣的知覺呢?梨洲說:

天以氣化流行而生人物,純是一團和氣。人物稟之即爲知覺,知覺
之精者靈明而爲人,知覺之麤者昏濁而爲物。人之靈明,惻隱羞惡
辭讓是非,合下具足,不囿於形氣之內;禽獸之昏濁,所知所覺,
不出於飲食牡牝之間,爲形氣所錮,原是截然分別,非如佛氏渾人
物爲一途,共一輪迴託舍也。其相去雖遠,然一點靈明,所謂「道
心惟微」也。天地之大,不在崑崙旁薄,而在葭灰之微陽;人道之
大,不在經綸參贊,而在空隙之虛明;其爲幾希者此也。……眞西
山曰:「人物均有一心,然人能存而物不能存,所不同者惟此而已。」
愚謂君子所存,存此知覺中之靈明耳,其知覺不待存也。物所受於
天者,有知覺而無靈明,合下自與人不同,物即能存,存箇恁麼?
(《孟子師說·卷四》,《全集》冊1,頁111～112)

他認爲人類和其他動物同樣具有知覺的能力,然而卻分屬截然不同的物種,
則是知覺上微妙差異所造成的結果。動物的知覺只是生物機能的反應,局限
在營養、繁殖之類的形體需求上;人類的知覺則除此之外,更有靈明的部分,
擁有惻隱、羞惡、辭讓、是非的作用,得以突破生物層次的局限。是以,人
擁有道德靈覺,對道德能知能存,而可成爲道德的承擔者,動物則不可能開
展道德的踐履,兩者既有如此的根本不同,便非如佛教所言般,人與物同屬
生靈之類而彼此能在六道裏輪迴轉換。梨洲又說:

程子「性即理也」之言,截得清楚,然極須理會,單爲人性言之則
可,欲以該萬物之性則不可。即孟子之言性善,亦是據人性言之,
不以此通之於物也;若謂人物皆稟天地之理以爲性,人得其全,物

得其偏，便不是。夫所謂理者，仁義禮智是也。禽獸何嘗有是？如
虎狼之殘忍，牛犬之頑鈍，皆不可不謂之性，具此知覺，即具此性。
晦翁言：「人物氣猶相近，而理決不同」，不知物之知覺，決非人之
知覺，其不同先在乎氣也。理者，純粹至善者也，安得有偏全！人
雖桀紂之窮凶極惡，未嘗不知此事是惡，是陷溺之中，其理亦全，
物之此心已絕，豈可謂偏者猶在乎？若論其統體，天以其氣之精者
生人，麤者生物，雖一氣而有精麤之判。故氣質之性，但可言物，
不可言人，在人雖有昏明厚薄之異，總之是有理之氣；禽獸之所稟
者，是無理之氣，非無理也，其不得與人同者，正是天之理也。釋
氏說「蠢動含靈，皆有佛性」，彼欲濟其投胎託舍之說，蟣蝨之微與
帝王平等，父母之親入禽獸輪迴，正坐人物一氣，充類以至無理也。
蓋人而喪其良心入於禽獸者有矣，未有禽獸而復為人者也。(《孟子
師說‧卷六》，《全集》冊 1，頁 135)

他認為構成動物的氣和人類的氣，二者雖同是宇宙的一氣，不過卻分屬此氣
的精粗部分，因之唯人具有「理」，他物則絲毫無有此理。此處所說的理，係
專指道德的純善義理，不泛指客觀宇宙運作活動的普遍律則，而人類和動物
的氣既不同，彼此的氣之條理亦因之不同，這正是宇宙律則所致。蓋宇宙普
遍律則即生生，使得萬物歧異而各有其質性，以共同形成豐富的生命樣貌，
因之物物必不同，否則將成一片單調枯索，無復生生向榮之意，故動物不具
人的道德、人之具道德以為人性、各類動物之各具殘忍頑鈍等等以為其種性，
正是此律則的必然結果；同時此律則保障萬物各得其存在與活動，因此萬物
自有其獨特地位，不會彼此相代或轉換，佛家輪迴之說不能成立。梨洲之意，
在謂眼前的萬物是能夠存在與活動的，就此存在與活動的本身來看，即是萬
物同具的共性；就其各自又有其存在與活動的現象來看，則是萬物各有其物
種之特殊性；而不論是共性或種性，都是宇宙生生律則所致，此律則乃宇宙
統體之氣的本然；故論物之性，必須分清物之身上兼具共性與種性，二性並
不衝突，亦不得相代。既然如此，所謂「性即理」一語，便只能用以指涉人
類這一物種，因為只有人才是以道德義理為其種性的內涵；而之所以能說義
理即人性，則係人的道德知覺普遍恆在，不受個人的具體表現樣態而影響此
道德知覺本身的體性，即使成了窮凶極惡的桀紂亦能知善知惡，好比罪犯雖
然犯罪但仍能知己是罪犯一般，這一「陷溺之中，其理亦全」的堅強事實，

即是人以道德義理爲種性的鐵證。

　　然則此一人類所獨有的能知善惡的道德靈覺，其又何以具有仁義禮智之理而爲人之性呢？梨洲說：

> 耳主於聽，目主於視，皆不離事上。心以思爲體，思以知爲體，知
> 以虛靈爲體，不著於事，爲發於本體之自然，而未嘗有所動者，所
> 謂照心也。（《孟子師說・卷六》，《全集》冊1，頁142）

耳目一類的感官知覺，需待與事物相交始有聽覺視覺的覺察反應，其本身並無任何的內在預設，只是忠實反映外在的情形、攝納客觀的資訊而已，然而人的心智則另有一種以「虛靈」爲體性之能思維判斷的察照知覺能力。所謂虛靈，即是此知覺自成其自身之作用，有其內在的活動準則而此準則又無待於外物，頗爲獨特而自主，故以虛靈或靈明予以指稱形容。因此，道德靈覺並非一廣泛或空洞無內涵的認知能力，而是具有道德義理的全幅內容，即是人心的本心、即是道心、即是天理，所以又說：

> （孟子）言「求放心」，不必言「求理義之心」；言「失其本心」，不
> 必言「失其理義之心」；則以心即理也。孟子之言，明白如此，奈何
> 後之儒者，誤解人心道心，歧而二之，以心之所有止此虛靈知覺，
> 而理則歸之天地萬物，必窮理而纔爲道心，否則虛靈知覺，終爲人
> 心而已。殊不知降衷而爲虛靈知覺，只此道心，道心即人心之本心，
> 唯其微也，故危。伊尹之言「先知先覺」，初不加以「知此理，覺此
> 理」一字，蓋無理之知覺，則禽獸矣。人心顧如是哉！豈可比而同
> 之乎？（《孟子師說・卷六》，《全集》冊1，頁141）
> 後人既有氣質之性，遂以發於氣質者爲形氣之心，以爲心之所具者，
> 止些知覺，以理義實之，而後謂之道心，故須窮天地萬物之理，不
> 可純是己之心也。若然，則人生本來祇有知覺，更無理義；只有人
> 心，更無道心；即不然，亦是兩心夾雜而生也。（《明儒學案・東林
> 學案二》，《全集》冊8，頁813）

此即反對將「靈覺」與「理義」視爲「單純的認識能力」與「所認識的道德對象」而予以分開，他認爲虛靈知覺並非一般動物的生物性知覺，其本身乃是有理之知覺。何以知其內中有理？他又說：

> 夫天之生人，除虛靈知覺之外，更無別物。虛靈知覺之自然恰好處，
> 便是天理。以其己所自有，無待假借，謂之獨得可也；以其人所同

具，更無差別，謂之公共可也。……自其心之主宰，則爲理一，大
德敦化也；自其主宰流行於事物之間，則爲分殊，小德川流也。……
佛氏唯視理在天地萬物，故一切置之度外。早知吾心即理，則自不
至爲無星之秤、無界之尺矣。（《明儒學案・甘泉學案六》，《全集》
冊 8，頁 317）

上蔡在程門中英果明決，其論仁以覺、以生意……朱子言其雜禪……
謂「知覺得應事接物底，如何喚做仁？須是知覺那理方是。」夫覺
者，澄然無物，而爲萬理之所從出。若應事接物，而不當于理，則
不可謂之覺矣。覺外求仁，是覺者一物，理又一物。朱子所以終身
認理氣爲二也。（《宋元學案・上蔡學案》，《全集》冊 4，頁 171～172）

他認爲此知覺乃是人人普遍共具，當人在應事接物之際，此知覺便能主宰人
心而流行於事物之間，察識到分際所在，使人「自然恰好」地適時適處「當
於理」，合乎普同道德的各種要求。這種在眞實生活裏「一旦意識到即能表現
而出」的情形，便是知覺與義理同體同在的證據，否則若兩者異處，又豈能
如此無間斷地直接反應。易言之，即是：

心之所以爲心，不在明覺，而在天理……若理在事物，則是道能弘
人矣。告子之外義，豈減義而不顧乎？亦於事物之間求其義而合之，
正如世儒之所謂窮理也，孟子胡以不許之，而四端必歸之心哉？（《明
儒學案・姚江學案》，《全集》冊 7，頁 202）

告子以心之所有不過知覺，而天高地下萬物散殊，不以吾之存亡爲
有無，故必求之於外。孟子以爲有我而後有天地萬物，以我之心區
別天地萬物而爲理，苟此心之存，則此理自明，更不必沿門乞火也。
（《孟子師說・卷六》，《全集》冊 1，頁 134）

吾心之化裁，其曲折處謂之禮，其妥帖處謂之義，原無成迹。今以
爲理在事物，依倣成迹而爲之，便是非禮之禮，非義之義。蓋前言
往行，皆聖賢心所融結，吾不得其心，則皆糟粕也，曾是禮義而在
糟粕乎！（《孟子師說・卷四》，《全集》冊 1，頁 106）

禮以義起，從吾心之安不安者權衡出之，奚有滯而不通之處？（《孟
子師說・卷六》，《全集》冊 1，頁 144）

人心中的道德知覺自有安不安的判準在內，人以之去區別化裁萬物，做出道
德判斷、形成道德義理。而在合乎判準的「當於理」之中，不僅是完成道德

的內外要求，更確定了行為的有價值、有意義。所謂的「自然恰好」、「曲折」、「妥帖」、「安不安」諸語，即微妙地表示出在合於律則規定下，一種價值的確認與意義的滿足亦同時達致的心理活動狀態。是故天地間的萬物雖本身不具義理種性，但對人而言，卻可依憑道德知覺而定出對其所須持循的態度、標準、原則、規範……建立由典章制度以至於倫常生活中種種具體的、分殊的價值律則及意義定位。既然人因著此心的道德靈覺而擁有權衡自身及一切事物的道德尺度、而表現道德行為，心便是人類價值的真正源頭，心的知覺本身即完具仁義天理，天理並不在此知覺之外，故謂「吾心即理」。而所謂理，不只是狹義道德的，且是價值的與意義的律則。

除了「覺即理」以外，梨洲又有類似之「情即性」的說法。蓋人心的道德知覺若由感受的角度來看，其實也可以說就是道德情感。當道德知覺進行道德判斷之際，往往伴生道德情感而難以分離。籠統地看，生活中有所知覺即有所感知感受，故感受本身與知覺本身實亦可視為同起共生、是一非二；而細微地看，知覺即是能感的依據，所感即是情，然所感又只是緣外境而引出心中之情，心中若無情根又豈能生情，故所感的本源必具存於能感之中，即知覺已是有情、已以情為其內涵，非僅空洞之感知能力。而上文既已謂道德知覺內中是義理，則道德情感亦當無異於此義理的本身，所以梨洲說：

> 堯舜執中，不是無形無象，在人倫之至處為中。人倫有一段不可解處即為至，五倫無不皆然。（《孟子師說‧卷四》，《全集》冊 1，頁 89）

此即謂人倫中不可解離、根本恆在、無法忘懷的人情紐帶，即是義理大中的所在。又說：

> 「親親，仁也；敬長，義也」。有親親而後有仁之名，則親親是仁之根也，今欲於親親之上，求其所發者以為之根；有敬長而後有義之名，則敬長是義之根也，今欲於敬長之上，求其所發者以為之根；此先儒所以有「性中曷嘗有孝弟來」之論，性學不明，由此故也。（《孟子師說‧卷七》，《全集》冊1，頁152）

此則謂親親敬長的孝悌情愛即是仁義之根源，由此情感而成就道德的諸多表現，道德並無更高級、更根本的其他源頭，不可別求性理於此情之外。梨洲在釋《論語》「孝弟為仁之本」章時說得更清楚：

> 凡人氣聚成形，無一物帶來，而愛親敬長，最初只有這些子，後來

盛德大業，皆原于此，故曰「仁之本」。《集註》「爲仁猶曰行仁」謂：
「性中只有箇仁義禮智，曷嘗有孝弟來？」蓋以孝弟屬心，心之上
一層方纔是性，有性而後有情，故以孝弟爲行仁之本，不可爲仁之
本。……愚以爲心外無性，氣外無理，如孟子曰「惻隱之心，仁也；
羞惡之心，義也；恭敬之心，禮也；是非之心，智也。」蓋因惻隱、
羞惡、恭敬、是非，而後見其爲仁、義、禮、智，非是先有仁、義、
禮、智，而後發之爲惻隱、羞惡、恭敬、是非也。人無此心，則性
種斷滅矣。是故「理生氣」之說，其弊必至于語言道斷、心行路絕
而後已。程子曰：「盡性至命必本于孝弟」，孰謂孝弟不可爲仁之本
與？（《宋元學案・伊川學案上》，《全集》冊 3，頁 741）

此「仁義後起」之說即鮮明地主張與生俱來愛親敬長四端之心的本身就是性，
此乃是人類在氣聚成形之初的原始性種；而「後來盛德大業，皆原于此」之
語，則又指出此性種具有驅策人類達到某種有價值、有意義的偉大成就之潛
質，故可見其不僅是道德源頭，而且是開展並衡定世間一切的作爲的價值根
源。梨洲又說：

李見羅著《道性善編》：「單言惻隱之心四者，不可竟謂之性，性是
藏於中者」，先儒之舊說皆如此。故求性者，必求之人生以上，至於
心行路絕而後已，不得不以悟爲極則，即朱子之「一旦豁然貫通」，
亦未免墮此蹊徑。佛者云：「有物先天地，無形本寂寥；能爲萬象主，
不逐四時凋」，恰是此意，此儒佛之界限所以不清也。不知舍四端之
外何從見性？仁義禮智之名，因四端而後有，非四端之前先有一仁
義禮智之在中也。「雞三足」、「臧三耳」，謂二足二耳有運而行之者，
則爲三矣。四端之外，懸空求一物以主之，亦何以異於是哉！滿腔
子是惻隱之心，此意周流而無間斷，即未發之喜怒哀樂是也。遇有
感觸，忽然迸出來，無內外之可言也。先儒言惻隱之有根源，未嘗
不是，但不可言發者是情，存者是性耳。（《孟子師說・卷二》，《全
集》冊 1，頁 69）

他反對程朱學派「性情之分」、「已發未發有別」、「愛是情，仁是性」、「孝弟
四端是情不是性」一類的思想，認爲只有一個心，心中潛在一股周流不息的
道德感情，一旦根觸則迸出，流行發用爲諸德，是故發用前後同屬一心、同
爲一情，雖有隱顯源流的狀態差別，但兩者並非異質、並無高下，不得緣此

又橫生區別，竟以爲已發是第二序、是末、是跡，另求外於此之性、之理、之本體，而墮入玄虛異端。顯然地，梨洲堅信道德情感乃是人性與義理的根本所在。

由上所述，人心之性其實就是人人心智中原初的、恆在的、普遍的道德靈覺與道德情感。靈覺既非空洞知覺能力，而是當中有義理；情感亦是滿腔子常在，而爲盛德大業之本原。因此對梨洲來說，兩者所指實是同一事物，即：人心中的道德根源；而此道德根源實則作爲價值源頭，只不過靈覺較偏重在能力上的指陳，情感則較偏重在內容上的說明。爲了方便起見，我們不妨將道德靈覺與道德情感濃縮爲「道德感知」一詞。知覺、情感與義理既已統體收攝於心智的道德感知中，而爲人類這一殊相事實的殊相律則，主導著人類價值世界的建立，所以梨洲總結說：

> 先儒未嘗不以窮理爲入手，但先儒以性即理也，是公共的道理，而心是知覺，知得公共的道理，而後可以盡心，故必以知性先於盡心，顧其所窮，乃天地萬物之理，反失卻當下惻隱、羞惡、辭讓、是非之心之理矣……天下之理，皆非心外之物，所謂存久自明而心盡矣。
>
> （《孟子師說・卷七》，《全集》冊1，頁148～149）

即謂窮理既是探索道德的、價值的規律，則自必於人類的心中去尋求，而非於事物中各自的物種殊性上去思量萬物的共相。唯有人心在生活應對中所當下自然感知而流露出的惻隱、羞惡、辭讓、是非之心，才是一切條理的根本所在，若能徹底認識此一道德感知的深邃內蘊，則對心中的道德規律便明白無疑，而對人類一切行事的價值義理便坦然不惑，故可說：「天下之理，皆非心外之物」、「麗物之知，有知有不知；湛然之知，則無乎不知也……所謂麗物之知、湛然之知，即此聞見之知、德性之知也」。〔註4〕

以上既已說明人類具體心智中乃是事實存在著道德價值義理，而道德價值固是善，然則人性是否全然可視爲善呢？是否尚有其他的成分呢？因此以下即觀察梨洲對於心性善惡的言論。

（三）性善習惡

梨洲堅主性善之論，他說：

> 明善最難，以王塘南之學問，一生直至看《大乘止觀》謂「性空如

〔註4〕 第二則引語見《宋元學案・伊川學案上》，《全集》冊3，頁723。

鏡，妍來妍見，媸來媸見」，因省曰：「然則性亦空寂，隨物善惡乎？此說大害道。」乃知孟子性善之說，終是穩當。向使性中本無仁義，則惻隱羞惡從何出來？吾人應事處人，如此則安，不如此則不安，此非善而何？由此推之，不但無善無惡之說非，即謂「性中只有一箇性而已，何嘗有仁義來」，此說亦不穩。（《孟子師說・卷四》，《全集》冊1，頁94）

他認為道德感知中本有義理，故性決非無善無惡之中立。又說：

夫不皆善者，是氣之雜揉，而非氣之本然。其本然者，可指之為性；其雜揉者，不可以言性也。天地之氣，寒往暑來，寒必於冬，暑必於夏，其本然也。有時冬而暑，夏而寒，是為愆陽伏陰，失其本然之理矣。失其本然，便不可名之為理也。然天地不能無愆陽伏陰之寒暑，而萬古此冬寒夏暑之常道，則一定之理也。人生之雜揉偏勝，即愆陽伏陰也。而人皆有不忍人之心，所謂厥有恆性，豈可以雜揉偏勝者當之？雜揉偏勝，不恒者也。是故氣質之外無性，氣質即性也。第氣質之本然是性，失其本然者非性，此毫釐之辨，而孟子之言性善，即不可易也。（《明儒學案・北方王門學案》，《全集》冊7，頁756～757）

此謂宇宙的運作乃一氣流行，流行之中不變的大勢常態才是條理所在，不能將短暫的異常現象當作規律；同樣地，人人的氣質容或雜揉偏勝而有所差別，未必全屬善良，但其中普遍恆常的道德感知，才是人性所在。若能區別偶然變異與本然原貌，則知不得籠統泛言氣質乃性，而須專就氣質中的本然部分始得指稱為性，因此性之為至善乃坦然無疑，不必再糾葛於以氣質殊異而轉謂性或有善或有惡之言。梨洲又說：

老兄云：「人性無不善，于擴充盡才後見之，如五穀之性，不藝植，不耘籽，何以知其種之美？惻隱之心，仁之端也；雖然，未可以為善也。從而繼之，有惻隱，隨有羞惡、有辭讓、有是非之心焉，且無念非惻隱，無念非羞惡、辭讓、是非，而時出靡窮焉，斯善矣。」夫性之為善，合下如是，到底如是。擴充盡才，而非有所增也；即不加擴充盡才，而非有所減也。不為堯存，不為桀亡，到得牿亡之後，石火電光，未嘗不露，纔見其善，確不可移，故孟子以孺子入井、呼爾蹴爾明之，正為是也。若必擴充盡才始見其善、不擴充盡

才未可爲善，焉知不是荀子之性惡，全憑矯揉之力，而後至于善乎？
老兄雖言：「惟其爲善而無不能，此以知其性之無不善也」，然亦可
曰：「惟其爲不善而無不能，此以知其性之有不善也」，是老兄之言
性善，反得半而失半矣。（《南雷文案‧卷三‧〈與陳乾初論學書〉》，
《全集》冊 10，頁 152～153）

夫性之善，在孩提少長之時，已自彌綸天地，不待後來。後來之仁
至義盡，亦只還得孩提少長分量。故後來之盡不盡，在人不在性也。
乾初必欲以擴充到底言性善，此如言黃鍾者，或言三寸九分，或言
八十一分。夫三寸九分非少，八十一分非多，原始要終，互見相宣，
皆黃鍾之本色也。（《南雷文案‧卷八‧陳乾初先生墓誌銘（二稿）》，
《全集》冊 10，頁 356）

在這裏梨洲認爲性與善須由潛質言、不由表現言。本然的道德性是人的內在
基因種性，始終持續其作用，不會徹底泯滅消失、亦不會因爲充分發揮而增
益改變，既然不受具體行爲而影響其存在，故可據此論定人之性善，而不必
將內在本然特性與外在實然表現型態相混淆地去宣稱、定義性善性惡。梨洲
如此明確區分道德根源與後天行爲，固然有助於釐清我們對於道德的討論和
認識，但是必須進而面對人類行爲何以不能總是忠於本然的道德之性的問題。

關於惡的來源，梨洲認爲係由於心智的不當活動所致。他說：

老兄云：「周子無欲之教，不禪而禪，吾儒只言寡欲耳。人心本無所
謂天理，天理正從人欲中見。人欲恰好處，即天理也。向無人欲，
則亦無天理之可言矣。」老兄此言，從先師「道心即人心之本心」、
「義理之性即氣質之本性，離氣質無所謂性」而來。然以之言氣質、
言人心則可，以之言人欲則不可。氣質、人心，是渾然流行之體，
公共之物也；人欲是落在方所，一人之私也。天理人欲，正是相反，
此盈則彼絀，彼盈則此絀。故寡之又寡，至于無欲，而後純乎天理，
若人心、氣質，惡可言寡耶？「棖也慾，焉得剛」，子言之謂何？「無
欲故靜」，孔安國註《論語》「仁者靜」句，不自濂溪始也，以此而
禪濂溪，濂溪不受也。必從人欲恰好處求天理，則終身擾擾，不出
世情，所見爲天理者，恐是人欲之改頭換面耳。（《南雷文案‧卷三‧
〈與陳乾初論學書〉》，《全集》冊 10，頁 153）

這裏認爲氣質心智的本然狀態、恰好之處乃是道德天理，另外則確實亦有與

之相反相對、互不相容的人欲必須予以清除，此人欲係屬個人後起的私執偏見，不得與人類氣質的普遍運作、基本型態混爲一談。天理與人欲既爲同一心智的不同狀態，所以他說：

> （薛瑄）先生謂：「水清則見毫毛，心清則見天理。喻理如物，心如鏡，鏡明則物無遁形，心明則理無蔽迹。」義竊謂：仁，人心也，心之所以不得爲理者，由於昏也。若反其清明之體，即是理矣。心清而見，則猶二之也。（《明儒學案・河東學案上》，《全集》冊 7，頁 121）

> 心清即是天理，云見則二之也。故陽明先生曰：「心即理也」。（同上，頁 126）

此即指明心如排除不當的應用或干擾而返回到其清明本態則爲天理，若心不是理，則係由於心自身的昏蔽所致。心智一昏蔽，則有一念之差，導致私心自勝，梨洲他說：

> 覆載之間，一氣所運，皆同體也。何必疾痛疴癢，一膜之通，而後爲同耶？吹爲風，呵爲霧，唾爲濕，呼爲響，怒爲慘，喜爲舒，皆吾身之氣也。人心無不仁，一念之差，惟欲獨樂。故白起發一疑心，坑四十萬人如蟻虱；石崇發一快心，截蛾眉如芻俑；李斯發一饕心，橫屍四海；楊國忠發一疾心，激禍百年；戰國之君，殺人盈城盈野，只是欲獨樂耳。（《孟子師說・卷一》，《全集》冊 1，頁 52）

> 民之秉彝，好是懿德，人未有不好善者，只爲私心自勝，不惟不好善，且從而惡善矣。（《孟子師說・卷六》，《全集》冊 1，頁 147）

人類要是一念之差，只看見一己的需求、追逐一己的快樂，心智即異於原先本來的萬物同體共感的內在道德感知，遂漸漸棄善爲惡，乃至不可收拾。然而心智何以會有昏蔽而一念之差呢？梨洲說：

> 《通書》云性者，剛柔善惡中而已矣。剛柔皆善，有過不及，則流而爲惡，是則人心無所爲惡，止有過不及而已。此過不及亦從性來，故程子言惡亦不可不謂之性也，仍不礙性之爲善。（《孟子師說・卷二》，《全集》冊 1，頁 67～68）

原來人類的氣質心智天生即有各自的偏向特色，性格上的剛柔、智力上的賢愚種種，雖有不同，但原不致妨礙道德感知的運作，可謂同皆是善。然而這些偏向特色，卻有可能因之不當地發展，阻礙了正常的道德感知，而流衍爲

惡。推究其原因，實係受到外在的影響所致。關於此點，梨洲說：

> （方學漸）先生以不學不慮，理所固然，欲亦有之，但當求之於理，
> 不當求之於不學不慮。不知良知良能之不學不慮，此繼善之根也；
> 人欲之卒然而發者，是習熟之心爲之，豈不學不慮乎？（《明儒學案·
> 泰州學案四》，《全集》冊8，頁94）

> 善源於性，是有根者也，故雖戕賊之久，而忽然發露。惡生於染，
> 是無根者也，故雖動勝之時，而忽然銷隕。若果無善，是堯不必存，
> 桀亦可亡矣。（《明儒學案·泰州學案五》，《全集》冊8，頁113）

> 人之爲人，除惻隱、羞惡、辭讓、是非之外，更無別心，其憧憧往
> 來，起滅萬變者，皆因外物而有，於心無與也。（《孟子師說·卷六》，
> 《全集》冊1，頁141）

> 庶民與君子，同具此體，爲習染所壞，其靈明不出於血肉，則與禽
> 獸同其昏濁矣。（《孟子師說·卷四》，《全集》冊1，頁112）

按方氏主張人有「理根」、有「欲根」，二者皆是不學不慮、自然而應的，[註5]
但是梨洲則認爲道德才有根、人欲是沒有根的，惡欲係源自外物誘擾、習染積
久之後，心智形成不當的慣常反應模式，使得靈明感知無法呈顯，遂令人類心
智退回一般動物的知覺層次，不合乎原初預設的理想狀態，此種昏濁的習熟之
心自不應和與生固有的本然道德相提並論。而梨洲所謂的習染，不僅包含呱呱
墜地之後的薰受，更擴及娘胎之中，他說：

> 孫淇澳先生曰：「……若稟氣於天，成形於地，受變於俗，正肥磽、
> 雨露、人事類也，此三者，皆夫子所謂『習』耳。今不知爲習，而
> 強繫之性，又不敢明說性，而特創氣質之性之說，此吾所不知
> 也。……」……程子曰：「有自幼而善，有自幼而惡，是氣稟有然也。
> 善固性也，然惡亦不可不謂之性也。」張子曰：「形而後有氣質之性，
> 善反之，則天地之性存焉。故氣質之性，君子有弗性者焉。」愚謂
> 氣質之性，既是天賦，如何可反？若反之，反似爲僞。蓋天命至精，
> 些少著不得人爲，故人在陷溺之中，憑他摶噬紛奪，此一點良心，
> 畢竟自要出頭。別教有云：「丈夫食少金剛，終竟不消，要穿出身外，
> 何以故？金剛不與身中雜穢同止。」故天命之性，豈特如金剛？一
> 切清濁偏正剛柔緩急，皆拘他不得。如謂水本清也，以淨器盛之則

清，不淨器盛之則臭，以汙泥之器盛之則濁，本然之清，未嘗不在，但既臭濁，猝難得清。果如是，則水一性也，器一性也。性之夾雜如此，安所稱「無極之眞，二五之精」乎！先儒只緣認「習」字太狹，墮地已後之習無論矣。人乃父母之分身，當其在胎之時，已有習矣。不然，古人之言胎教何也？總之，與性無與也。(《孟子師説·卷六》，《全集》冊1，頁137～138)

此處同意明儒孫愼行之説，反對宋儒程張氣質之性的説法。其謂程張的氣質之性多屬「習染」的範疇，不可視爲性。蓋性乃天賦種性，人生的種種均不能終止其作用、改變其性質，猶如不能消化於腸胃中的鑽石，始終恆一、終必呈露，故無有可以轉化的「性」。而習染的範圍則包括甚廣，人不僅在出生之後，甚至早在胚胎時期即已受到外在環境事物習染的影響。其中謂「人乃父母之分身」，則又有遺傳的意味，比如梨洲又曾説：

人生墮地，分父母以爲氣質，從氣質而有義理，則義理之發源，在於父母。(《南雷文定五集·卷三·萬公擇墓誌銘》，《全集》冊10，頁503)

蓋人類作爲一動物，其生命特質自須來自生身父母，而這種遺傳關聯，則確保人類心智中能以道德爲其物種的殊性。〔註6〕

在梨洲此一「性善習惡」之説中，值得再略加説明的是上述對傳統理學中「氣質之性」的否定，進而有「氣質即善」的觀點。有關此義，他説：

孟子説性善，即習有不善，不害其爲性善。後人既宗性善，又將理義氣質並衡，是明墮「有性善、有性不善」與「可以爲善、可以不善」之説了。且告子説「無分」，雖不指明性體，而性尚在。後人將性參和作兩件，即宗性善而性亡。(《明儒學案·東林學案二》，《全集》冊8，頁818)

夫氣之流行，不能無過不及，故人之所稟，不能無偏。氣質雖偏，而中正者未嘗不在也。猶天之寒暑，雖過不及，而盈虛消息，卒歸於太和。以此證氣質之善，無待於變化。理不能離氣以爲理，心不能離身以爲心，若氣質必待變化，是心亦須變化也。今曰心之本來無病，由身之氣質而病，則身與心判然爲二物矣。孟子言陷溺其心者爲歲，未聞氣質之陷其心也。蓋橫渠之失，渾氣質於性；(呂懷)

〔註6〕關於梨洲類似遺傳的觀念，在第三章第四節中將有進一步的述論。

> 先生之失，離性於氣質；總由看「習」不清楚耳。(《明儒學案・甘泉學案二》，《全集》冊 8，頁 182)

> 夫耳目口體，質也；視聽言動，氣也；視聽言動流行而不失其則者，性也。流行而不能無過不及，則氣質之偏也，非但不可言性，并不可言氣質也。蓋氣質之偏，大略從習來，非氣質之本然矣。……氣質即是情才，孟子云：「乃若其情，則可以為善矣。若夫為不善，非才之罪也。」由情才之善而見性善，不可言因性善而後情才善也。

> 若氣質不善，便是情才不善；情才不善，則荀子性惡不可謂非矣。(《明儒學案・甘泉學案五》，《全集》冊 8，頁 266～267)

梨洲堅持氣質之性為唯一的人性，人性即存在於人的氣質之中，不得離性於氣質，此性即義理、即善，不得另以義理之性和氣質之性並衡對立，否則人性將淪為善惡相混的二元狀態；另一方面，又不得渾氣質於性，人的氣質情才固千差萬別，但千差萬別者不是氣質的性，殊異當中所共具的道德律則本自恆在，這才是氣質唯一的性，故氣質之性乃善；至於人之所以表現為偏惡，全是來自氣質在生命的活動歷程中，受到後天外來的習染對其本然善性的陷溺所致，並非此氣質的內部具有任何悖逆或妨礙本然善性律則的成分，故不得言變化氣質，只消去此不當的習染即可。既然個人得自天賦的氣質並不會令人有惡的表現，惡乃全數肇端於外附而可移除，氣質本身即可謂全部是善，亦即整個人性、人心、人身通體原皆是有理之氣，皆是善。

　　對此依我們前面的詮釋，可再析言為：人類分享普遍事實性的宇宙之氣而為其殊相事實性的心氣，然而這心氣乃是整體人類異乎萬物的共同種性所在，可視為「人類的普遍事實性」(為避免與「宇宙的普遍事實性」相混淆起見，不妨稱之為「人類的總相事實性」)，而每一具體的個人，其身上「各自的殊相事實性」(為避免混淆可謂為「人類的別相事實性」)，則須再由心氣中予以導引而出，亦即每一人之所以異於他人的基礎，即在共同心氣之殊化。此一普遍心氣之殊化所成，即造成人人各有其剛柔賢愚等等不同的具體心智，此具體心智即「個人的殊相事實」(人類的別相事實)，剛柔賢愚之類即「個人的殊相律則」(人類的別相律則))，而這些殊相心智，既皆分享普遍心氣的局部，故亦必具此心氣的基本特性，即必受心氣的道德性理(「人類的總相律則」)所制約，故任何氣質皆不妨其實現善，此猶如萬物皆由一氣所分，雖各有其性，但皆服膺於宇宙普遍的生生律則一般。如此一來，程朱學派將

義理之性與氣質之性對舉，以為個人天生的具體客觀存在樣態，所含備之實現人類內在道德的能力，確有清濁賢愚種種的優劣高下之別，〔註7〕此一說法即不能成立。於是可歸結為：每一個人的本然風貌皆是道德理序，皆具同樣充分之實現道德的能力，而道德的踐履便是人人不可自棄的生命本分。

因此下文將接著說明在此理氣心性論下，如何開展道德修養的實踐工夫，同時亦可對其心性之論更有所認識。當然在梨洲如此的理氣觀、心性論中，確實存在很大的問題，此點則於第四章中再予討論。

第二節　成德工夫

平心而言，梨洲有關工夫的言論並不能深入至操作的精細處，但大體來說，總持有其連貫的立場脈絡，而仍可保有尚稱完整的思想系統。以下即整理成四部分予以述論。

一、工夫前提：有本的靜存

（一）一貫動靜之靜存

我們由梨洲〈太極圖講義〉一文可見其本體論、工夫論之大旨。該文說：

> 通天地，亙古今，無非一氣而已。氣本一也，而有往來闔闢升降之殊，則分之為動靜，有動靜則不得不分之為陰陽。然此陰陽之動靜也，千條萬緒，紛紜膠轕，而卒不克亂，萬古此寒暑也，萬古此生長收藏也，莫知其所以然而然，是即所謂理也，所謂太極也。以其不紊而言，則謂之理；以其極至而言，則謂之太極。識得此理，則知「一陰一陽」即是「為物不貳」也。其曰無極者，初非別有一物依于氣而立，附于氣而行。或曰因「《易》有太極」一言，遂疑陰陽之變易，類有一物主宰乎其間者，是不然矣，故不得不加無極二字。
>
> （《宋元學案・濂溪學案下》，《全集》冊3，頁606）

此言宇宙一氣流行，氣具有條理，故可謂之理，即太極。理乃氣自身之理，非另有一物為氣之主宰，故以「無」加以形容，所以太極又稱無極。梨洲接著說：

〔註7〕如程頤說：「性出於天，才出於氣。氣清則才清，氣濁則才濁。譬猶木焉，曲直者性也，可以為棟梁、可以為榱桷者才也。才則有善與不善，性則無不善。」（見《二程集・河南程氏遺書・卷十九》，頁252）。

> 造化流行之體，無時休息，中間清濁、剛柔、多少，參差不齊，故
> 自形生神發，五性感動後觀之，知愚賢不肖、剛柔善惡中，自有許
> 多不同。世之人一往不返，不識有無渾一之常、費隱妙合之體，徇
> 象執有，逐物而遷，而無極之眞竟不可見矣。（同上）

此則以爲就人而言，人之惡乃起源於氣之流行有不齊，故氣質不同，但人未
能於氣質中自覺到氣質當中共有之太極性理，徒隨順氣質生命的發動，遂受
外在環境影響，執著於事物表象而追逐流轉，竟令性理不得呈顯其原始作用。
善既本然，惡屬後有，則已有之惡，必以人爲努力扭轉而彰顯本然，故其下
又說：

> 聖人以「靜」之一字，反本歸元，蓋造化、人事皆以收斂爲主，發
> 散是不得已事。非以收斂爲靜，發散爲動也。一斂一發，自是造化
> 流行不息之氣機，而必有所以樞紐乎是、運旋乎是，是則所謂靜也。
> 故曰「主靜」。學者須要識得靜字分曉，不是不動是靜，不妄動方是
> 靜。慨自學者都向二五上立脚，既不知所謂太極，則事功一切俱假，
> 而二氏又以無能生有，于是誤認無極在太極之前，視太極爲一物，
> 形上形下，判爲兩截。（同上，頁 606～607）

即謂對治工夫在於「主靜」。主靜乃是回到錯誤的發生原點，由受病的根本處
著手糾正，故不是止息生命、完全不動作以期斷惡，而是改變日常心智不當
的反應模式，重新收斂心智於自身的太極性理之上，自覺地循其性理而正確
地動靜云爲。如此，則生命將自有樞紐運旋處爲之主宰，自能回歸其活動理
序、不再走作，既不會使工夫只是追逐流行之氣而成爲搆不著根本的治標之
術，亦不至於誤以爲別有形上本體可求於太極之前、氣質之外，而淪入輕視
世間的佛道異端。

關於主靜一義，梨洲又解釋說：

> 夫心體流行不息，靜而動，動而靜。未發，靜也；已發，動也。發
> 上用功，固爲徇動；未發用功，亦爲徇靜，皆陷於一偏。而《中庸》
> 以大本歸之未發者，蓋心體即天體也。周天三百六十五度四分度之
> 一，而其中爲天樞，天無一息不運，至其樞紐處，實萬古常止，要
> 不可不歸之靜。故心之主宰，雖不可以動靜言，而唯靜乃能存之。
> 此濂溪以主靜立人極，龜山門下以體夫喜怒哀樂未發前氣象爲相傳
> 口訣也。……心體原是流行，而流行不失其則者，則終古如斯，乃

所謂靜也、寂也。儒者存養之力，歸於此處，始不同夫釋氏耳。（《明
儒學案·江右王門學案二》，《全集》冊7，頁427～428）

又說：

造化只有一氣流行，流行之不失其則者，即為主宰，非有一物以主
宰夫流行。然流行無可用功，體當其不失則者而已。（《明儒學案·
江右王門學案四》，《全集》冊7，頁506～507）

天地萬物之理，不外於腔子裏，故見心之廣大……天理無處而心其
處，心無處而寂然未發者其處。寂然不動，感即在寂之中，則體認
者亦唯體認之於寂而已。（《明儒學案·甘泉學案一》，《全集》冊8，
頁141）

我們知道梨洲認為心是有理之氣、亦理亦氣的，故此處所言即認為心體之氣的
一面乃是活動不已的事實基礎，導致心智有念慮情欲的起滅，故有已發未發
的動靜狀態，但工夫的操作並不是針對心氣的動態或靜態，而是針對在動靜
狀態中不變常在的活動律則，也就是心體之理的一面。支配活動的律則既是
不變恆在，無涉於活動狀態之有起滅動靜的現象，故此律則可稱為靜寂，而
針對此律則的工夫遂可謂為主於靜。因此所謂的主靜，便非徇動徇靜之專注
於心智的片面活動，而是專注於一切心智動靜裏的根本理則，故說「存養之
力，歸於此處」、「流行無可用功，體當其不失則者」、「體認之於寂」。此處尤
可注意者，即梨洲又認為「唯靜乃能存之」，亦即必以靜功的操作方式始得有
效地體認、存養此心自身之根本理則。

梨洲既然採取靜存的工夫進路以把握心體之理，顯示他對動時省察的工
夫較不重視，然而他又說徇動或徇靜皆失於一偏而不合乎心體之氣的流行，
則他的靜存勢必又須彌補偏靜的缺點而稍異於傳統上與動察工夫相對的靜存
涵養，蓋傳統上的靜存一般係指在念慮情欲未發的心智靜態時所作的工夫。
觀梨洲曾說：

《居業錄》云：「古人只言涵養，言操存，曷嘗言求見本體？」是即
文公少年之見也。又云：「操存涵養是靜中工夫，思索省察是動上工
夫，動靜二端，時節界限甚明，工夫所施，各有所當，不可混雜。」
是即文公動靜交致其力，方得渾全，而以單提涵養者為不全也。雖
然，動靜者時也，吾心之體不著於時者也。分工夫為兩節，則靜不
能該動，動不能攝靜，豈得為無弊哉！（《明儒學案·崇仁學案三》，

《全集》冊7，頁62）

> 宋儒之涵養……宋儒之省察……工夫終是兩用，兩用則支離，未免
> 有顧彼失此之病，非純一之學也，總緣認理氣爲二。（《明儒學案·
> 江右王門學案四》，《全集》冊7，頁506）

這裏即認爲工夫不得截然劃分成動靜兩種而各各分用，否則靜中之工夫與動時之工夫將會互不相干，靜中所至無補於動時判斷，動時所得亦無益於靜中體悟。既然連動靜交致、二者兼用都還有不足，更何況是單取其一。因此梨洲的靜存，便不是單純的動察，也不是與動察相對的靜存，而應另是不分心智動靜的一貫到底工夫。爲了清楚說明此種一貫動靜之靜存工夫的基本特質，我們有必要先討論他對動察工夫的看法。

（二）務須直扣本源

事實上，梨洲對動察工夫並不太強調，他曾說：

> 南軒早知持養是本，省察所以成其持養，故力省而功倍。朱子缺卻
> 平日一段涵養工夫，至晚年而後悟也。（《宋元學案·南軒學案》，《全
> 集》冊4，頁981）

由此處可以約略看出梨洲重視靜存涵養，雖也不是完全反對動察工夫的操持，然而只是從以其可爲靜存之一助的地方來予以肯定，亦即靜存與動察二者並非平列的地位，而是具有主輔的差別。梨洲又曾批評王學末流說：

> 後來學者只知在事上磨鍊……其害更甚於喜靜厭動。蓋不從良知用
> 功，只在動靜上用功，而又只在動上用功，於陽明所言分明倒卻一
> 邊矣。（《明儒學案·江右王門學案二》，《全集》冊7，頁414）

是其並不贊成只作動察工夫，而且認爲不如僅作靜中工夫還要來得好一些。蓋依梨洲之見，動察工夫有著嚴重的缺點。他在〈與友人論學書〉一長文中首先指責潘用微學說的不當：

> 潘用微議論……不過數句而盡……試撮其要言，以爲：「渾然天地萬
> 物一體者，性也；觸物而渾然一體者，吾性之良知也。吾儒講明此
> 學，必須知恥發憤，立必欲明明德于天下之志。故其功夫，在致其
> 觸物一體之知，以格通身家國天下之物，使渾然而爲一體，謂之復
> 于性善；未有舍家國天下見在事使交從之實地，而懸空致我一體之
> 知者。」……其謬有不可勝言者。（《南雷文案·卷三》，《全集》冊
> 10，頁144）

此處不必細究梨洲所摘述的潘氏思想是否屬實，[註8] 直接再看其所批評的理由：

> 《大學》言知，是明有一知在人，不因觸不觸爲有無也。則所以致之者，亦不因觸不觸爲功夫也。今于知之上，既贅以渾然天地萬物一體之名，而于致之時，又必待夫觸物而動之頃，是豈《大學》之指耶？其曰「未有舍家國天下見在事使交從之實地，而懸空致我一體之知者」，則《中庸》所謂「喜怒哀樂未發之爲中」、「中也者，天下之大本也」，豈亦家國天下見在事使交從之地耶？孟子所謂「日夜之所息」、「養心莫善於寡欲」者，豈亦家國天下見在事使交從之地耶？將無子思、孟子俱有懸空致知之失耶？信斯言也，舍家國天下無從爲致，則《中庸》何不言「位天地，育萬物，以致中和」？何不言「盡人之性，盡物之性，而後爲能盡其性」？子思無乃倒行而逆施乎？夫吾心之知，規矩也；以之齊家治國平天下，猶規矩以爲方圓也；必欲從家國天下以致知，是猶以方圓求規矩也。學者將從事于規矩乎？抑從事于方圓乎？可以不再計矣。（同上，頁145）

原來梨洲基於其「心即理」的立場，認爲道德感知的本身就是性理、就是價值根源，而爲成就一切世間德業事功的基礎與律則所在，並不待於外物事功來衡定其意義。故說修齊治平猶如方圓，而道德感知則是成就此方圓的規矩，掌握規矩才有方圓的必然出現與調整方圓的可能，規矩乃是方圓存在的規範與價值的賦予者，若欲在方圓中尋求規矩則顯然是顛倒紛勞。因此工夫應直扣此源，迴向此感知之內部自身，直接在心上做，不在事物上或在心與物之間做，不必以爲對具體人事探討分析才是踏實不懸空，亦不須等待此感知於觸物有動之際而後施功。故說：

> 心無分于內外，故無分于體用。《大學》之所謂先後本末，是合外于內也，歸用于體也。故儒者以主敬爲要，有治心之學，無應變之方。用微必欲合內于外，歸體于用，以爲敬在于事，始爲實地，若操持涵養，則盤桓于腔子而已。夫萬感紛紜，頭緒雜亂，《易》之所謂憧

〔註8〕關於潘氏學說的大旨及其對梨洲弟子們的影響，與其並非如梨洲所指責般，反而實與梨洲有相近的治平關懷，只是在宋明理學的終結上態度不同，可詳見王汎森：〈潘平格與清初的思想界〉，《亞洲研究》1997年7月第23期，頁224～268。

憧往來是也，豈復能敬？子思之「戒愼不睹，恐懼不聞」，不睹不聞，
亦指事而言乎？仲弓「居敬而行簡」，其所居者，亦在事乎？……功
夫皆在心體，不在事爲境地。……用微又言：「今之言體者，豈非性
乎？今之言性者，豈不遺天地萬物乎？舍天地萬物而言性，非性也。」
孟子云：「萬物皆備于我」，而其要在反身，如用微之不得操持涵養，
則反身便爲遺天地萬物矣。是我備于萬物，不是萬物備于我也，豈
不成戲論乎？（同上，頁148）

亦即工夫須直勘心體性理，由之心智自可依其本然理序的活動而有道德化
成，故唯有合外於內、歸用於體，才是提綱挈領、釜底抽薪的徹底切實之法。
若必於生活處境裏接觸事物而心智運作後，才開始察識端倪，企圖去保全此
際中的善念、推致此處的良知以格通人己萬物使之一體，方是所謂的主敬、
踏實、不遺事物，此種進路無乃徒陷於萬感紛紜、頭緒雜亂之中，並不能明
白何爲義理、起到照顧涵養道德價值根源的作用。所以梨洲又反覆申說：

周子之學，以誠爲本，從寂然不動處握誠之本，故曰「主靜立極」。
本立而道生，千變萬化皆從此出。化吉凶悔吝之途，而反覆其不善
之動，是主靜眞得力處。靜妙于動，動即是靜，無動無靜，神也，
一之至也，天之道也。千載不傳之祕，固在是矣。（《宋元學案・濂
溪學案下》，《全集》冊3，頁633）

朱子言：「余之始學，亦務爲儱侗宏闊之言，好同而惡異，喜大而恥
于小。而延平之言曰：『吾儒之學，所以異于異端者，理一而分殊也。
理不患其不一，所難者分殊耳。』余心疑而不服，以爲天下之理一
而已矣，何爲多事若是？同安官餘，以延平之言反復思之，始知其
不我欺矣。」自朱子爲是言，于是後之學者，多向萬殊上理會，以
自託于窮理之說，而支離之患生矣。亦思延平默坐澄心，其起手皆
從理一。窮理者，窮此一也。所謂萬殊者，直達之而已矣。若不見
理一，則茫然不知何者爲殊，殊亦殊個甚麼？爲學次第，鮮有不紊
亂者，切莫將朱子之言錯會。（《宋元學案・豫章學案》，《全集》冊
4，頁584）

即謂掌握寂然不動的理一根本，心智活動自能千變萬化而中於萬殊之理，於
是達到發用現象完全等同於本體律則所預設的情形，即所謂「動即是靜，無
動無靜」，身心不再只是現象界之動靜，而是自覺地貫注著本體的理想境界。

又說：

> 汎窮天地萬物之理，則反之約也甚難。散殊者無非一本，吾心是也。仰觀俯察，無非使吾心體之流行，所謂反說約也。若以吾心奉陪於事物，便是玩物喪志矣。（《孟子師說・卷四》，《全集》冊1，頁110）
>
> 人以爲事事物物皆須講求，豈赤子之心所能包括，不知赤子之心是個源頭。從源頭上講求事物，則千紫萬紅，總不離根；若失卻源頭，只在事物上講求，則剪綵作花，終無生意。（同上，頁108）
>
> 人只於言行上照管，故必信必果，是告子之義外也。大人沛然從心而出，不踰言行之矩，所謂集義者也。大德敦化，則小德自然川流。（同上，頁108）
>
> 舜之明察，盡天地萬物，皆在妙湛靈明之中，瓦礫皮膚，更無一物。由此而經綸化裁，無非仁義之流行，不是古來成迹，依做而行之者也。「由仁義行」者，原無仁義，人見之爲仁義。「行仁義」者，先有一仁義，而有後行，則非本然之德性也。此處有誠僞之分，君子之存正存此，由仁義之本然，不假於外願。……行仁義者，恁是安排得成片段，不過在小德中沿流赴海而已。此無本之學，其間不能不斷續，便墮不誠。（同上，頁112）

此則謂倘若改以事物爲核心主角、改以汎窮事理爲首要焦點，而不能先澄清作爲價值活源的道德感知，將令所有的規範與知識無法內化爲生命的自然，終只是外於己的客體規條，難以永續地、眞誠地、自發地踐履道德、持守價值，徒淪爲「無本之學」。總之，功夫皆用在心智自身的本然律則上，不在念慮已形的初起之處、不在已發的事爲境地之中、不在於奉守外在的規矩、不在於揣摩事物的典範，亦即唯當存養根本，不得專事動察之末。

既然動而後察的工夫因其未扣本源而不可行，同樣地，靜中存養若不達本源亦是不可。梨洲在〈與陳乾初論學書〉中又說：

> 大抵老兄不喜言未發，故于宋儒所言近于未發者，一切抹去，以爲禪障，獨于居敬存養，不黜爲非。夫既離卻未發，而爲居敬存養，則所從事者當在發用處矣，于本源全體不加涵養之功也。老兄與伯繩書，引朱子「初由察識端倪入，久之無所得，終歸涵養一路」，以證察識端倪之非。弟細觀之，老兄之居敬存養，正是朱子之察識端倪也，無乃自相矛盾乎？則知未發中和之體，不可謂之禪，而老兄

之一切從事爲立腳者，反是佛家作用見性之旨也。(《南雷文案・卷
三》,《全集》冊 10,頁 153～154)

顯然梨洲認爲凡是不從本然性理下手者，即使是居敬存養亦仍不過是在靜中
去試圖冷靜心神以照管心智曾有的、正有的活動，所著眼者還是停留在心智
活動上，而屬表象層次，並非深及活動的內在本然律則，故終無異乎省察於
事爲的是非端倪之流。

據上所述，可知梨洲對工夫基本前提的規定，乃是直造心智的本然性理，
其所以反對一般理學家的動察與靜存，係緣此二者依他看來，皆是不以此心
之條理爲關注焦點，終將不能該攝心智的全身及其活動。是故他要倡導「有
本的靜存」，或者說是「靜存本然」的工夫，欲專注於此心之性理而透其內蘊，
以貫通心智的一切動靜情態。但是「本然」固是不變常在的原始律則而可謂
之靜，何以「存本然」又唯「靜」始可致其功呢？也就是何以這種治心之學
必須採用靜中存養的進路呢？關於此點，則須再審視梨洲對於工夫操作的原
則說明。

二、工夫原則：心智單純化

(一)「心智活動本身化」的集義養氣說

我們知道梨洲認爲人類的心是亦理亦氣的，也就是具體心智其存在與活
動的本身乃是具有律則的事實。律則既即是此事實自身的律則，因此所謂存
養本源性理的工夫，不過就是維護或恢復具體心智的本然風貌，免於任何外
來的干擾破壞而已。比如他在釋《孟子・公孫丑上》「浩然之氣」一章時說:

> 心體流行，其流行而有條理者，即性也。……理不可見，見之於氣;
> 性不可見，見之於心;心即氣也。心失其養，則狂瀾橫溢，流行而
> 失其序矣。養氣即是養心，然言養心猶覺難把捉，言養氣則動作威
> 儀、旦晝呼吸，實可持循也。佛氏「明心見性」,以爲「無」能生「氣」,
> 故必推原於生氣之本，其所謂「本來面目」、「父母未生前」、「語言
> 道斷，心行路絕」皆是也，至於參話頭則壅遏其氣，使不流行。離
> 氣以求心性，吾不知所明者何心、所見者何性也。人身雖一氣之流
> 行，流行之中，必有主宰。主宰不在流行之外，即流行之有條理者。
> 自其變者而觀之謂之流行，自其不變者而觀之謂之主宰。養氣者使
> 主宰常存，則血氣化爲義理;失其主宰，則義理化爲血氣，所差在

毫釐之間。黝在勝人，舍在自勝，只在不動心處著力，使此心滯於
一隅，而堵塞其流行之體。不知其主宰原來不動，又何容費動手腳
也。只是行所無事，便是不動心。……義理即心……以心之主宰而
言曰「志」，有主宰則不患不流行……志之所至，氣即次於其所，氣
亦無非理義矣……志即氣之精明者是也，原是合一，豈可分如何是
志、如何是氣。無暴其氣，便是持志功夫，若離氣而言持志，未免
捉捏虛空，如何養得？（《孟子師說・卷二》，《全集》冊 1，頁 60
～62）

此處所言大抵不出前文所論，仍是說明心乃有理之氣，兼具流行與理序的特
性於一身，若能使此流行之本然道德理序得以恆保其主宰作用，則一切心智
的存在及其活動便成為本然的道德，血氣即全為義理；反之，若此本然道德
理序失卻其主宰地位，則心智便如狂瀾橫溢的洪水，不再循江河故道而流，
成為妄行脫序的異常活動，義理即化為血氣。其中值得注意的是，梨洲提出
「養氣」的工夫，透過「氣」之觀念，將工夫必須側重於「心智之本身」的
操作特性，予以更貼切的說明，故謂「實可持循也」。我們知道心氣是具體心
智的事實性基礎，心氣之流行則成就心智各種念慮情欲之發動及由此而來之
各種言行舉止的事實，所謂心之實質不過就是在連續的時空中一連串心智萬
狀情態的本身而已，離此萬狀情態並不存在其他更高層次、更特殊、更根本
的心，是故言養氣不言養心，即謂工夫當直接正視具體心智本身存在與活動
的事實，工夫即在此心智的事實中展開，使之真能自治自理，此乃工夫唯一
真實的對象，不得且無法如佛教或北宮黝之類，去別尋幻想式的虛假本體或
刻意以某種方式阻遏硬滯此不容改變的天生事實。倘使真能阻滯一時，亦無
實效。對此梨洲說：

先儒之求放心者，大概捐耳目，去心智，反觀此澄湛之本體。澄湛
之體，墮於空寂，其應事接物，仍俟夫念頭起處，辨其善惡而出之，
則是求放心大段無益也。且守此空寂，商賈不行，后不省方，孟子
又何必言「義，人路」乎！蓋此心當惻隱時自能惻隱，當羞惡時自
能羞惡，渾然不著，於人為惺惺獨知，旋乾轉坤，俱不出此自然之
流動，纏是心存而不放，稍有起爐作竈，便是放心。（《孟子師說・
卷六》，《全集》冊 1，頁 141）

即謂若藉由工夫的操持，停止感官心智的一切活動，以維持某種寂然無念慮

的本體，終必有離此狀態而面對日常事務的時候，屆時念慮紛起，卻仍是依循世俗善惡原則做揀擇，則此等工夫豈非毫無效益，故唯有使心智依其內在理序自然地流動，才是真正有益的存養。

　　然則心智本身又當如何存養呢？梨洲又說：

> 「集義」者，應事接物，無非心體之流行。心不可見，見之於事，行所無事，則即事即義也。心之集於事者，是乃集於義矣。有源之水，有本之木，其氣生生不窮。「義襲」者，高下散殊，一物有一義，模倣迹象以求之，正朱子所謂「欲事事皆合於義」也。「襲裘」之「襲」，羊質虎皮，不相黏合。事事合義，一事不合，則伎倆全露，周章無措矣。……「必有事焉」，正是存養工夫不出於敬。伊川云：「有物始言養，無物又養箇甚麼？浩然之氣，須是見一箇物，如卓爾躍如是也。」此與明道〈識仁〉之意相合，「正」是把捉之病，「忘」是間斷之病，「助」是急迫之病，故曰：「不須防檢，不須窮索」、「未嘗致纖毫之力」。蓋存得好就是誠敬，誠敬就是存也。「存」正是防檢，克己是也；「存」正是窮索，擇善是也。若外此爲防檢窮索，便是人偽，未有不犯三者之病也。有事不論動靜語默，只此一事也。明道曰：「某寫字時甚敬，非是要字好，即此是學。」雖然，當寫字時，橫一爲學之心在內，則事與理二，便犯「正」之爲病，更轉一語曰：「正是要字好」。（《孟子師說‧卷二》，《全集》冊1，頁62～63）

據此，則存養工夫即在於「集義」。蓋「性不可見，見之於心」、「心不可見，見之於事」。析言之，性是心的本然理序而爲心的主宰，而心本是流行之氣，乃連續性的心智萬狀活動，從而必在日常生活裏因人與事物相涉而愈形開展，人心既是這樣地以活動爲其事實，則顯然無法暫停或中止其活動，將之獨立，而與一切生活事物截然劃開，以令吾人充分觀察領略其樣貌體性。故唯有在心智所開展的活動中，使之「單純化」、「純粹化」，則活動便只是活動最始初的自身原貌，亦即只是素樸心智與該人事物簡單的結合，不夾雜增添任何異質的、其他的、外來的、後起的、不相干的種種目的、經驗、智識、成見、習慣、周遭環境……因素的影響，於是該活動即爲其本然的活動，即是心氣之性理自身的顯露，所以說只要「心集於事」而「行所無事」，則可「即事即義」，而「無非心體之流行」。就以「寫字」一事爲例來說，梨洲認爲在寫字的當下，把字寫好原是常人最直接的想法與要求，故心智活動應使之單純到只有專注於把字寫好的

簡單意向上,「只此一事」,不必再添加或攀援其他藉寫字以刻意收攝心智、儆醒意識的念慮,從而轉離了初始的反應。因爲初始的反應,即是人心的本然風貌,也就是完全體現本身性理的狀態,所以梨洲曾說:

> 忠憲又云:「人心湛然無一物時,乃是仁義禮智也。」義以爲乍見之頃,一物不著,正是湛然。若空守此心,求見本體,便是禪學矣。(同上,頁70)

> 心無一事,纔惹些子,便爲已甚。已甚之事,但從些子變現出來。不爲已甚,乃是中體。(《孟子師說・卷四》,《全集》冊1,頁108)

> 赤子之心,只知一箇父母,其視聽言動,與心爲一。視聽言動在此,心便在此,無有外來攪和,雖一無所知,一無所能,郤是知能本然之體。逮其後來,世故日深,將習俗之知能,換了本然之知能,便失赤子之心。大人無所不知,無所不能,不過將本然之知能,擴充至乎其極,其體仍然不動,故爲不失。(同上)

> 事之過不及處,便是惡事;念之有依著處,便是惡念……吾輩時常動一善念,細揣之,終是多這念。有這念便有比偶,有爲我便有爲人,有中立比偶生焉,有比偶便有貞勝。譬如一匹絹,纔說細,便有麤者形他,又有更細者形他,故曰「毛猶有倫」,有倫則害道。(《孟子師說・卷七》,《全集》冊1,頁155)

亦即如乍見孺子入井的當下、如赤子全然地愛戀父母一般,心無雜念,無所計議,自然流露出的便是純粹的本心性理,故心中一物不著,就是人心本然的狀態,即是眞正的湛然,順此擴充則道德無限。假若心思有所旁出曲折,則遠離原初本然,即便是刻意所生的爲善之執念,似屬細微無妨,但亦屬贅餘,蓋將由之漸起分別、對立、去取種種諸念,念復生念,不斷拉扯變現,漸行漸遠,愈纏愈亂,乃至流於與早先爲善相背反的意外結果。他又說:

> 凡人之心,當惻隱自能惻隱,當羞惡自能羞惡,不待勉強,自然流行,所謂「故」也。然石火電光,涓流易滅,必能體之,若火之始然,泉之始達,而後謂之「利」。其所以不利者,只爲起爐作竈,無事生事。常人有常人之起作,學人有學人之起作。一動於納交要譽,便是常人之起作;舍郤當下,淺者求之事功,深者求之玄虛,便是學人之起作,所謂「鑿」也。只爲此小智作祟,鑿以求通,天下所以嘖嘖多事,皆因性之不明也。……性之爲故,亦萬古不變,此心

此理同也。利以行之，則參贊化育，亦可坐而致矣。（《孟子師說・卷四》，《全集》冊 1，頁 117）

天地間道理平鋪，夫婦可以與知，誰能出不由戶？孩提知愛知敬，率性而行，道不可離。說是無工夫，未嘗無工夫；說是無戒懼，未嘗無戒懼。人人如此，個個圓成，只爲妄動手腳。凡人動於利欲，未免倒行逆施；學人不肯安於本分，求著求察，去之所以更遠。昔許敬菴言「童僕之服役中節者，皆道心也」，高忠憲初甚疑之，其後體認之久，忽覺平日所謂惺然常明之心，還是把捉之意，而蚩蚩之民，有如鳶飛魚躍，出於任天之便者，反有合於不識不知之帝則耳。（《孟子師說・卷七》，《全集》冊 1，頁 150）

野人之在深山，與舜之在深山，其食息動靜，本皆是道，不但舜不異野人，即野人亦不能異舜。野人凝滯於物，未免將不識不知之體，化爲知識。舜則胸中豁豁，無些子積滯，善言善行，亦只野人之言行，沛然莫禦，行所無事，還其野人之本分而已。（同上，頁 152）

此則指出人心之本然原即可當家作主宰而流行廣大，但因其極易受干擾，故一旦心智有所起作、無事生事，或者糾葛於利欲較量，或者纏繞於知解想像，或者蛇足於刻意操持，這種種的覆蔽、阻滯、摻雜、歧出、走作，遂使本然不起作用。因此梨洲歸結說：

人心爲氣所聚，其樞紐至微，勿忘勿助，此氣常存，稍涉安排，則霍然而散，不能自主。故必須存，存得恰好處便是養，不是兩件工夫。（《孟子師說・卷七》，《全集》冊 1，頁 148）

「必有事」雖不出於敬，然不曰「敬」，而曰「有事」者……蓋有事而始完得一敬，誠中形外，敬是空明之體，若不能事事，則昏暗仍屬不敬。……此處著力不得，放倒不得，此之謂「勿忘勿助」。勿忘勿助間，心中絕無一事，此之謂「有事也」，此即是義。若知有一義，以勿忘勿助集之，渣滓未化，便是外義。……心自無窮，一動則相阻隔，不過椰子而已……有問：「浩然之氣塞乎天地，何處見得？」海門曰：「何處見不得？」此即「鳶飛魚躍，察乎上下」之意，然非勿忘勿助，活潑潑地，如何見之？……人心不能無所著，忘則著於空，助則著於境，勿忘勿助則一無所著，不墮有無二邊。（《孟子師說・卷二》，《全集》冊 1，頁 63、65〜67）

由此可知養心工夫只在於「勿忘勿助」地「存得恰好」，亦即「視聽言動在此，心便在此」，不著力、不放倒、心無一事、一無所著，將心智完全地、單純地投入於生命的當下活動裏，令其如童僕服役中節般、如深山野人般單純化，以維持「乍見之頃」、「任天之便」的本然狀態而已。這裏頭是貫注充分自覺儆醒下的自然，不是真如僮僕野人般蒙昧的自然，故說若不施功又如何能見及浩然之氣，而稱此爲無工夫的工夫、無戒懼的戒懼。

（二）「心智自攝則自正」的唯靜乃存說

此種「心智單純化」之說，在梨洲的工夫論中，不是只做爲破工夫執（法執）時的遮詮之用，而是以之爲工夫的目的，故可說是梨洲工夫的操作大原則，其所謂行所無事、心集於事、只此一事、敬、存得好、誠敬、不識不知、不可「把捉、間斷、急迫、人僞、妄動手腳、求著求察、凝滯於物、安排」……諸多語彙，皆是用來反覆陳述心智單純化的意思。這種工夫，一方面是在心智活動中使心智單純化，工夫並不可離開活動本身去施展，亦即不得離開心智與事物對象，而須必有事、能事事，必在心智與事物關涉的生命活動裏開展，在每一活動中去維持其本然，故說「心不可見，見之於事」，不可「空守此心，求見本體」，「孟子言仁，必兼義而言，其不言義處，如『聚之』、『勿施』之類即是義也，更無懸空理會一仁體者，與后儒之言不同」。〔註 9〕另一方面，既是使心智單純化，則工夫又須始終專注、迴向於心智自身，不可躐及不必要的思維、比較而外投於事物之中，故說不可「義襲」、「外義」，即不是知解義理、加以揀擇、勉強而行的「一物有一義，模倣迹象以求」、「欲事事皆合於義」。

關於此點，茲再不憚其煩，援引數語。梨洲說：

> 「知」者，氣之靈者也。氣而不靈，則昏濁之氣而已。養氣之後，則氣化爲知，定靜而能慮，故「知言」、「養氣」，是一項工夫。……《語類》：「孟子說養氣，先說知言，先知得許多說話，是非邪正都無疑後，方能養此氣也。」此與程子「存久自明」之言相反。若打頭先去知言，則是中無把柄，如何去知？恐成一骨董箱耳。故汎窮物理，不若反身修德之爲愈也。……朱子云：「配義與道，只是說氣會來助道義，若輕易開口，胡使性氣，郤只助得客氣。人纔養得純

〔註 9〕引語見《孟子師說・卷四》，《全集》冊 1，頁 92。

粹，便助從道義好處去。」義以爲養得純粹，便是道義，何消更説助道義。朱子主張理氣爲二，所以累説有了道義，又要氣來幫貼，方行得去……後來羅整庵分明覺、天理爲二，皆本於此。朱子説：「人生時無浩然之氣，只是有那氣質昏濁頹塌之氣。這浩然之氣，乃是養得恁地。」愚謂浩然之氣非固有，如何養得？就其實，昏濁頹塌之氣，總是一氣。養之則點鐵成金，不是將好氣來，換郤此氣去也。（同上，頁 64～65）

又說：〔註10〕

自周元公主靜立人極開宗，明道以靜字稍偏，不若專主于敬，然亦唯恐以把持爲敬，有傷于靜，故時時提起。伊川則以敬字未盡，益之以窮理之説，而曰：「涵養須用敬，進學在致知。」又曰：「只守一箇敬字，不知集義，卻是都無事也。」然隨曰：「敬以直內，義以方外，合內外之道。」蓋恐學者作兩項工夫用也。舍敬無以爲義，義是敬之著，敬是義之體，實非有二。自此旨一立，至朱子又加詳焉。于是窮理主敬，若水火相濟，非是則隻輪孤翼，有一偏之義矣。後之學者不得其要，從事于零星補湊，而支離之患生。故使明道而在，必不爲此言也。（《宋元學案・伊川學案下》，《全集》冊3，頁 781）

和靖只就「敬」字上做工夫，故能有所成就。晦庵謂其只明得一半，蓋以伊川「涵養須用敬，進學在致知」，和靖用得「敬」一半，闕郤

〔註10〕 其他類似語，諸如：「明道之學，以識仁爲主。渾然太和元氣之流行，其披拂于人也，亦無所不入，庶乎所過者化矣。故其語言流轉如彈丸，説『誠敬存之』，便説『不須防檢，不須窮索』；説執事須敬，便説不可矜持太過；惟恐稍有留滯，則與天地不相似。此即孟子説『勿忘』，隨以『勿助長』救之，同一埽跡法也。鳶飛魚躍，千載旦暮。朱子謂明道説話渾淪，然太高，學者難看……其實不然。」、「《白虎通》云：『學者，覺也，覺悟所未知也。』朱子曰：『學之爲言，效也。』總是工夫之名。荀子所謂『誦數以貫之，思索以通之，爲其人以處之，除其害以持養之』，皆是。然必有所指之的，則合其本體而已矣，明道之『識仁』是也。『時習』者，孟子『必有事焉，而勿正心，勿忘、勿助長』也。明道『識得此理，以誠敬存之而已。不須防檢，不須窮索。若心懈，則有防；心苟不懈，何防之有？理有未得，故須窮索；存久自明，安待窮索？』蓋其間調停節候，如鳥之肆飛，沖然自得，便是『説』也。」、「曰『敬以直內，義以方外，合內外之道』，仍是舍敬無以爲義。義是敬之著，敬是義之體，非有二也。」、「收其心而不放，即是敬。朱子擬敬于格物之前，已失伊川之旨。」分別詳見《宋元學案》〈明道學案上〉、〈伊川學案上〉，《全集》冊3，頁 656～657、721、727。

「致知」一半也。愚以謂知之未致，仍是敬之未盡處也。以〈識仁篇〉論之，防檢似用敬，窮索似致知。然曰「心苟不懈，何防之有」，則防檢者，是敬之用，而不可恃防檢以爲敬也。曰「存久自明，安用窮索」，則致知之功，即在敬內，又可知也。今粗視敬爲防檢，未有轉身處，故不得不以窮理幫助之，工夫如何守約？（《宋元學案・和靖學案》，《全集》冊 4，頁 264）

「養氣即能知言」、「養得純粹，便是道義」也好，「舍敬無以爲義」、「誠敬即是窮理」也罷，皆在反覆申言心氣即性理，兩者原是一非二。心智實有內容，決非空洞，若能一旦回歸其純粹本然，當下即成道義流行，不必再向外求索窮理、強制約束，心智自可明理、自可如理、自即爲理，這不是以外於此心智的任何對象或力量來教其服膺，而是由心智的內在自己去調整轉化。因此工夫是內向的單純化，而非採取朱子主敬以窮理、先知而後行的進路。蓋培養一冷靜清晰的頭腦、專心致志的定力、剛毅豐沛的行動意志，然後汎窮外在的物理，再行其所知，而後一滾交養作功，此一進路係基於以道德認識能力去認識道德而來，能力與道德並不等同爲一，這就異於梨洲的以心智本然即是義理本身的想法。

　　總之，梨洲心智單純化的工夫原則，係因配合其「心即理」之說而有。此原則之要點，即認爲工夫若欲直扣心中本源之性理，應在具體心智存在與活動的一切生命事實中，當下收斂心智自身，由原先錯誤的動向習慣中靜澄下來，棄絕任何與此當下的不相關，使此存在與活動單純地保持在心智最初始的狀態，自可回到純粹的本然風貌，而本然理序即得同時重回其主導地位，心智通體在當下便是性理，其所正在進行的存在活動便是自然表現道德的事實。倘能一向如此，由此當下更純熟地擴及一切時空中的心智事實，則整個生命便是心智之內在道德理序的一片自然流行，自不必一單位一單位、一階段一階段或在心上用功、或去逐事逐物窮理探索，將生命切割爲不連續的區塊，而使工夫淪爲複雜支離、零星補湊，總是局限在某特定情境始有暫效而難免於捉襟見肘地不時轉換。顯然地，心智的單純化所要求的是收攝澄汰以歸其自身內在之根本，這就使得工夫的性質終屬「靜」的進路，故梨洲堅持有本的存養必須「唯靜乃能存之」，強調必用靜的方式，反對動中去作主客比對的察識；同時，此種單純化的靜並不是一味隔離人事的虛靜修練，而是就在心智的事實中展開，實已針對且包含心智生命的全幅所有，故不再取用原

本理學傳統裏靜中存養、動時省察的分段雙向工夫，而改以此特殊的靜存直接去貫通一切的動靜情態。

（三）「心氣依循其本然」的格物說

討論至此，既已明白梨洲心智單純化之工夫總原則，即可再附帶地看看他對於「格物」這一理學家們聚訟紛紜之傳統議題的個人見解。

梨洲在回答萬充宗與葉靜遠的格物主張時說：

> 兄與靜遠二義各有攸當，若竟以爲《大學》了義，則不能無說以處此。夫自來儒者，未有不以理歸之天地萬物，以明覺歸之一己，歧而二之，由是不勝其支離之病。陽明謂良知即天理，則天性明覺只是一事，故爲有功於聖學。今以度尺而午畫物通於物，當物及物通於格，是以天地萬物公共之理爲畫物，以吾心之明覺爲當物及物，然後謂之格物，與一草一木亦皆有理之說，有以異乎？《大學》言物有本末，蓋以本足以包末，末不足以立本，故曰知所先後，先本而後末也。聖賢工夫，一步步推入，結在慎獨，只於本上，本立而道生，末處更不必照管。若靜遠言，即本以達末、即末以透本，則是中和兼致，工夫兩截，儒者之弊，正坐此耳。先師不欲言「意爲心之所發」，離卻意根一步便是末，末未有能透本者也。靜遠苟明夫意，則格物之工夫即在其中，更不必起爐作竃也。夫心以意爲體，意以知爲體，知以物爲體。意之爲心體，知之爲意體，易知也；至於物之爲知體，則難知矣。家國天下固物也，吾知亦有離於家國天下之時，知不可離，物有時離，如之何物爲知體乎？人自形生神發之後，方有此知，此知寄於喜怒哀樂之流行，是即所謂物也。仁義禮智，後起之名，故不曰理而曰物。「格」有「通」之義，證得此體分明，則四氣之流行，誠通誠復，不失其序，依然造化，謂之格物。未格之物，四氣錯行，溢而爲七情之喜怒哀樂，此知之所以貿亂也。故致知之在格物，確乎不易。佛者之言曰：「有物先天地，無形本寂寥；能爲萬象主，不逐四時凋。」夫無形亦何物之有？不誠無物，而以之爲萬象主，此「理能生氣」之說也，以無爲理，理亦非其理矣。總緣解「物」字錯，後儒以紛紜應感所交之物纏爲之物，佛者離氣以言物，宜乎格物之義不明也。唯先師獨透其宗，此意散見語錄中，門弟子知先師之學者甚少，故晦而未彰。（《吾悔集·卷二·

答萬充宗論格物書》,《全集》冊 10,頁 194～195)

在這裏梨洲仍是申明天理與人之明覺同一,故工夫只須用於心體之上即克全功,而反對將心與理分割為二,以明覺去認識心外之理,使得工夫全然外向,或者在內向之餘另補一段外向工夫。關於梨洲這種全然內向的格物工夫,表面上似乎一遵其師之訓,更暗引蕺山「心以意為體,意以知為體,知以物為體」之語,實則此處所謂的意根終是輕輕滑過,未嘗正面發揮,並未完全依傍蕺山以複述蕺山意根的內涵,其不過欲以之強調心中具有本源性之實體,故道德決非心外之物而已。〔註11〕梨洲論述的重點實際上落在「知」,而變成「心以知為體」,也就是心智以道德感知為其主導性的重要內容。道德感知乃人類的特殊種性所在,其既標識著人這一特殊的生命體,也因之必憑藉生命體始得具存,故說「人自形生神發之後,方有此知」。然而何以「此知寄於喜怒哀樂之流行」?蓋不論人處於與事相涉或者孤獨靜默的情境中、不論大腦處於緣物起念或者平靜無思的情況下,人的心智總是伴隨生命力而不斷存在著、活動著,猶如江河日下,雖其流域或湍或潺,但總是構成一股朝向下游前進的不斷波流,無此波流即無江河;故心智的實質可說是一喜怒哀樂之類感受覺知的意識連續波流,除卻此意識波流即無心智可存可得,念慮情欲搖動迭起固是明顯的流行,念慮情欲平和不興亦是流行中之一態,而就在此波流之中,必有其流行之內在驅力(猶江河有位能而必下),此即道德理序之支

〔註11〕陳福濱:《晚明理學思想通論》(台北:環球書局,1983 年),頁 228 已指出梨洲論格物,釋格為通,與蕺山之訓「格」為「止」不同,蕺山以止於至善為說,而梨洲則以通天地之氣、不失其正為格物。據此可見梨洲格物之說實非蕺山的複述,而關於蕺山與梨洲思想之主要差異,將於第四章第一節中予以討論。此處需要再附帶一提的是,梨洲雖甚維護蕺山意為心之所存而非所發,然其心性論與工夫論實鮮少以之正面立說,故意根一詞對他來說,只是用以點明心並非空洞的認識能力,而是具有主宰性的性理之本身,比如其《南雷文定五集·卷一·答惲仲昇論子劉子節要書》(《全集》冊 10,頁 216)即說:「夫先師宗旨,在於慎獨。其慎獨之功,全在『意為心之主宰』一語,此先師一生辛苦體驗而得之者,即濂溪之所謂『人極』,即伊川所言『主宰謂之帝』,其與先儒印合者在此。自『意者心之所發』之註,爛熟於經生之口耳,其與先儒牴牾者亦在此,因起學者之疑亦在此。……凡《論語》之所謂『意必固我』,皆因事而言之也,在事之意,則為將迎,故不可有。『誠意』之意,不著於事為,淵然在中,尸居龍見,與『意必固我』之意,兩不相蒙。……」當中不過以意根為人心內在恆常的道德根源,而有別於因事起滅之意念而已。因此對梨洲而言,其既已有「心乃有理之氣」的整套理論,則這樣的意根自不需格外予以特論。

配性，從而賦予此流行以目的、價值與意義。因此，梨洲所謂的「物」即是流行之心氣，亦即人類生命過程中的一切心智存在與活動的萬狀事實，這是具體存在的客觀現象，故謂之物，此物既非如佛教所認爲的超乎一切的形上本體，亦非如一般儒者所說的生活情境中所接觸之種種外在事物；此物既與生同在而不可須臾離，故說「知以物爲體」，即謂道德感知就在此心智事實中，其實質仍不異於心智事實的意識波流；而「致知在格物」者，蓋謂欲得見道德眞理者，則唯有在心智事實裏去親切體會其本身內蘊的道德理序之存在及體性，使之充分活化朗顯，貫通於心智，則心智整個感受覺知的意識波流就由原先隨順生命力而橫溢貿亂的盲目錯行，自動轉成具有明確道德律則性的意識波流，而成爲道德感知本身的流行（猶不塞礙、不變更原來水道，而使江河之水性得以宣暢，自是一育民而無災的活源），故說「證得此體分明，則四氣之流行，誠通誠復，不失其序，依然造化，謂之格物」。由此可知，梨洲的格物乃是使心氣依循其本然性理的工夫，時時處處針對心智的生命事實，擺脫混亂表象的干擾，回歸其本然情態而自然流行，故說須由本以達末，本立則道生。顯然地，梨洲看似頗爲特殊的格物說，究其實質仍不脫於心智單純化的範圍。〔註12〕

　　我們既已了解梨洲「靜存本然」工夫的「心智單純化」原則，以下即應再說明此一原則又要如何落實爲具體操作的問題。

三、工夫實踐：識取與修治

　　梨洲工夫強調有本、內向的心智單純化，要求使心智事實回到本然，而後自可自然流行。這當中就似已暗示工夫的具體操作應先掌握到本然理序，之後即去應用、推擴到生活情境之中。故其雖不走汎窮物理、先知後行的進

〔註12〕梨洲格物之旨大抵如是，茲補充二條資料，以更清楚其意。一是梨洲在《明儒學案・浙中王門學案五》（《全集》冊7，頁355）稱讚萬表「格物者，格吾心之物也。爲情欲意見所蔽，本體始晦，必掃蕩一切，獨觀吾心，格之又格，愈研愈精，本體之物，始得呈露，是爲格物」的說法，最爲諦當。一是在《明儒學案・江右王門學案一》（《全集》冊7，頁383、410）稱讚鄒德泳「吾人從形生神發之後方有此知，則亦屬於物焉已，故必格物而知乃化……非物則知無所屬，非知則物無所迹，孟子曰『所過者化』，物格之謂也；『所存者神』，知至之謂也。程子曰『質美者明，得盡渣滓便渾化，卻與天地同體。』此正致知格物之解也」的說法，勝於淮南格物說。我們由梨洲的首肯，亦可略見其心中的格物主張爲何。

路，可是一旦真欲下手，實際上首先仍要對道德本體有某種程度的識取，再繼以實務上的修治，始能回歸純粹而得成自然。

（一）靜思中識取本體、辨析己私

關於認識本體的重要性，梨洲說：

> 學者未識本體，而先事於防欲，猶無主人而逐賊也。克己之主腦在復禮，寡欲之主腦在養心，格物即識仁也，即是主腦，不可與克己寡欲相例耳。（《明儒學案・諸儒學案下一》，《全集》冊 8，頁 621）

此言識得心智中的道德本源是第一序的要務，至於防止或改變心智所受到不當的干擾則屬後繼的工作。工夫須先知本體，爾後始能施功去操作，倘若不知真理所在，則如無主而逐賊，又豈能用力。梨洲又說：

> 「始條理」，清、任、和之脈絡分明；「終條理」，清、任、和渾然無迹。到得渾然無迹，方為之「成」，然非始之脈絡分明，則墮於儱侗。心之精神謂之聖，精神即是智，智聖雖分始終，其實相離不得。（《孟子師說・卷五》，《全集》冊 1，頁 127）

此即謂工夫初始由智性上的認知分明，最後才有心智單純的渾然無跡。又說：

> （朱子）謂「上蔡說先有知識，以敬涵養，似先立一物了。」夫上蔡此言，亦猶〈識仁篇〉所云「識得此理，以誠敬存之」而已。蓋為始學者言，久之則敬即本體，豈先有一物哉？（《宋元學案・上蔡學案》，《全集》冊 4，頁 172）

> 愚以為胡氏（胡宏）……察識此心，而後操存，善觀之，亦與明道識仁無異；不善觀之，則不知存養之熟，自識仁體。（《宋元學案・五峰學案》，《全集》冊 4，頁 682～683）

梨洲認為對初學者而言，「先知後行」乃是必需。先在理性上有清晰的認知，此時固然有能認識的主體及所欲認識的道理（道德本體），而為主客相對的格局，但性理乃是心氣之理，此道理（道德本體）原即主體心智自身之本然，不在外在事物上，故此認識實為主體對其本身的自覺，爾後所展開的操存，即是主體內部所進行的自我調整與轉化，並非先在心外搜尋一道理，立為一外物，懸之以為真理標的，逼迫心智與之相符。既然是主體內部的調整轉化，久之純熟，則此純熟係主體由錯誤中自動回歸於原先正確本身的同一，並非認識活動中的主客由對立而兩者相合，在整個過程裏，實無真正外於心智的獨立對象，故謂「智聖雖分始終，其實相離不得」、「存養之熟，自識仁體」、

「久之則敬即本體」，蓋因自始至終，本只是心智自身之活動而已，故主體與本體同而無異。於是可知此種「先知」和朱子「先知言、後養氣」之說並不盡同，朱子之氣與言分別屬於心的內外，梨洲則是認知心氣之性理而使心氣即性理，故前文已見其反對朱子之說。

然則怎樣才能識得心智內在的本體呢？梨洲認為「靜坐」不失為一種良好的入手方式。他說：

> 朱子曰：「羅先生說，終恐有病，如明道亦說靜坐可以為學，上蔡亦言多著靜不妨，此說終是稍偏，才偏便做病。道理自有動時，自有靜時，學者只是『敬以直內，義以方外』，見得世間無處不是道理，不可專要去靜處求。所以伊川謂只用敬，不用靜，便說平也。」案：羅豫章靜坐看未發氣象，此是明道以來，下及延平，一條血路也。蓋所謂靜坐者，不是道理只在靜處，以學者入手從喘汗未定之中，非冥心至靜，何處見此端倪？久久成熟，而後動靜為一，若一向靜中擔閣，便為有病。故豫章為入手者指示頭路，不得不然，然朱子則恐因藥生病，其言各有攸當也。（《宋元學案・豫章學案》，《全集》冊4，頁567～568）

蓋心智雖非靜止懸空之物、單純化之工夫雖必在事中，然而心智運作既已錯誤，則初學者不妨藉由靜坐的方式，暫令自己與外務隔離，在此收視返聽的專注中，以澄汰心智，得見本然道德根源的體性，是故離事又屬必要的初始手段。因此梨洲甚至亦不完全斷然地排斥道教氣功，他在〈萬祖繩墓誌銘〉中說：

> 君累不得志於有司，晚從道士郎堯生遊，得其玄門運氣之術，行之數十年不懈，恍然自謂有得……君獨死心於堯生，為永年之學，則亦全真之流亞也，將無以逃儒議之。雖然，王龍溪之調息、林龍江之艮背，儒者未嘗不假途於是，以固其聰明，是或一道也。（《南雷文定四集・卷三》，《全集》冊10，頁473～474）

即謂儒者學習運氣調息也可以養生保健、耳聰目明，不全無好處。當然，調息之類只是工夫的初程，不是全部；至多只是一種導入靜坐的權宜方便法，不是主腦或主旨所在。〔註13〕所以靜坐之時，並非心中滌盡一切念慮情欲、

〔註13〕其實梨洲並不贊成搬用佛道術語而大談調息法的靜坐，曾以之斥近溪入於禪、龍溪兼乎老。（見《明儒學案・浙中王門學案二》，《全集》冊7，頁281。）

泯除自我意識，以求脫離塵世、駐於空寂、享受其間之輕安愉悅爲目的，而是自覺地收攝心智，不使紛亂雜沓，在平心靜氣的中正客觀態度下，清醒地審視內在的心智狀態，察覺其中的道德本然。因之靜中的主要課題即是對善的思慮反省，是故梨洲說：

> 千聖相傳者心也，心放他自由不得，程子提出「敬」字，直是起死回生丹藥。禹、湯、文、武、周公五君子，其功業蓋天地，孟子不言，單就一點憂勤惕慮之心爲之描出，所謂幾希也。……饒雙峯曰：「未應事以前，未發之中，如何執得？須是事到面前，方始量度何處是過，何處是不及，方可執而用之，是就事物上執。若先執定這中，待事物來，便是執一，是『子莫執中』了。」愚謂未發之前愼獨，便是執中，非如司馬君實念一「中」字之爲執也。「允執厥中」、「執其兩端」、「擇善固執」，聖賢何嘗諱執！若事物之來，方始較量其過不及而執之，則是先方圓而後規矩，非規矩以爲方圓也，正是子莫之執中，後世模棱調停之說，皆出於此。（《孟子師說·卷四》，《全集》冊 1，頁 113）

此處即謂心智不可使之自由散漫，而須收攝，保持儆醒的主動思維。在靜中未與事物相涉，各種情緒與反應尙未生發之時，即當「愼獨」，亦即憂勤惕慮地擇善固執，日後臨事之際始能無有惑亂動搖。故知對於善之根源及其性質有正確明白的認識、並悉數肯認守善行道的必要性，乃是靜坐當中所從事的工夫內容，而我們便可稱呼此種工夫爲「靜中的識取」。

關於此點，梨洲又說：

> （孟秋）先生大指，以心體本自澄澈，有意克己，便生翳障，蓋眞如的的，一齊現前，如如而妙自在……。此即現成良知之說，不煩造作，動念即乖。夫良知固未有不現成者，而現成之體，極是難認，此明道所以先識仁也。先生之論，加於識仁之後則可，若未識仁，則克己之功誠不可已，但克己即是識仁。顏子有不善，未嘗不知，知之未嘗復行也。仁體絲毫不清楚，便是不善。（《明儒學案·北方王門學案》，《全集》冊 7，頁 742）

此語乍見與前文所謂「識仁與克己不得相例」之語有異，實則彼處在強調先知後行的必要，故克己是指後續在人生實務上所進行的具體修治，以之去實地改變心智的錯誤型態；而此處之意在謂現成之體乃心智本然，固可自然流

行而不得亦不須加以干預，但吾人眼前的具體心智事實並非處於本然狀態，須在回到單純化之後才是，而要達到此單純化，工夫便不可少，便須先對本體有徹底清晰的認識才可，故此克己是指對善惡的根本認識與建立從善去惡的信念，係未發之前的愼獨、是立意探究先於方圓的規矩，並非落在應事接物之間去檢點、克制、扭轉，因之當然是靜中省識的一大功課、內容，故說「克己即是識仁」。據此可知，靜中之擇善固執，不是簡單膚淺地分別世俗所謂的善惡，而是須深及在善惡表象之下的本源層次，完全體會、坦然無疑，若於本體有絲毫不清楚，便未契善；同時，其謂未識本體則「克己之功誠不可已」，又可見此種深入的省識，不是一蹴可幾式的豁然頓悟，而是有一逐漸由粗及精、不斷深化加細的內向辨析進程。關於此一進程，梨洲說：

> 擇善固執，正是從氣質上揀德性來，所以至精。（《明儒學案・蕺山學案》，《全集》冊 8，頁 895）

又在釋《論語》「觀過知仁」時說：

> 人之氣質，剛柔狂狷，各有所偏，而過亦從之而生。過則不仁，識得過底是己私，便識得不過底是仁。如工夫有間斷，知間斷便是續。故觀過斯知仁……晦翁以爲一部《論語》，何嘗只說「知仁」，便須有下手處。殊不知不知仁，亦無從有下手處。果視其所知者，懸空測度，只在影響一邊，便是禪門路徑。若觀過知仁，消融氣質，正下手之法。（《宋元學案・南軒學案》，《全集》冊 4，頁 964～965）

可見靜中識取的下手之法即由我人對行爲上道德過失的不滿內疚中，反省、觀察個人自身之具體氣質的偏勝不足是如何地變相成一己之私而造成這些過失，進而在與此不滿內疚、反察所得相對比之下，逼顯出、體認出無過無不及的理想氣質應是何貌，此理想狀態即是道德本然，（比如在操作工夫的過程中，心有旁騖而有所間斷，則在警覺到此間斷之爲氣質昏惰所致的過失之際，轉而得知此警覺之當下實已重回到工夫的操作中，進而更由此一警覺之接續係出自心智中之本然道德的作用，而識取心智本然之體貌），而不是離開氣質以懸空測度的方式去把握一形上的本體。顯然地，觀過是自我對具體心智一層層、一步步地徹底檢視，刊落表面的、外來的、衍生的現象，消融雜質，由中揀選出本具的至精德性。梨洲又在釋《孟子・盡心上》「無爲其所不爲，無欲其所不欲」章時說：

> 不爲不欲，良知也；無爲無欲，致良知也。本是直捷，無加勉強，

> 人卻爲聞見多了，依傍非禮之禮，非義之義，無地非我出路，所不
> 爲者似乎可爲，所不欲者似乎可欲，以至初心漸漸失卻。學者但當
> 於自心欺瞞不得處提醒作主，便是聖賢路上人。（《孟子師說·卷七》，
> 《全集》冊 1，頁 153）

此處所言我人應當在善心不能直接貫徹於生命表現的走作變遷中，究其致病
之根，拋棄外來聞見與情欲糾結後所編造出的各種自我安慰、自我欺騙的理
由，而「於自心欺瞞不得處提醒作主」，此實可作爲觀過知仁的另一註腳。蓋
靜中對道德本源的識取，乃是既「識」且「取」的，不僅是停留在理性上的
認識，而且是深切自覺反省下的親自納受，聽從內在良知的眞正呼求，毋令
生命軟弱因循於既成的錯誤而順勢塌墮，這就涉及情感上、意志上的認同與
確守，所以梨洲說：

> 利與善之間，眞所謂毫釐千里，此是第一步。一生聰明力量，都爲
> 此一步所用。野葛人參，共生一本，辨之不得不早也。（《孟子師說·
> 卷七》，《全集》冊 1，頁 154～155）

> 好必於善，惡必於惡……有諸己，是學者第一關，作聖之基在是，
> 誠僞之分在是。從此以往，美大神聖，日新又新，始有工夫可加耳。
> （《孟子師說·卷七》，《全集》冊 1，頁 162）

即謂辨析善惡不是泛浮說說，而是實有諸己的好善惡惡，是誠僞之分的關卡，
是對人生方向的貞定，衷心服膺、通體承擔此一道德抉擇，從此自覺地踏上
踐履的生命長途，充滿了行動的願力。

（二）實務中修治習染，破除窠臼

識取是對心智本然的省識與收取，故須靜處細繹反思始能有效爲之，然
而這畢竟只是「第一步」，從此以往，又自須承此行動願力而另有工夫「可加」。
蓋施用工夫本即欲扭轉外在的不當習染以回歸本然，而此習染既已積垢深
久，心智運作的錯誤模式早已幾是牢不可破的窠臼，必須在日常生活當中確
實去一一仔細清理洗滌、琢磨修治，持之不輟，始能眞正改變心智，重新導
歸正途，完成道德本源的呼求，若僅止於知識上的知解與理念上的空願，實
則並不能起到逆轉的作用。所以梨洲說：

> 慈湖所傳，皆以明悟爲主，故其言曰：「此一二十年以來，覺者踰百
> 人矣！古之未見，吾道其亨乎！」然考之自錢融堂、陳和仲以外，
> 未必皆爲豪傑之士也，而況於聖賢乎！史所載趙與𥲅以聚斂稱，而

　　慈湖謂其已覺，何也？夫所謂覺者，識得本體之謂也。象山以是爲
　　始功，而慈湖以是爲究竟，此慈湖之失其傳也。(《宋元學案・慈湖
　　學案》，《全集》冊 5，頁 993～994)

　　(莊㫤)先生以無言自得爲宗，受用於浴沂之趣，山峙川流之妙，
　　鳶飛魚躍之機。略見源頭，打成一片，而於所謂文理密察者，竟不
　　加功。蓋功未入細，而受用太早。慈湖之後，流傳多是此種學問。
　　其時雖與白沙相合，而白沙一本萬殊之間，煞是仔細。(《明儒學案・
　　諸儒學案上三》，《全集》冊 8，頁 375)

此即批評楊簡、莊㫤以覺識爲究竟。茲不論是否屬實，但由之可見梨洲重視
後續密察之萬殊工夫的操持，非僅仗一悟而在理智上識得本體即可。梨洲又
說：

　　平旦之氣，其好惡與人相近也者幾希，此即喜怒哀樂未發之體，未
　　嘗不與聖人同，卻是靠他不得。蓋未經鍛鍊，一逢事物，便霍然而
　　散，雖非假銀，卻不可入火，爲其平日根株久禪宗席，平旦之氣，
　　乃是暫來之客，終須避去。明道之獵心，陽明之隔瘧，或遠或近，
　　難免發露，故必須工夫，纔還本體，此念菴所以惡現成良知也。(《孟
　　子師說・卷六》，《全集》冊 1，頁 138～139)

　　讓國之人，必其私欲淨盡，誠中形外而後能之。若夫矯強一時，好
　　名起見，則好利之見埋藏於內，不知不覺從及不簡點處，忽然發露
　　出來。猶如見獵心動，數十年之心，不知伏在何所，未易削除也。(《孟
　　子師說・卷七》，《全集》冊 1，頁 160)

此則更進而說明心氣本然固是恆在的純善，但現實中卻往往只是偶然呈露而
不可依恃，必須痛下工夫徹底鍛鍊檢點，待到私欲盡削，始能確保心智脫離
平素習氣頑固的錯誤模式，以維持其本然純善的常現。

　　我們對於這種後續的工夫，可將之稱爲「實務上的修治」，而關於其作法，
梨洲說：

　　孟子所謂擴充、動心忍性、強恕而行，皆是所以盡心。性是空虛無
　　可想像，心之在人，惻隱、羞惡、辭讓、是非，可以認取。將此可
　　以認取者推致其極，則空虛之中，脈絡分明，見性而不見心矣。如
　　孺子入井而有惻隱之心，不盡則石火電光，盡之則滿腔惻隱，無非
　　性體也。(《孟子師說・卷七》，《全集》冊 1，頁 148)

則將所識取到的心中之本然道德，擴充而行、推致其極者即是。梨洲又曾在
〈高古處府君墓表〉中說：

> 君嘗曰：「眼前好事做不盡，吾力有限，吾心無窮，嘗存真實心，隨
> 所可行行之。」余謂此言最爲近道。自袁了凡「功過格」行，有志
> 之士，或做而行之，然不勝其計功之念，行一好事，便欲與鬼神交
> 手爲市，此富貴福澤之所盤結，與吾心有何干涉！其甚者，咕咕於
> 禽蟲膜拜之習，流轉極惡，恃其功過相折，放手無忌者有之矣。使
> 其知心量之無窮，黽勉一生，事事不敢放過，而亦何功之有。當君
> 之時……其藥籠常畜善藥，以起貧子。滿腔子是惻隱之心，於君不
> 可見乎？（《吾悔集·卷三》，《全集》冊 10，頁 266）

此處即認爲須「知心量之無窮，黽勉一生，事事不敢放過」，才是眞正的滿腔
子是惻隱之心，亦即在「存眞實心」的前提下，無有計功德、求果報的利心
盤結，隨時隨地盡力做好事。故知實務修治的具體作法，可約爲「事事不敢
放過」一語，即在生活的處處予以檢點照管，努力於爲善棄惡。而此一段事
上的鍛鍊打磨，其原則乃是斬決地實現所知的眞理。對此梨洲說：

> 道二，仁與不仁而已，中間更無住足處。（《孟子師說·卷三》，《全
> 集》冊 1，頁 84）

> 義之所在，事無大小，止有枉直，爲尋爲尺，皆是計較之私，一落
> 計較，便成小人。（同上，頁 82）

他要求在每一行爲上堅守道德分際，絕對去私，善惡不兩立，沒有任何迴護
委曲、調停中立的空間。又說：

> 龍溪謂念庵曰：「世情窠臼不易出頭，子到底未脫得陪奉。」夫以念
> 庵之賢，而謂之陪奉世情，若無以異於流俗人者，心竊疑之。久而
> 得其所謂非特突梯鬼箝，侯人容動色理氣意之間之爲世情也。吾人
> 行持點簡，終日累黍，以求合於道者，亦知植根只在世情，一切是
> 其發見乎？今天下之士，當其未遇也，所知惟場屋之學，望影籍響
> 於有司之好惡，即周情孔思，不過盜祿入國之秘經而已，牆裏整整，
> 有不出於世情者乎！幸而一遇，輿馬僕從帷箔田園之事，紛然而起，
> 不得不落身於應酬。夫應酬者，世情之窟穴也。吾又何敢薄待斯人，
> 謂皆輕身肆志，即其經營日用，亦多依傍名教，何嘗眞有非禮犯分
> 之爲。然而田僮灶婢，可以料其情態，膠漆盆中，寧有人物耶？是

以古之君子，嚴毅清苦，當卿相之任，不改處子之耿介，豈藉是以為名哉！但不欲一生勞攘過卻耳。不然，甘心憔悴江湖之上，保有其耳目口舌，決不以陪奉他人也……欲免陪奉，當自清苦而入。余少侍先忠端公於京邸，與魏忠節對宇。忠節止一僮守宇，寒夜來過，盡牛油燭一條乃去，吾母出乳酒兩盂飲之而已。長從劉先生出入，亦止一僮擔簦坐舴艋中，每飯生菜數莖。黃石齋先生流寓江州，深冬猶未幕絮……近問余若水疾，引入臥榻……屋漏之痕，承以弊甲。四先生之清苦如此，四先生世之所謂不近人情也，後世視之竟何如耶？（《南雷文鈔·送鄭禹梅北上序》，《全集》冊11，頁27～28）

此中援舉實例，以謂飲食、衣服、居處種種，皆須嚴毅清苦、自奉儉樸，不隨流俗在名利場中奉陪應酬而勞攘一生，應堅持原則、保有自主性。這是認識到世俗之人縈繞於富貴念頭而以寬鬆的名教尺度自宥，更進一步在日常生活藉由高規格的自律，以斷除此私念，真心全意地走入所希冀的道德世界中。他又說：

世俗不孝，士君子自然不犯，然細思之，其能免者無幾。苟不能夙興夜寐，便是墮其四支；閒談涵飲，便是博奕好飲酒；以財物為己有，出納不稟於父母，便是好貨財私妻子；不能檢點身心，便是從耳目之欲；凡事必欲勝人，時有爭氣，便是好勇鬥狠；與世俗相去，其間不能以寸。（《孟子師說·卷四》，《全集》冊1，頁120）

「父母之不我愛，於我何哉？」不是空空自責。蓋竭力耕田，自以為子職已盡，天下之為人子者，不過如此，我之為人子，或有天下人所不及處。只此一念橫於胸中，便是得罪於父母，而為父母所不愛。舜之搜索於隱微，不容絲毫之隔，纔能與父母同體。（《孟子師說·卷五》，《全集》冊1，頁122）

由此處論孝順這一人倫事件之例，可見日常工夫須確實照管到言行念慮的各個層面，深入細微，精益求精，以高標準道德來自我要求，不可停留於一般世俗的低限上。梨洲又說：

不忍不為之心，人皆有之……即甚蔽錮之人，此心常在，無有滅熄，苟一返之而是矣。然此心流注甚深，世人知其麤不知其細，麤者人所共見，其細者如「以言餂」、「以不言餂」，若是乎應對之常。人藏財物於家，穴牆而取之；人藏思慮於胸，鈎隱而出之。同一機心用

事，豈以人所不見，謂之不同類哉！（《孟子師說·卷七》，《全集》
冊 1，頁 163）

心如火也，火輒有影，人乃其影。人之愛敬，則我之愛敬可知，人
之不愛不敬，則吾之不愛不敬可知，猶影之或正或倒或濃或淡，無
不從火而來。君子亦惟續火薪傳，不向影處安排也。「橫逆自反」者，
亦如火在木中鑽研急迫而後煙生光現以利天下。《詩》云：「他山之
石，可以攻玉」，此之謂也。若世無橫逆，則不哭孩兒誰人不能抱得？
「未免為鄉人」者，鄉人亦非惡人，但為習俗所錮，只是較量是非，
有心報施，一往一來，以為當然。是故求免為鄉人最難，日用尋常，
做成窠臼，自謂頗無大過，顧人己未融，一朝患作，皆從昔日窠臼
中來，免為鄉人，便是君子。（《孟子師說·卷四》，《全集》冊 1，
頁 119）

此則除了繼續說明工夫應不斷擴及細微處、並可從別人對我們的態度中檢驗
出自己的身心修持果係如何之外，更清楚指出我人具體心智早受習染禁錮，
養成刻板的反應窠臼，易於以起碼的道德為已足，故唯有由各種生活情境中，
切實類推、激盪、反省、改革，剝掉層層障蔽，以重顯本然心性，猶如「火
在木中鑽研急迫而後煙生光現以利天下」。

生活中除了事事察覺克治、由粗及細地不斷推擴之外，梨洲又提出讀書
的重要性。他說：

余嘗謂「孔子嘆顏回好學，今也則亡」，其學不僅指讀書而言，然讀
書亦學中之一事。今之天下千百輩中，求一讀書之人而不可得，聞
其人有意於讀書矣，未幾類有物以敗之，此無他，不好故也。（《南
雷文案·卷六·前鄉進士澤望黃君壙誌》，《全集》冊 10，頁 294）

他認為讀書也是成德之學中不可或缺的一環，而須有對讀書的真正熱愛，才
能持恆。綜觀梨洲一生，十分重視書籍，其〈藏書印文〉說：

貧不忘買，亂不忘携，老不忘讀。（《南雷文補遺》，《全集》冊 11，
頁 84）

又曾自述說：

余初讀十三經，字比句櫛，《三禮》之升降拜跪，宮室器服之微細，
《三傳》之同異，義例、氏族、時日之襍亂，鈎稽考索，亦謂不遺
餘力。（《南雷文案·卷六·前鄉進士澤望黃君壙誌》，《全集》冊 10，

頁 293）

據此可見其讀書用力勤深之一斑。而其子黃百家亦說：

> 家大人抱負內聖外王之學，不獲出而康濟斯民，身心性命，一託於
> 殘編斷簡之中，故顛髮種種，寒以當裘，饑以當餐，忘憂而忘寐者，
> 惟賴是書耳。（《學箕初稿·卷一·續鈔堂書目序》）

又全祖望亦說：

> 太沖先生之書，非僅以夸博物、示多藏也。……先生之藏書，先生
> 之學術所寄也。……先生之語學者，謂當以書明心，不可玩物喪志，
> 是則藏書之至教也。（《鮚埼亭集外編·卷十七·二老閣藏書記》）

> 讀書不多，不足以證斯理之變化；多而不求於心，則爲俗學。（《鮚
> 埼亭集·卷十一·梨洲先生神道碑文》）

凡此可見讀書是梨洲一生安身立命及成學的基礎所在，〔註 14〕而其讀書，則
在藉由書中的道理來發明本心，增益自我對道德的體認，不是只在追求廣博
的知識而已。

（三）過程中精苦寬舒、動靜一貫

　　事事不放過也好，讀書也罷，顯然其間的操作難免要經歷一番勤勞艱苦
的善惡對峙、磨洗舊習。關於此種現象，梨洲說：

> 高忠憲〈與許敬庵書〉云：「平昔自認，以此心惺然常明者爲道心，
> 惟知學者有之，蚩蚩之民無有也。即其平旦幾希，因物感觸，倏明倏
> 晦，如金在鑛，但可謂之鑛，不可謂之金；如水凝冰，但可謂之冰，
> 不可謂之水。而先生乃曰：『童僕之服役中節者，皆道心也。』初甚
> 疑之，已而體認，忽覺平日所謂惺然常明之心，還是把捉之意，而如
> 鳶飛魚躍出於任天之便者，反有合於不識不知之帝則，特彼日用不知
> 耳。然則無覺非也，有意亦非也，必以良心之自然者爲眞，稍涉安排，
> 即非本色矣。」○按：忠憲所謂把捉，即持其志也。明道論持其志曰：
> 「只這箇也是私，然學者不恁地不得。」然則起手工夫，不得不把捉，
> 久之而熟，自然鳶飛魚躍，無非不忍之流行矣。蓋忽然之感，常人不
> 能知及，學者之把捉，亦是仁守工夫，逮夫把持既去，斯有諸己之爲

〔註14〕 王汎森〈清初的講經會〉，頁 535 已指出梨洲突出讀書的地位，而不似其師蕺
　　　　山又重改過工夫，其文章談改過的不多，一再強調的是要想撈摸到本體，最
　　　　重要的工作便是讀書。

信耳。(《孟子師說・卷二》,《全集》1,頁 70)

茲不論程顥、高攀龍之語在其各自工夫系統中的本意如何,由前述的脈絡來看,梨洲此處意在指明單純化的工夫一開始仍須藉由把捉入手,即在知曉以維持平常本然的心智爲修養目的後,應當經過一個刻意持守的階段,將此知解時時自我提撕儆覺,安排施用於日用之中,日久則可習慣成自然,眞實地內化爲一己生命,從而扭轉昔時心智活動的錯誤模式,重新形成正確的機制。此以積累新習慣去取代舊有的錯誤模式,由起初「擇善固執」之「執」而漸進於自然無執,正是實務修治的漫漫歷程,當中的辛苦可想而知,所以梨洲說:

> 橫渠氣魄甚大,加以精苦之工,故其成就不同。伊川謂其「多迫切而少寬舒」,考亭謂其「高處太高,僻處太僻」,此在橫渠已自知之,嘗言「吾十五年學箇恭,而安不成」,所謂寬舒氣象即安也。然恭而安,自學不得,正以迫切之久而後能有之。若先從安處學起,則蕩而無可持守,早已入漆園籬落。(《宋元學案・橫渠學案下》,《全集》冊 3,頁 926)

> 道者,吾之所固有,本是見在具足,不假修爲,然非深造,略窺光影以爲玩弄,則如蜂觸紙窗,終不能出。故必如舜之好問,禹之克艱,孔之發憤,臘盡春回,始能得其固有。苟非自得,則日用之間,不過是安排道理,打貼世情,血氣縱橫,心體無所歸宿,居之不安也。「資之深」者,資之以應萬事,其出無窮,不亦深乎。「左右逢其源」者,心與事融,外不見人,內不見己,渾然至善之中,萬物一太極也,蓋無處非大德之敦化矣。(《孟子師說・卷四》,《全集》冊 1,頁 109～110)

即言須以大氣魄發大毅力,好問克艱、發憤深造,迫切精苦既久而後眞有自得,才可達到寬舒自然、毫無勉強,成爲一片渾然的道德境界;否則本然的道德心性終無法成爲現實生命的恆常表現,終只是理智上的偶然知見,使得行爲與心境仍是隨順世俗及昔日情欲而流轉。

雖然梨洲主張非不如此痛下嚴謹工夫不足以成就,但是他在〈翰林院編修怡庭陳君墓誌銘〉中又說:

> 君從事於格物致知之學,於人情事勢物理上工夫不敢放過,而氣稟羸弱。其爲諸生時,弟子既眾,惟恐一人失學,窮日講授,矻矻不休,雖背僂而不恤。其爲詞臣時,公堂館課,私室橫經,書筒客席,

併當率至雞鳴，不言勞瘁。即其病時，猶隱囊危坐，不釋丹鉛，士人將卷軸而來者，必銖兩其得失，終卷而後已。苟一事一物精神之不到，則此心危殆，不能自安。凡君之所以病，病之所以不起者，雖其天性，亦其爲學有以致之也。夫格物者，格其皆備之物，則沓來之物，不足以掩湛定之知，而百官萬務，行所無事。若待夫物來而後格之，一物有一物之理，未免於安排思索，物理吾心終判爲二。故陽明學之而致病，君學之而致死，皆爲格物之說所誤也。（《南雷文定後集・卷三》，《全集》冊 10，頁 433～434）

這裏即認爲萬物皆備於我，心是賦予事物價值與意義的根源，故當先格通吾心，先對道德根源有湛定之知，明白心之即理，而後於人情事勢物理上施以爲善去惡之功，便是自然流露，無須逐事逐物向外思索以比附各種道德成說，徒陷於紛沓之窘境，以致勉強行去，總是「一事一物精神之不到，則此心危殆，不能自安」，久久形成道德潔癖的心理壓力，終於致病。梨洲此種道理並不與刻苦把捉之說相互矛盾，我們回想前文所引的〈高古處府君墓表〉，便知「事事不敢放過」係由「知心量之無窮」所發而來的操持。亦即實務修治是建立在靜中識取的基礎之上，既知得心智之道德本然，則知靜存本然爲工夫前提、心智單純化爲工夫原則，而修治不過是藉由事物與人的互動，使心智試著依所體悟的本然去運作，就在運作不能如理而自覺使己如理時，心智獲得自我修治、窠臼漸遭破除，而心智本然風貌亦漸次回復，此間整個過程由起初的「擇善固執」之「執」而漸進於渾融無執，其初之執並不是主客對立，其終之無執亦不是主客相合，而是始終只有心智主體之自身在自淨其身而已，此理我們在前面論「先知後行」處已有言及。故其目的全放在心智內裏的自返於其純粹本然，不在迎合外在的、與心智異質的規矩；其動力來自心智本身之本然，是從中自湧、動而愈出、源源不絕的自然心力，不是身體上的有限精力；其對象固須深入細微而是非分明，但不是一味計較於細微末節的具體規範以致心眼狹窄、心力交瘁，而是藉之深入於心智隱曲以滌蕩積習、瀹清本然源頭，從此自清自正而得以一正百正、廣闊流行。〔註 15〕因此工夫

〔註 15〕梨洲《孟子師說・卷三》（《全集》冊 1，頁 86）說：「象山云：『在人情、事勢、物理上做工夫。』（陳）仲子即無避兄離母之罪，亦使不得。曾聞一偈云：『其行只是人間路，得失誰知天壤分。』顧舍人間路而不行，所以有蚓之喻也。仲子未必是僞，只是胸中窄狹，堯夫謂伊川曰：『面前路徑須令寬，路窄則自無著身處。』」亦是此意。又前引「鑽木生火」之喻中，所謂木因與物相

雖是艱苦，但亦是寬舒，應是日漸安和自在、日益得心應手、日趨本然單純，並不是一路心勞力瘁、忐忑難安、苦撐到底。

以上論靜中識取與實務修治，當中儼然有先後次第，似乎梨洲又回到傳統理學靜存與動察的老路。果真如此，則其原先主張貫乎動靜的有本靜存、心智單純化，而標榜立異於本末兼致、動靜兩截，將未免有所矛盾。然而仔細思之，梨洲的識取雖似靜存而修治雖似動察，但其乃是揀選、襲取傳統的工夫作法，以達成其靜存本然、心智單純的目標，心智所識取者在肯認心智之本然而非以之識外、所修治者在體現心智之本然而非迫之膺外，兩者的操作中皆非主客對立之格局，兩者的連結在內部上宗旨一致，而為對靜存本然之前提與心智單純化之原則由理解到具現的一貫過程，其脈絡始終相續，故不論是靜識或實修仍皆是當下回歸心智自身之靜，並未曾背反其學說的初衷，竟致分成原自獨立而後相互拼湊的兩截。最多只能說梨洲雖有其成套的工夫理論，但在操作上實較欠缺，未能真正詳細提出徹底達成其目標的實踐新方法，（比如靜中當如何具體去省識心智始能洞見本然理序，未見梨洲描述出對心智之內涵作徹底剖析的曲折過程；比如當吾人心智正對某事物以既有的習慣模式在進行反應中，雖知不當但欲望熾盛，應如何懸崖勒馬、放下屠刀，當下修治、擺脫干擾而超越窠臼、回歸單純，梨洲畢竟只有籠統的原則提示，實際上在關鍵的時刻未有明確可用的良策），終只能揀選、襲取舊來成說以權充其用，未能更有所突破，甚至此一揀選、襲取又頗予人粗淺疏略之憾，未見得深入前人精華，而在成德效果上，亦未必比較優異。

既然梨洲只是工夫實際施作上的不詳、效果上的不足，而非理論內部的矛盾，我們便不須再苛責於此，而應進而觀察其工夫在理論推衍之下，最終將導向何種結果。

四、境界在工夫之中

據上所述，工夫的操持既是艱苦而後成自然，則此自然所成的境界又是如何的呢？是否一旦修成，則身處於一圓滿自足、永不退轉的超越境地中呢？關於這道德實踐的終局，梨洲認為自然是有理序的不斷流行，因之，境界不是個人生命轉變成特殊的存在型態而離世解脫，以安住於另一終極的、高明

磨而發其本然光明，所謂鄉人「只是較量是非，有心報施」、而君子「亦惟續火薪傳，不向影處安排」，正可說明此一道理。

的、神聖的世界裏，而是持續自然地在世間倫常中動態地開展。

（一）本體體性與工夫境界之區別

關於境界，我們前文已討論過梨洲認為僅是靜中識取並不足恃，必須繼以實務修治始得有成，據此即可知道所謂「境界」，必須是指具體心智在現實狀態中的實際成果，而不能只指涉其本然的本體性狀。梨洲說：

> 無工夫而言本體，只是想像卜度而已，非眞本體也。（《明儒學案·東林學案三》，《全集》冊8，頁843）

> 夫存心養性，正所以盡心之功，〈識仁篇〉所言存久自明是也。若未經存養，其所謂知者，想像焉而已，石火電光而已，終非我有。（《明儒學案·泰州學案四》，《全集》冊8，頁84）

此即謂本體須經工夫的加持，主體的心智始能達到實有之的境地。他又說：

> 「理一分殊，理不患其不一，所難者分殊耳」，此李延平之謂朱子也。是時朱子好爲儱侗之言，故延平因病發藥耳。當仁山、白雲之時，浙河皆慈湖一派，求爲本體便爲究竟，更不理會事物，不知本體未嘗離物以爲本體也。故仁山重舉斯言以救時弊，此五世之血脈也。後之學者，昧卻本體而求之一事一物間，零星補湊，是謂無本之學。因藥生病，又未嘗不在斯言也。（《宋元學案·北山四先生學案》，《全集》冊6，頁252）

這裏一方面指出本體離不得工夫，須「理會事物」，須在實務中呈顯所覺悟到的本體體性於生活的事事物物中；另一方面又指出工夫畢竟離不得本體，須立足於對本體體性的正確認識上，不可「昧卻本體而求之一事一物間」，竟成爲無本之學，不識本體而盲用工夫。梨洲之意，即以本體爲首要根本，以本體貞定一切工夫、開展一切工夫，而工夫的開展才是本體的充分具現。是故基於肯定本體的前提之下，梨洲又說：

> 才者，性之分量。惻隱、羞惡、恭敬、是非之發，雖是本來所具，然不過石火電光，我不能有諸己。故必存養之功，到得「溥博淵泉，而時出之」之地位，性之分量始盡，希賢希聖以至希天，未至於天，皆是不能盡其才。猶如五穀之種，直到烝民乃粒，始見其性之美，若苗而不秀，秀而不實，則性體尚未全也。（《孟子師說·卷六》，《全集》冊1，頁136～137）

> 仁之於心，如穀種之生意流動，充滿於中，然必加藝植灌溉之功，

而後始成熟。……惻隱之心，仁之端也，雖然，未可以爲善也。從
而繼之，有惻隱，隨有羞惡、有辭讓、有是非之心焉，且無念非惻
隱，無念非羞惡、辭讓、是非之心，而時出靡窮焉，斯善矣。成之
者，成此繼之之功……到得成之，方可謂之熟，不然，苗而不秀，
秀而不實，終歸無用。（《孟子師說·卷六》，《全集》冊 1，頁 143）

此即說明本體的善與現象的善必須分別看待，本體的善是不變的、具足的種
性，但有賴工夫的實踐，才能令本體的善充分落實、表現爲現象界中具體行
爲的善。從本體的角度來看，現象的善固然不會增損到種性的善；但若從現
象的角度來看，則種性的善之所以爲種性的善，即是因其內在永具著足以表
現爲現象的善之潛能、傾向，此一發展趨勢倘受壓抑而不能完全開出，將是
種性的遺憾，且種性亦不會始終甘於潛隱而已，必將試圖呈現，是故行爲未
善亦可說是性體未全，此未全不是本體義上的未全，而是工夫義上的未全，
二者並不相同、亦不矛盾。〔註16〕

〔註16〕按學者如鄧立光《陳乾初研究》頁 155～156 謂梨洲晚年認同陳確學說，此處
所言乃剽竊陳確〈性解〉中的文字，僅在首尾增添文句即變爲己作，依《孟
子師說》的體例，凡引他人之文必標著者之名，而梨洲於此竟未然，實有違
學術良心；而古清美〈黃宗羲的兩種《師說》〉、〈黃宗羲的《孟子師說》試探〉
則同意鄧氏，又謂梨洲已由原先〈與陳乾初論學書〉中指斥陳確「以本體爲
非」的觀點，轉受陳確影響，改闡「體用爲一」、「工夫即本體」的説法。而
鄭宗義則反對此説，其〈論黃宗羲與陳確的學術因緣〉指出《孟子師說》並
無現代剽竊觀念，至連創見亦推爲師說，書中有不少地方，明引他人語或將
之改頭換面，未必盡皆標出，並不存在鄧氏所說的體例。鄭氏又在《明清儒
學轉型探析》指出五穀之説，朱子《四書集註》已有之，朱子又豈是否認形
上性善者。本文認爲，鄧氏一書中似乎有誤解原文之處，僅就此剽竊之説而
論，其實類似梨洲此處的話，高攀龍、錢一本也説過（如見《明儒學案》〈東
林學案一、二〉，《全集》冊 8，頁 772、808、811），今梨洲既皆見之，且梨
洲與東林黨人的關係淵源十分密切，與其稱其襲自陳確，不如謂其得自東林
來得更坦然理順。事實上，錢穆《中國近三百年學術史》頁 14 亦早已發現梨
洲議論導源於東林。然而更根本地看，此乃理學或宗教道德實踐的通義，故
梨洲此論亦不必是須受某人的影響而後始有，且其亦不是否定本體善的圓滿
具足。我人應知工夫義本即與本體義採取不同的觀察角度與立論目的，梨洲
此言在《孟子師說》中係是在本體義的前提下申明工夫義，不是逕以此語爲
本體論的宣說，此點觀其上下文分別論已發不外未發、二者同一（詳見〈卷
六〉，《全集》冊 1，頁 136、137），即可知其本體具足的立場始終未改，係由
此立場進而申說工夫之必要。倘若梨洲只有言善端不可恃，而未曾有言善端
之圓滿具足，則我們始可說梨洲是真正遠離了傳統心學的基本立場，而與本
文第二章第一節所引〈與陳乾初論學書〉中的陳確同一思想矣，亦即梨洲在

　　我們可以再舉些例子以說明梨洲對於本體義與工夫義的分別，確實有所認識。比如他說：

　　　（呂枏）先生議良知，以爲「聖人教人每因人變化，未嘗規規於一
　　　方也。今不論其資稟造詣，刻數字以必人之從，不亦偏乎？」夫因
　　　人變化者，言從入之工夫也。良知是言本體，本體無人不同，豈得
　　　而變化耶？（《明儒學案·河東學案下》，《全集》冊7，頁151～152）

這裏即區分表述本體與表述工夫，二者不得混同，標舉普同的唯一本體，並
無礙於因人適性的歧異操持工夫。又如：

　　　〈太極圖說〉曰：「主靜立人極」，此之靜，與動靜之靜判然不同，
　　　故自註云「無欲故靜」……然濂溪言無欲，而孟子言寡欲者，周子
　　　先天之學，動而有不動者存，著不得一欲字；孟子養心，是學者工
　　　夫，離不得欲字。心之所向謂之欲，如欲正、欲忘、欲助長，皆是
　　　多欲，但以誠敬存之，便是寡欲。蓋誠敬亦是欲也，在學者善觀之
　　　而已。（《孟子師說·卷七》，《全集》冊1，頁164）

此處亦謂本體義與工夫義的論述角度有異，二者皆是，不得執此斥彼。姑不
論梨洲對孟子「寡欲」的解釋是否合乎原旨，其意謂周子係描述道德根源獨
立恆在的活動體性，不隨其於現象中的隱現而有異，不同於心智中意欲念慮
的生滅，故說無欲而靜；而孟子則是指點踐履者實際操持時，仍須藉由起善
心、動正念，刻意提醒自我維持誠敬的心態，才能扭轉現實的習氣而漸入單
純化的心智，故說寡欲（意念純正）以養心。顯然地，對於這兩者的差異與
並存，梨洲是十分清楚的，而其亦決非竟主張當以人類欲望爲主爲本，以反
對周子無欲之說。再如梨洲對錢一本的評論說：

　　　先生之學，得之王塘南者居多，懲一時學者喜談本體，故以工夫爲
　　　主。「一粒穀種，人人所有，不能凝聚到發育地位，終是死粒。人無
　　　有不才，才無有不善，但盡其才，始能見得本體，不可以石火電光
　　　便作家當也。」此言深中學者之病。至謂「性固天生，亦由人成，
　　　故曰成之者性」，夫性爲自然之生理，人力絲毫不得而與，故但有知
　　　性，而無爲性。聖不能成，愚不能虧，以成虧論性，失之矣。（《明
　　　儒學案·東林學案二》，《全集》冊8，頁799）

　　〈與陳乾初論學書〉中係言本體，而《孟子師說》此處則說工夫，故二者並
　　不相妨，不足以據之遽謂思想有所轉變。

此即分別由工夫義與本體義來肯定及反對錢氏的觀點，〔註17〕而謂在工夫義上，人人未成而待修；在本體義上，則人人圓滿而具足；人性可以被自覺認知而開拓到行為上，但是卻不能被改變而施為在人性本身上；這二種道理乃一體之兩面，並不互斥，皆是對同一道德本源的觀察。至此，我們可知所謂修行的境界，必是現象善的問題，而不得僅以本體具足的立場予以觀察，否則實即根本無須有修行境界的討論，而人人皆已是行為上實然的聖人了。所以梨洲說：

> 「其生色」也，所謂目擊道存，夫子無行不與之妙。向使高談仁義，而與竈養學究同，其動定則中之所存，便可料算。故學必到睟面盎背，方有根柢。（《孟子師說·卷七》，《全集》冊1，頁153）

此正是明指修養必到真有所得才算數，道德實踐必須全然內化而外發為生命的真實型態始可。

（二）變動無終、流行開展的生命境界

再進一步來看，既然梨洲所看重的是現實中的具體心智，然而心智的現實是一不斷存在與活動的事實，這就暗示境界亦將是隨心智的現實而不斷存在與活動著。觀梨洲說：

> 堯舜猶病祁寒暑雨、民之呻吟，未有一日息也。文王如傷之心，亦豈能一日已乎！道無窮盡，吾之工夫亦日進無疆，纔操已至之心，便去道日遠。（《孟子師說·卷四》，《全集》冊1，頁113）
>
> 世人多以一節概人生平，人亦多以一節自恃。夫仁義豈有常所！蹈之則為君子，背之則為小人，故為善者不可自恃，為惡者不可自棄，所爭在一念之間耳。纔提起便是天理，纔放下便是人欲。（同上，頁116~117）

〔註17〕觀此處梨洲對錢氏的部分肯定，即可知道縱使前註中鄧立光、古清美氏所謂梨洲《孟子師說》中襲取陳確言論為真，亦非表示梨洲受到陳確影響而於本體有所質疑，亦即梨洲至多不過是依其自身思想立場對陳確之語進行取捨與引用，正如其對錢氏一般。亦可見《孟子師說》與《明儒學案》的思想仍屬一致，非如古氏所言有所遷變。且其實工夫義與本體義的區分在理學家中亦屬通論，故梨洲有此想法殊不足奇，非必是因陳確而來始克有之，比如東林學派的史孟麟也說過：「人心有見成的良知，天下無見成的聖人。……孩提知能，譬如礦金；聖人中得，譬如精金。這精金何嘗有分毫加於礦金之初，那礦金要到那精金，須用許多淘洗鍛鍊工夫，不然，脫不得泥沙土石。」史氏並非極為著名的理學大師，亦能見及於此，可知此義並不殊絕。（史氏語見《明儒學案·東林學案三》，《全集》冊8，頁846）。

是則工夫不可間斷，無有最終止境可言，一旦認為自己已有道德成就，則此念頭便是在道德感知活動之外所歧出贅生的思維，自滿的當中即潛藏有我之私，並非單純的心智本然，故不可取。由此可見，工夫原是要破除習染窠臼以恢復心智本然，但心智卻是活動變化的，當心智返回本然，固是即為本體，若之後工夫懈怠則又難免會稍有逸出而放失脫離其本然，更有可能從此成為新習染新窠臼的濫觴伏筆，是故工夫不能或歇暫息，須使心智時時處於本然才可，不是工夫一成之後心智即永久定型，竟得以保證其永遠不再遭受汙染。具體心智既為如此之不斷存在與活動的事實，而所謂的境界又是指在工夫之下具體心智合乎其本然的狀態，這樣一來，境界便是不固定常在的，當心智合於其本然即有之，一旦不合則當下無之，唯有日進無疆的不間斷工夫，才能有常顯的本體，才能有常在的境界，亦即境界只能存在於工夫踐履的接續之中，所以梨洲說「纔流即是惡」、「勤之一字，是千古作聖的單方」。〔註18〕

　　再換個角度來看，不只是心智變動以致境界須賴工夫的接濟支撐，即使是境界本身亦是變動開展的。對此梨洲說：

> 道無形體，精義入神，即在灑掃應對之內，巧即在規矩之中，上達即在下學，不容言說，一經道破，便作光景玩弄，根本便不帖帖地。
> （《孟子師說・卷七》，《全集》1，頁158）

> 規矩熟而巧生，巧即在規矩之中，猶上達即在下學之中。學者離卻人倫日用，求之人生以上，是離規矩以求巧也。（同上，頁159）

木匠技藝的靈巧即具存於規矩工具的使用之中，離開工具的使用、無有任何的製作，即無匠師的靈巧可得見、可成就；同理，心智本然的上達境界即具在於具體心智的下學之中，當心智存在與活動的事實為合其本然理序的事實時，此事實便是境界，並無離開心智活動而獨立自存的形上境界可言。蓋本體（心體、心智本然）乃是有理之心氣的流行，不是靜止不動的東西，其實質為一道德感知的意識波流，必然要與人倫事物發生關涉，則所謂合於本體的境界，就只在人生歲月歷程裏心智本然之存在與活動所構成的生命事實中。所以梨洲又說：

> 天心生生之機，無時或息。故放失之後，少間又發，第人不肯認定，以此作主宰耳。認得此心便是養，若火之始然，泉之始達，自不能

已；旦晝牿亡，未嘗非此心爲之用，而點金成鐵，迷郤當下矣。(《孟子師説‧卷六》,《全集》冊 1，頁 139)

仁義禮智，本體自廣大，原不待於擴充。所謂擴充者，蓋言接續之使不息耳。(《明儒學案‧崇仁學案四》,《全集》,冊 7，頁 70)

盈天地皆心也。變化不測，不能不萬殊。心無本體，功力所至，即其本體。故窮理者，窮此心之萬殊，非窮萬物之萬殊也。(《南雷文定四集‧卷一‧明儒學案序》,《全集》,冊 10，頁 73)

此處所謂「心無本體」，不是説心智並無心體，而是説心智本然（心體）不是虛懸的塊然本體，當心智以不間斷的單純化工夫去接續生生不息的、廣大變化的本然風貌，時時依本然而動，則時時性理昭彰，心智自身即成其自然流行的本體世界；一念或有盲動悖離，則性理即刻失卻其當家主宰的本然地位，點金成鐵，本體世界隨即隱然沒失而淪爲一尋常心智。於是可知，本體與境界並非不動的超越狀態，而是皆只具存在心智本然萬殊不已的開展中；唯有在單純化的工夫下，主體、本體、工夫、境界皆渾然爲一，皆是心智的本然，而在一切心智的存在與活動中，彰顯出本然性理的能動性與主宰義，此方是在現實中，具體心智真正具有「理氣無二」的本體境界。而顯然地，如此一來，道德修養便不是智識上的一悟了知，而是一縣長的生命實踐進程、是動態的生命展現，如果道德踐履真有最高明的終極境界，其亦不是靜止的終點、不是一成永成的完美句號，而是顯現在不間斷的單純化工夫操持之中。因此梨洲説：

觀（惲）日初〈高劉兩先生正學説〉云：「忠憲得之悟，其畢生匘勉，祇重修持，是以乾知統攝坤能；先師（蕺山）得之修，其末後歸趣，亙稱解悟，是以坤能證入乾知。」夫天氣之謂乾，地質之謂坤，氣不得不凝爲質，質不得不散爲氣，兩者同一物也。乾知而無坤能，則爲狂慧；坤能而無乾知，則爲盲修，豈有先後？彼徒見忠憲旅店之悟，以爲得之悟，此是禪門路徑，與聖學無當也。先師之愼獨，非性體分明，愼是愼個何物？以此觀之，日初亦便未知先師之學也。

(《明儒學案‧蕺山學案》,《全集》,冊 8，頁 885)

此語可以總結梨洲工夫論的精神。亦即解悟本體（靜中識取）與依本體修持（實務修治）二者不能只如惲日初採取外在觀察的立場而分爲或先或後截然的兩事，（雖則其言乃操作進程之實際情況而不能全盤否認，如前文梨洲即言

應先知而後行），若是一旦進入工夫實作所成之心智本然的世界中來看，悟即修，修即悟，真知者必有力行，力行者必具真知，知與行是必須合一的，必須合一在唯一的真正本體裏而同時自然不斷地開展，才是真正的知與行。透過悟修不二、知行合一的說法，梨洲靜中識取和實務修治、主體和本體、工夫和境界便渾然相即互倚，便可以踏上「功力所至，即其本體」的人生歷程，而真正形成「盈天地皆心」的一片心體世界。

在梨洲如此的思想中，實際上隱含著深刻的道理。依其意，生命是氣之流行變化，是故生命乃是一不可割裂、中斷、扣減、拋棄之連續性、完整性的活體，主體本身就是生命之流，只能不停地在時空中緜延開展，沒有辦法閃躲或變形於此流之外，所有的實體、本體、根源、事實、目的、境界……，任何終極性的真相，都只是在此生命之流的本身而已，是故我們不可能亦不必須脫離此生命事實而找到最高的、最後的、最徹底的其他歸宿，唯有「當下契入」生命之本然，依其理序地同其流行，才是根本的安頓。所謂契入，不是主客二元對立下的合一（亦即不是主體去冥合某一真理對象），而是主體自身的醒覺，亦即心智全然地回歸自己、重振自我；而所謂當下，不是有限的或分割的一瞬時間，而是無窮的且綿亙的一片生命，不是生命於此進入前後際斷、物我雙泯式的暫時停格、跳脫、解離，而是從此立刻接續上生命的本然流行，開展正在不斷進行的存在活動。此種當下契入，不是隨順生命的盲動冥行，而是生命清晰的自覺與義無反顧的承擔；不是愚蒙或懈怠的樂天、知足，而是積極的創造、無限的未來。依梨洲之意，不僅宇宙的運行本是如此，個人的修為應是如此，甚至全部的人群及其積累的成果亦復當如此。這種動態式的境界，才是梨洲所認可的「靜」，亦即才是真正的完成，故說「不是不動是靜，不妄動方是靜」、「唯靜乃能得之」，靜是不妄之動，不是靜止與結束，而是永遠正確的進展，在進展之中即得遂其完成。

梨洲的這一見解，由宇宙自然而及於個人道德，更及於人群活動，在其思想中具有十分重要的義涵，本文將於第四章中予以討論，不過在討論之前，須先對梨洲的博綜之學進行觀察，才能對此義涵有充分的認識。

第三章　梨洲的博綜之學

梨洲同學陳之問曾為梨洲作壽文說：

> 黃子於蕺山門為晚出，獨能疏通其微言，證明其大義，推離還源，
> 以合於先聖不傳之旨，然後蕺山之學如日中天；至其包舉藝文，淵
> 綜律曆，百家稗乘之言靡不究，漳浦之開物成務，又何不謀而有合
> 也。(《南雷文定後集·卷四·陳令升先生傳》，《全集》冊 10，頁 585)

當中亟稱梨洲迴異一般時儒，學問除了理學大義之外，尚有藝文、律曆種種開
務成物的一面。梨洲今既又引錄於己作，並以「知學者莫如先生」〔註1〕之語
稱譽陳氏，可見梨洲亦首肯其言。因此前章既已具論梨洲道德性理之學，本章
將針對此一博綜之學，分成政治、歷史、文學、科學四部分加以觀察，以期全
面認識梨洲的思想大旨所在，而既是認識思想之大旨，故下文即以揭示其各學
門的主要精神為重，不擬細論其諸具體意見的長短得失。

第一節　政治思想

錢穆先生已指出梨洲的政治思想，著眼於政治上最高原理之發揮，尤為
盡探本窮源之能事。〔註2〕故本節主要在於陳述其立論的核心原點、背後的精
神原則為何，以認識此一政治最高原理，而不在於詳析其對現實制度所作的
批評與新主張。

〔註1〕引語見〈陳令升先生傳〉，《全集》冊 10，頁 584。
〔註2〕見其《中國近三百年學術史》頁 36。另外，黃克武：〈理學與經世——清初「切
　　　問齋文鈔」學術立場之分析〉，《中央研究院近代史研究所集刊》1987 年 6 月
　　　第 16 期，頁 57 亦謂梨洲經世思想傾向於「徹底改造政治核心的轉化思想」。
　　　是則梨洲政論係以政治核心問題為其最大之關注，誠為意欲探本窮源者。

一、標舉道德文化義涵的政治理念〔註3〕

（一）終極指南的思維

梨洲早先為其《留書》作序說：

> 僕生塵冥之中，治亂之故，觀之也熟；農瑣餘隙，條其大者，為書
> 八篇……吾之言非一人之私言也，後之人苟有因吾言而行之者，又
> 何異乎吾之自行其言乎？是故其書不可不留也。（《留書‧自序》，《全
> 集》冊11，頁1）

後來在《明夷待訪錄‧題辭》中又說：

> 余常疑孟子一治一亂之言，何三代而下之有亂無治也？乃觀胡翰所
> 謂十二運者，起周敬王甲子以至於今，皆在一亂之運，向後二十年
> 交入「大壯」，始得一治，則三代之盛猶未絕望也。前年壬寅夏，條
> 具為治大法，未卒數章，遇火而止，今年……冬十月，雨窗削筆，
> 喟然而歎……亂運未終，亦何能為大壯之交！吾雖老矣，如箕子之
> 見訪，或庶幾焉。豈因夷之初旦，明而未融，遂祕其言也。（《全集》
> 冊1，頁1）

而其後人黃嗣艾亦說：

> 虜慕中國禮教，略能進任人才，有統一治安之傾向。公每言：「有一
> 人出，不以一己之利為利，而使天下受其利；不以一己之害為害，
> 而使天下釋其害，吾寧君焉而已。以天下為主，君為客也，能獨一
> 人一姓私哉。」（《南雷學案‧卷一‧本傳》）

據此等文字，可見梨洲之政治思想並不計較於一時的朝代興亡，並非一人或
一姓的「私言」，其係著眼於「為治大法」，欲作為未來致治的參考，故本質
乃對人類生存與延續的冷靜省思，超越單一時空的局限，為「政治」這一事
物建立永恆、普遍的指南。然則此一普遍意義的指南是什麼呢？殆即以揭示
人間政治的終極理念為其關懷的核心，以下即詳說之。

（二）君職、臣道、法意的探討

梨洲在其最重要的政治學著作《明夷待訪錄》一劈頭就對君主的職分說：

〔註3〕本文所使用之「道德文化義涵」的政治理念，誠如口試時徐師漢昌所指出的，
太過費力而不利閱讀。但本人仍然不知如何改成更精潔而又充分攜帶此義的
表達方式，所以只好暫且沿用，唯請讀者多多諒解。

有生之初，人各自私也，人各自利也，天下有公利而莫或興之，有公
害而莫或除之。有人者出，不以一己之利爲利，而使天下受其利；不
以一己之害爲害，而使天下釋其害。此其人之勤勞，必千萬於天下之
人。夫以千萬倍之勤勞，而己又不享其利，必非天下之人情所欲居也。
故古之人君，量而不欲入者，許由、務光是也；入而又去之者，堯、
舜也；初不欲入而不得去者，禹是也。豈古之人有所異哉？好逸惡勞，
亦猶夫人之情也。後之爲人君者不然。以爲天下利害之權皆出於我，
我以天下之利盡歸於己，以天下之害盡歸於人，亦無不可。使天下之
人不敢自私，不敢自利，以我之大私爲天下之大公……視天下爲莫大
之產業，傳之子孫，受享無窮。……古者以天下爲主，君爲客，凡君
之所畢世而經營者，爲天下也。今也以君爲主，天下爲客，凡天下之
無地而得安寧者，爲君也。是以其未得之也，屠毒天下之肝腦，離散
天下之子女，以博我一人之產業……其既得之也，敲剝天下之骨髓，
離散天下之子女，以奉我一人之淫樂……然則爲天下之大害者，君而
已矣。向使無君，人各得自私也，人各得自利也。嗚呼！豈設君之道
固如是乎！……既以產業視之，人之欲得產業，誰不如我？攝緘縢，
固扃鐍，一人之智力不能勝天下欲得之者之眾，遠者數世，近者及身，
其血肉之崩潰在其子孫矣。……明乎爲君之職分，則唐虞之世，人人
能讓，許由、務光非絕塵也；不明乎爲君之職分，則市井之間，人人
可欲，許由、務光所以曠後世而不聞也。（《明夷待訪錄·原君》，《全
集》冊1，頁2～3）

此中所述許由、堯、舜諸人讓位的理由，或許不合歷史事實，但並不妨害其
所藉以傳達的政治思想。他認爲君主的職分在於克制本身人性中之自私自
利、好逸惡勞的欲望，而熱誠無私、辛勞無悔地爲大眾興公利、除公害。然
而我們知道公利的興辦、公害的消除，往往和社會上若干人們的私利相衝突，
於是可知所謂的興公利、除公害，必然在改善大眾物質生活以外，更須包含
著提升每一個人的精神層次，使之改變原先一味自私自利的現狀，否則公益
與公權終將無法落實。是以梨洲截然反對君王變質爲擁有者，將天下視爲個
人的家產而予取予求、爲所欲爲，因爲這不僅妨害眾人各自的生活需求，並
且助長人人對權位的貪取覬覦，造成永無休止的爭奪。

　　顯然地，梨洲主要倒不在於揚棄道德的訴求而改由徇利貪權來說明政治的

本質、或提倡一種人應各得自私自利的新型倫理觀，迥異於傳統倫理，反映出市民階級重視個人價值、追求自由與平等、保衛財產私有權的政治願望，從而具有近代啟蒙思想之意義。〔註4〕相反地，其乃透過理想君主的號召推動，企圖扭轉人間充斥自私自利的原本亂象，達致群體生活共同的幸福，（同時個體的幸福亦在其中而得遂），這樣的幸福，將是貫注道德的安居樂善，而非只是民生富足而已。然而梨洲在這裏關於君主職分的界定，卻始終未明文訂定產生君主的方法、君主執行興利除害的權限，甚至還說：「古者天下之人愛戴其君，比之如父，擬之如天，誠不為過也；今也天下之人怨惡其君，視之如寇讎，名之為獨夫，固其所也」，〔註5〕即在贊成禪讓、革命之外，亦同意尊崇君主為天為父，這似乎暗示只要君主能盡其謀求大眾福祉的職分、畢生為天下經營而不圖己私，則得以擁有極大的政治權能，因此我們可以推論倘若某一家族之數代皆具有此種特質與表現，則梨洲當亦不質疑其世襲執政的權威合法性。〔註6〕於是

〔註4〕 許多學者多有此種傾向的說法，而對梨洲稱道不已。如謝扶雅：《中國政治思想史綱》（台北：正中書局，1970年）頁147～148、吳光〈清初啟蒙思想家黃宗羲傳〉（《全集》冊12，頁157～158）、季學原與桂興沅：《明夷待訪錄導讀》（成都：巴蜀書社，1992年）頁30～33、朱義祿《逝去的啟蒙》頁71～73、溝口雄三《中國前近代思想的演變》頁323～344等等。此種見解固然頗能指明梨洲政治思想的時代氛圍及其在歷史上所造成的影響作用，因此在學術研究上十分具有貢獻；然而若專從梨洲著作的內部來看，梨洲立論亦不必全是由當時的市民或富民階級的立場，當中亦應有對廣大人民的普同關注才是。而陳永明：〈論黃宗羲的政治思想〉，《新亞學術集刊》1979年第2期，頁51～52則已明白指出所謂「有生之初」，非呱呱墜地之時的生命開始，而是人類群體生活的開始，故梨洲只是說在原始社會中人皆先顧自己，不是人生而為人，本性是惡是私，所以他才期望一仁君興利除害，仍是一建立在人的善性的政治學說。又韓經太《理學文化與文學思潮》頁312～313亦謂此種肯定人之可以自私自利的民本思想，恰是出於道德之公心，故不是以否定理學為前提，而是對理學核心精神的一種新發揮。而簡良如：〈黃宗羲《明夷待訪錄》之公私觀——兼與盧梭《社會契約論》之比較〉，《中國文哲研究集刊》2005年9月第27期，頁222～231則指出梨洲對人自私自利的陳述並非人性的定義，否則聖君將根本不可能存在，其「私」係表「各自」，「公」表人群由各自的生活存在狀態進一步邁向為互相結合、扶持的一體存在，故不具價值判斷的意味。據此可知，梨洲所謂無君則人各得自私自利，不過是說人人尚皆能得到其生活上的種種需求與滿足，而生存於此世界，並不是贊許民眾可以做個道德上的自私小人。

〔註5〕 引語見《明夷待訪錄·原君》（《全集》冊1頁3）。

〔註6〕 梨洲在《明夷待訪錄》〈置相〉中認為在古代禪讓之後，天子之子不皆賢而賴宰相傳賢以補救，而在〈學校〉中則謂天子之子年至十五應就學於太學。據之可見其承認君主世襲制，詳見《全集》冊1頁8、12。

可知，梨洲固然十分在意專制下世襲君權的弊病，但其用意並不在眞正處理政治上「政治權力之規範」的大問題，〔註7〕而是落在針對現實中既成的政治型態提出指引的方向，亦即藉由對君主職分之說明，以標舉一超越具體政治現況的「政治理念」作爲君主服膺的原則，不論何種方式（禪讓、世襲、革命……）所產生出的君主皆應恪遵此理念，凡符合此理念者，即爲稱職之君，否則不足爲君。既然如此，我們的討論便不放在辨別梨洲思想中具有多少的民主色彩與近代啓蒙意義，而當進析此種政治理念的特質和內涵如何，這就須轉觀他對「人臣職分」與「法制本意」的見解。

關於臣子的本質，梨洲說：

> 臣道如何而後可？曰：緣夫天下之大，非一人之所能治，而分治之以羣工。故我之出而仕也，爲天下，非爲君也；爲萬民，非爲一姓也。吾以天下萬民起見，非其道，即君以形聲強我，未之敢從也，況於無形無聲乎！非其道，即立身於其朝，未之敢許也，況於殺其身乎！……世之爲臣者昧於此義，以謂臣爲君而設者也。君分吾以天下而後治之，君授吾以人民而後牧之，視天下人民爲人君橐中之私物。今以四方之勞擾，民生之憔悴，足以危吾君也，不得不講治之牧之之術。苟無係於社稷之存亡，則四方之勞擾，民生之憔悴，雖有誠臣，亦以爲纖芥之疾也。……蓋天下之治亂，不在一姓之興亡，而在萬民之憂樂。是故桀、紂之亡，乃所以爲治也；秦政、蒙古之興，乃所以爲亂也；晉、宋、齊、梁之興亡，無與於治亂者也。

〔註7〕 我們知道政治是管理眾人之事，其本質乃是一權力分配的結構，將人群的每一分子納入權利義務的規範中，以運作某種人世生活的秩序，是故權力的來源、分配、獲取、持續、轉移之是否合理正當，便成爲政治思想的一大課題，而尤爲現代人所關注，也因此我們應承認梨洲對此課題的未能正視，確是建構嚴謹政治理論者的一大缺失。比如陳永明〈論黃宗羲的政治思想〉頁53～55即謂民主民權所強調的是執政人的權力須來自人民的賦與，不是能爲民服務、處處以人民福利爲先即是民主民權，梨洲沒有追溯君主權力的來源，只是強調君主的責任，此乃「君責論」，和民主民權相去甚遠，故其要求一特殊才德的天子，而在強調君主的特殊性中，助長了天子地位的提高。而牟宗三《政道與治道》頁166～167亦謂〈原君〉之辨說鬆弛而不嚴整，不得以好逸惡勞說明古人不欲居君位，否則禪讓亦是自私，且將掩蔽家天下之所以人皆知其非而不能除者，其中關鍵在於大權之下所伴生的大利大私；亦即梨洲未能正視此一權力欲的魔性，故雖知公天下之是，而不知如何實現之，雖知家天下之非，而不知如何去除之，此「如何」之構造總展不開。

爲臣者輕視斯民之水火，即能輔君而興，從君而亡，其於臣道固未
嘗不背也。夫治天下猶曳大木然，前者唱邪，後者唱許。君與臣，
共曳木之人也，若手不執紼，足不履地，曳木者唯娛笑於曳木者之
前，從曳木者以爲良，而曳木之職荒矣。嗟乎！後世驕君自恣，不
以天下萬民爲事，其所求乎草野者，不過欲得奔走服役之人。乃使
草野之應於上者，亦不出夫奔走服役，一時免於寒餓，遂感在上之
知遇，不復計其禮之備與不備，躋之僕妾之間而以爲當然……豈知
臣之與君，名異而實同耶？……君臣之名，從天下而有之者也。吾
無天下之責，則吾在君爲路人。出而仕於君也，不以天下爲事，則
君之僕妾也；以天下爲事，則君之師友也。(《明夷待訪錄·原臣》，
《全集》冊1，頁4～5)

梨洲認爲君臣名異實同，君事實上亦是一種臣，〔註8〕君主與諸臣在政治上乃
是性質相同的、分工合作的同事之互助關係，雖其個個的政治職責不同而有
層級高低、指揮與受命的差別，但作爲政治人，其身份地位卻都是立足在相
同的出發點、平等的基礎上，大家都是爲了處理政治事務，達成平治天下、
幫助萬民的目的，才結合在一起以共同奮鬥；彼此並非出於服務私人、謀食
得祿的利害需求，從而構成一種上下不平等的、尊卑分明的、勞資傭雇的主
人與奴僕之權力關係。同樣地，梨洲在這裏仍未說明臣子的人事任免權如何
決定，因此並非著重於討論政治權力的分配及運作，而是藉以倡言所有政治
人物皆應共具的體認：不以化解政治危機來獲取、維護其執政權爲目的，而
以增進大眾實質生活的福祉爲任務，亦即當以天下萬民之憂樂爲其「道」。此
「道」，乃是從政人員在任何情形、壓力下，皆必須堅持固守的最高信念與根
本律則，否則就不足以成爲從政之人。

　　另外，關於法制的原意，梨洲又說：

三代以上有法，三代以下無法。何以言之？二帝、三王知天下之不

───────────────

〔註8〕梨洲《明夷待訪錄·置相》(《全集》冊1，頁8)中亦云：「原夫作君之意，
所以治天下也。天下不能一人而治，則設官以治之。是官者，分身之君也。
孟子曰：『天子一位，公一位，侯一位，伯一位，子男同一位，凡五等。君一
位，卿一位，大夫一位，上士一位，中士一位，下士一位，凡六等。』蓋自
外而言之，天子之去公，猶公、侯、伯、子、男之遞相去；自內而言之，君
之去卿，猶卿、大夫、士之遞相去。非獨至於天子遂截然無等級也。……後
世君驕臣諂，天子之位始不列於卿、大夫、士之間」。

可無養也，爲之授田以耕之；知天下之不可無衣也，爲之授地以桑
麻之；知天下之不可無教也，爲之學校以興之，爲之婚姻之禮以防
其淫，爲之卒乘之賦以防其亂。此三代以上之法也，固未嘗爲一己
而立也。後之人主，既得天下，唯恐其祚命之不長也，子孫之不能
保有也，思患於未然以爲之法。然則其所謂法者，一家之法，而非
天下之法也。是故秦變封建而爲郡縣，以郡縣得私於我也；漢建庶
孽，以其可以藩屏於我也；宋解方鎮之兵，以方鎮之不利於我也。
此其法何曾有一毫爲天下之心哉，而亦可謂之法乎？三代之法，藏
天下於天下者也。山澤之利不必其盡取，刑賞之權不疑其旁落，貴
不在朝廷也，賤不在草莽也……法愈疏而亂愈不作，所謂無法之法
也。後世之法，藏天下於筐篋者也。利不欲其遺於下，福必欲其斂
於上；用一人焉則疑其自私，而又用一人以制其私；行一事焉則慮
其可欺，而又設一事以防其欺。天下之人共知其筐篋之所在，吾亦
鰓鰓然日唯筐篋之是虞，故其法不得不密，法愈密而天下之亂即生
於法之中，所謂非法之法也。……論者謂有治人無治法，吾以謂有
治法而後有治人。自非法之法桎梏天下人之手足，即有能治之人，
終不勝其牽挽嫌疑之顧盼，有所設施，亦就其分之所得，安於苟簡，
而不能有度外之功名。使先王之法而在，莫不有法外之意存乎其間。
其人是也，則可以無不行之意；其人非也，亦不至深刻羅網，反害
天下。(《明夷待訪錄·原法》，《全集》冊1，頁6～7)

很明顯地，這裏仍是以爲立法權出自執政之君王，並未討論到當以何種方式
或機構來處理法令制度的頒訂與修正，其論點仍落在強調設立法制的根本精
神上，亦即須以教養大眾爲本意，而非圖謀保障統治者的私權利益。因此梨
洲雖謂「有治法而後有治人」，但卻不是要建立一套客觀獨立、嚴密完整的絕
對法制，〔註9〕反而主張「度外之功名」、「法外之意」，欲使法令寬鬆，給予

〔註9〕　許多學者如狄百瑞：〈黃宗羲明夷待訪錄之現代意義〉，收於周博裕主編：《傳
　　　　統儒學的現代詮釋》（台北：文津出版社，1994年），頁5～6、15～17；及季
　　　　學原《明夷待訪錄導讀》頁43～44等等，認爲梨洲此與西方重制度、輕人事
　　　　的法治思想相當契合，其欲建立一套根本大法，亦即憲法或政府的基本制度，
　　　　以限制君權，訂定權力運作的規則，作爲國家構成之法及人民權利的保障書。
　　　　本文認爲此等說法恐有過度詮釋之虞，蓋梨洲思想中既無有關於憲法成立過
　　　　程的形式規定（如經由某種民意機關來產生），亦未有憲法中應具的主要內容
　　　　（如對國家主權、人民與元首權利義務的規範），梨洲所言於法實屬空泛，仍

人才更多的政治自由和權能以推動各項事務，這一點固係有鑑於明朝皇帝專攬權柄、苛察群臣而來，〔註 10〕但是其背後實際上含藏著對人性的信心。蓋健全的法制體系正須有「用一人焉則疑其自私，而又用一人以制其私；行一事焉則慮其可欺，而又設一事以防其欺」之類制衡防弊的考量，一旦缺乏此方面的設計，恐將導致姦邪之人玩弄法律漏洞的後果。是故在梨洲所標舉的立法精神中，偏向於提撕掌握政權者放棄貪欲的私心與戒心，回歸君主職責的本分，秉持「惻隱愛人而經營」〔註 11〕的原則，善用本身的立法權能，而有心有才之士便「可以無不行之意」，使得原本因為天下不可無教無養而設訂的法制，不會變相成「桎梏天下人之手足」的強迫、煩苛規定，而是「藏天下於天下」、「法愈疏而亂愈不作」的「無法之法」，以人性中原有的善根為基礎而加以安排養護、引導教化，消除民生物質上的衣食匱乏與行為上的淫亂、心智上的無知，從而達到群體生活的滿足與秩序。

（三）道德化政治的文化氛圍

從以上對梨洲君職、臣道、法意的觀察中，可以發現他將所有政治人物、權力、施為完全收攝到一政治理念之下，於是政治的一切便成為受此理念所引導的工具，為成就此理念而運作、服務。此政治理念即是藉由管理眾人的政治活動，化解人類在群居生活中所表現的利欲之私，謀求全體大眾的共同福祉。

而推究其來源，大抵由於人心實具道德根源，當其與他人相涉、目睹他人的生存狀態時，便不安不忍終處於本身的自私自利，故而外擴其關懷的層次，結合有志才士，以有組織、有系統地改善眾人生活中的具體困難、導正

係儒家重德治的政治思想而已，其固足以作為某種憲法的根本理念，但本身並不是憲法。其實翁瑞廷：《清初三大儒之政治思想》（台北：政治大學政治所碩士論文，1974 年），頁 26～27、29 已指出梨洲所需的法律是一個最低限度的政府功能，而他認為能有這些功能，也就可以滿足了，故並非是想求得法治；而我們總認為制定一套根本法律才能使人人有保障地安心生活，可是在梨洲的時代，法律是治者工具，並不能保護人民，梨洲的反對法律，應該是無誤的，因此他的態度是以人任教，而非以法施治。另外，黃啟霖《黃梨洲與孫中山經世思想之比較研究》頁 113～114 亦謂梨洲提出一客觀的法以保護從政人員，可知其對法的優先性與客觀性問題，已有相當程度地意識及之，但對法的形式意義並未論及，而這具體的形式便是一明確可行的制度。

〔註 10〕比如其《南雷文定後集・卷一・明名臣言行錄序》（《全集》冊 10，頁 50）中曾說：「明之為治，未嘗遜於漢唐也，則明之人物，其不遜於漢唐，明矣。其不及三代之英者，君亢臣卑，動以法制束縛其手足，蓋有才而不能盡也」。

〔註 11〕引語見《明夷待訪錄・原法》（《全集》冊 1 頁 7）。

眾人行為上的種種錯誤為職志；在這樣的行動中，就構成了政治活動，而推動者的道德心得以安頓，接受者亦得遂其身心生活的滿足，公益實現、公心普行，使得民生樂利、大眾幸福，而人類的道德根源亦徹底朗顯其生意於人間的群居生活中。

因此這一理念的實質，即是道德發露於生活，而貫徹為政治。於是道德成為政治的原初動力與終極歸宿，政治失卻本身絕對的獨立性，不再只停留於形成一個權力分配及運作的穩定結構而已，而另有其鮮明崇高的發展方向，朝著全體人類物質與精神的圓滿不斷提升、前進。同時，這一理念係以人類群體的一切物質及精神生活為意，故其範圍必將包括每一個人及其生活的所有層面，人只要是群體的一分子，在此種理念的自覺狀態裏，便不得劃於此種道德意味下的政治活動之外。也就是在這一政治理念之下，生活、政治、與道德，三者一體，無法割裂，形成一個「道德化之政治」的「文化氛圍」，而所有身處其中的人對於一切政治權威、結構、角色、規範、運作、觀念、感情、態度、評價、輿論、理想……，均形成一致的基本共識，而確實地生活在其間。〔註12〕此時的人不再是自然人，而是政治人；政治則已不再只是狹義的政治，而是一種生活型態，是道德性之文化當中的一環。

因此這一政治理念，其義涵乃是道德性的、文化性的。但是顯然此政治理念終究只是理念性質，並非政治實權，故如何落實於群居生活則不得不有待於人們自身的奉行與否，這就成為「制度」與「心術」的問題，亦即一方面以政治制度的設計來落實此理念，一方面以心術的修養來正本清源，以下即分別言之。

二、規劃制度以實現政治理念

（一）照顧民生與灌輸理念

梨洲既以標舉政治理念為重，而我們進一步觀察其種種制度的設計，正是一份試圖體現此理念的國家藍圖，因此在他的諸多構想當中，主要的共同特點即是：「民生的照顧」與「理念的灌輸」。

比如：主張建都金陵的主要理由，係憐惜江南地區之民力竭於輸輓；軍事上，倡議設立自治的方鎮及兵農合一的徵兵制，乃是為了寬緩人民錢糧與

〔註12〕康長健《黃宗羲政治思想之研究》（台北：政治大學政治所碩士論文，1985年），頁88～89已認為梨洲賦予學校重任以建立儒家的政治文化。

力役的徵調；土地賦稅制度上，主張恢復井田、輕稅薄斂，則是爲了養民以免於困瘁；金融財政方面，力言廢止金銀，改以糧米布帛、銅錢、紙鈔爲流通之貨幣，爲的是消除金銀價增而物產下跌以致生民不堪的現象；而政府機關中低階跑腿之事務人員的任用，則主張恢復徵調民力的差役法，以防止胥吏刁難欺壓百姓。〔註 13〕顯而易見地，這些皆是基於照顧民生的角度而來的思維，可說是直接應用其理念的措施。此處比較需要予以討論者，則是梨洲對於灌輸政治理念的重視。

關於灌輸理念，除了藉由賢能宰相的設置以提撕世襲君主的政治理念，所謂「得以古聖哲王之行摩切其主，其主亦有所畏而不敢不從」以外，〔註 14〕梨洲更主張由全面的教育系統著手。他說：

> 學校，所以養士也。然古之聖王，其意不僅此也，必使治天下之具皆出於學校，而後設學校之意始備。非謂班朝，布令，養老，恤孤，訊識，大師旅則會將士，大獄訟則期吏民，大祭祀則享始祖，行之自辟雍也。蓋使朝廷之上，閭閻之細，漸摩濡染，莫不有詩書寬大之氣，天子之所是未必是，天子之所非未必非，天子亦遂不敢自爲非是，而公其非是於學校。是故養士爲學校之一事，而學校不僅爲養士而設也。……東漢太學三萬人，危言深論，不隱豪強，公卿避其貶議；宋諸生伏闕搥鼓，請起李綱；三代遺風，惟此猶爲相近。使當日之在朝廷者，以其所非是爲非是，將見盜賊奸邪懾心於正氣霜雪之下，君安而國可保也。（《明夷待訪錄・學校》，《全集》冊 1，頁 10～11）

此即認爲學校除了具備培養人才的功能，更須肩負影響政治的責任，發揮教化眾人、監督施政、輿論批判的作用，樹立起「正氣霜雪」般公是公非的政治理念以爲引導，而造成一由政府到民間皆「莫不有詩書寬大之氣」的道德性政治之文化氛圍。依梨洲之意，此文化的建構者，是讀書之士人；而此文化氛圍的參與者，則是群居社會中的一切人等。因此接下來一方面必須將士人的學習內容予以導正，使之具有足以承擔、傳遞此建構的真能力；另一方

〔註 13〕 分別詳見其《明夷待訪錄》〈建都〉、〈方鎮〉、〈兵制一〉、〈田制（一）（二）（三）〉、〈財計（一）（二）〉、〈胥吏〉，《留書》〈封建〉、〈衛所〉，及《破邪論・賦稅》諸文。

〔註 14〕 詳見《明夷待訪錄・置相》（《全集》冊 1 頁 8～10）。

面則須加重此等成學之士人的權責，使其確實成爲引領社會之人。

（二）導正士人的學習內容

首先，在導正士人的學習內容方面，比如他認爲各地應廣設學校，〔註15〕而學校中：

> 郡縣學官，毋得出自選除，郡縣公議，請名儒主之……其人稍有干於清議，則諸生得共起而易之，曰：「是不可以爲吾師也」。……太學祭酒，推擇當世大儒，其重與宰相等……祭酒南面講學……政有缺失，祭酒直言無諱。……郡縣朔望……學官講學……郡縣官政事缺失，小則糾繩，大則伐鼓號於眾……若郡縣官少年無實學，妄自壓老儒而上之者，則士子譁而退之。（同上，頁11～12）

由此可窺知學校講學內容必須包含政局時事的觀察和討論，而認識並堅持政治的理想與應然便成爲課題之一。

同時，學校亦須重視各種實務與技能的傳授研習，比如郡縣學校中「有五經師，兵法、曆算、醫、射各有師」，〔註16〕而梨洲又曾在〈瘦菴徐君墓誌銘〉中敘述徐駿聲解決糧稅轉運弊病及田籍丈量問題的表現後，感慨地說：

> 夫儒者，類以錢穀非所當知，徒以文字華藻，給口耳之求，顧郡邑之大利大害，一聽胥吏之爲區畫。胥吏憒於古今，既不能知變通之道，即知之，而又利其上下迷謬，可以施乾沒之智。猛虎在山，藜藿爲之不採，使得如君者落落相望，則天下無不窮之弊矣。君喜急人之難，蓋其才力有餘，溢而爲此，嘗曰：「使吾不逢喪亂，畢志讀書，所爲寧止是哉！」雖然，今之所謂讀書者，又豈君之所欲乎？
> （《南雷文定後集・卷四》，《全集》冊10，頁447）

言下即認爲讀書之人當有解決實際政務問題的知識，從政後始不致全權委於僚吏，而任之上下其手，造成積弊。

此外，梨洲在〈五軍都督府都事佩于李君墓誌銘〉中又說：

> 六朝以門第相高，人物最爲近古。蓋父兄之淵源，師友之講說，朝典國故是非邪正，皆有成案具於胸中，猶如醫者，見證既多，至於治病，不至倉皇失措。單門寒士，所識不過朱墨几案間事，一當責任，網羅衣鉢之下，不覺東西易置，吾浙人往往墮落於時局者，大

〔註15〕詳見《明夷待訪錄・學校》（《全集》冊1頁11～12）。
〔註16〕見《明夷待訪錄・學校》（《全集》冊1頁11）。

> 抵此一輩也。憶昔與馮儼公湖上偶談東林事，其門人率爾問曰：「楊
> 大洪何人也？」儼公正色曰：「汝不知楊大洪先生乎？正復讀書何
> 益。」向若有門第者，寧有是言乎？君姓李氏，諱振玘……父康先，
> 太子少保禮部尚書……君髫年隨任，尚書所接見之人，即能知某也
> 君子，某也小人。一時事變錯互，君子受禍之由，小人傾險之術，
> 君從帳中屏後，耳屬口談，皆足以救舊史之虛實。(《南雷文案·卷
> 六》，《全集》冊 10，頁 298)

此即強調藉由父兄師友的相處以預先熟悉政治生態、政壇文化，間接吸取政
治經驗，以免乍入仕途而落入黨派的欺瞞與網羅，亦當是讀書人學習訓練中
重要的一環。而這種認識並非為日後擇黨營私之用，乃是藉為明辨邪正所需
的資訊，故梨洲又說：

> 聖賢於人，只就事論其理之當然者，如待王驩出弔於滕，只說不必
> 有言，弔於公行子，只說朝廷之禮，未嘗以其為小人而有絕之之意，
> 不若後世立朝，先分一君子小人之界限，凡事必相齟齬，至成朋黨
> 之禍。此等處恐東漢君子，尚未能到也。(《孟子師說·卷四》，《全
> 集》冊 1，頁 118)

又說：

> 歐陽子曰：「小人無朋，惟君子有之。」吾於東林觀之，以為不然。
> 東林之起不過數十人耳，未嘗有名籍相標榜也。其後以言國本者歸
> 之，以劾閹人者歸之，所謂黨人者，乃小人妄指以實之耳。彼君子
> 未嘗曰：「吾約黨人而言國本也，劾閹人也。」復社乃場屋人習氣，
> 於東林何與？而亦歸之耶？……是故君子必無朋者也。仁義何常之
> 有？蹈之則君子，違之則為小人。黃允稱于郭泰，邢恕學于程氏，
> 苟必曰吾黨人也，則世無小人矣。程頤之於蘇軾，文天祥之於李庭
> 芝，苟必曰非吾黨人也，則世無君子矣。魏忠賢既誅，凡官因魏忠
> 賢者，以國法斷之，可誅者半，可赦者半。其時之君子，居前不能
> 令人輊，居後不能令人軒，徒以空文錮天下之小人，別小人為一朋，
> 真若自以為一朋者，卒使其害至于亡國，則歐陽子之一言誤之也。
> (《留書·朋黨》，《全集》冊 11，頁 10)

其謂從政當以仁義為理念、就事而論事，政治上之君子小人係以其言行是否
直循道德而堅守是非原則來斷定，不當私其黨派而各懷成見、彼此刻意互斥，

此即以道德為主導而超越黨派政團的對立劃分。

綜合以上所述，可知在梨洲心中理想的士人，必須具備政治關懷與政治素養始可，理念與實務皆不得偏廢，方足以承擔道德化政治的文化建構。因此梨洲便極為不滿於科舉制度的禁錮人才，他說：

> 夫人才之難久矣。古之哲王極力以養之，尚且不可多得，今日科舉之法，所以破壞天下之人才，唯恐不力。經、史，才之藪澤也，片語不得攙入，限以一先生之言，非是則為離經畔道，而古今之書，無所用之。言之合於道者，一言不為不足，千言不為有餘，限之以七義，徒欲以荒速困之，不使其才得見也。二場三場，置之高閣，去取止在頭場；頭場之六義，亦皆衍文，去取定於首義。牢籠士子，以循故事，卷數既煩，摘其一字一畫之訛，掛於牆壁，以免過眼，其惡士子，甚於沙石。人文之盛，足瞻氣運。每科限以名額，千取一二，如入大海，士子有望洋而歎耳。三年之中，一歲一科，士子僕僕以揣摩主文之意旨，讀書更在何日？凡此節目，人才焉得而不破壞乎？……以取士而錮士，未有甚於今日者也。(《南雷文定四集·卷三·蔣萬為墓誌銘》,《全集》冊10，頁479～480)

又說：

> 科舉之弊，未有甚於今日矣……《五經》、《通鑑》、《左傳》、《國語》、《戰國策》、《莊子》、八大家……則束之高閣，而鑽研於蒙存淺達之講章……圭撮於低頭《四書》之上，童而習之，至於解褐出仕，未嘗更見他書也。此外但取科舉中選之文，諷誦摹倣，移前綴後，雷同下筆而已。……此等人才，豈能効國家一障一亭之用？徒使天之生民，受其笞撻，可哀也夫。(《破邪論·科舉》,《全集》冊1，頁204～205)

此即批評科舉導致學子以應付死板的考試為生活重心，不能真正廣博讀書、研究知識、依個人特質發展，導致士人見聞狹隘、才學淺薄，徒令人才凋弊、政事不舉、生民受害而已。故梨洲認為取才當寬，在科舉之外，又提出地方人士推薦、學校栽培考核、公卿子弟的特別培養、地方事務的歷練、政府主動徵召、專門的實用技能、特殊言論著作等等多種選拔國家人才的管道；〔註17〕而對科舉本身又加以改革，主張廢棄時文，加試經史子學及時務，作答須先條述眾說而後申以己意，一經錄取則須加以實務訓練，以達到「寬於取則無枉才，嚴於

〔註17〕 詳見《明夷待訪錄·取士（下）》(《全集》冊1頁18～20)。

用則少倖進」的理想。〔註18〕但其中仍堅持不廢經義試士，蓋「先儒之義學，其愈於餖飣之說亦可知矣」，「若罷經義，遂恐有棄經不學之士，而先王之道益視爲迂闊無用之具」，〔註19〕此則顯示梨洲以儒學經典爲政治理念的重要來源。總之，在梨洲的這許多設計中，無非意欲導正士人學習的方向，使其日後眞能成爲實現政治理念的中堅分子。

（三）加重成學士人的引領權責

其次，關於以成學士人爲引領者方面，除了建立各級政府官員定期親至學校接受儒師建言、教導的常規活動，所謂「祭酒南面講學，天子亦就弟子之列」、「學官講學，郡縣官就弟子列」之類以外，〔註20〕更須亟亟改革社會上不良的風氣習俗。比如梨洲說：

> 學宮以外，凡在城在野寺觀庵堂，大者改爲書院，經師領之；小者改爲小學，蒙師領之；以分處諸生受業。其寺產即隸於學，以贍諸生之貧者。二氏之徒，分別其有學行者，歸之學宮，其餘則各還其業。……時人文集，古文非有師法，語錄非有心得，奏議無裨實用，序事無補史學者，不許傳刻。其時文、小說、詞曲、應酬代筆，已刻者皆追板燒之。士子選場屋之文及私試義策，蠱惑坊市者，弟子員黜革，見任官落職，致仕官奪告身。民間吉凶，一依朱子《家禮》行事。庶民未必通諳其喪服之制度，木主之尺寸，衣冠之式，宮室之制，在市肆工藝者，學官定而付之。離城聚落，蒙師相其禮以革習俗。凡一邑之名蹟及先賢陵墓祠宇，其修飾表彰，皆學官之事。淫祠通行拆毀，但留土穀，設主祀之。故入其境，有違禮之祀，有非法之服，市懸無益之物，土留未掩之喪，優歌在耳，鄙語滿街，則學官之職不修也。（《明夷待訪錄·學校》，《全集》冊1，頁12～14）

又說：

> 治之以本，使小民吉凶一循於禮，投巫驅佛，吾所謂學校之教明而後可也。治之以末，倡優有禁，酒食有禁，除布帛外皆有禁。今夫通都之市肆，十室而九，有爲佛而貨者，有爲巫而貨者，有爲倡優

〔註18〕 此處述科舉的設計，詳見《明夷待訪錄·取士（下）》、《破邪論·科舉》，《全集》冊1，頁16～18、205～206。

〔註19〕 二條引文見《明夷待訪錄·取士（上）》（《全集》冊1頁15）。

〔註20〕 詳見《明夷待訪錄·學校》（《全集》冊1頁11～13）。

　　而貨者，有爲奇技淫巧而貨者，皆不切於民用，一概痛絕之，亦庶
　　乎救弊之一端也。此古聖王崇本抑末之道。（同上書，〈財計（三）〉，
　　《全集》冊1，頁41）

這林林總總的主張，大抵欲以學官儒師爲大眾表率，推動善良禮俗，營造理
想的文化氛圍，改變日常生活裏的沽名釣譽、妄議鄙語、奢靡娛樂、陋俗迷
信種種有違風化的社會現象。

　　梨洲又強調應以儒士擔任中央及地方各級政府機構的僚屬佐吏，承辦各
項簿書期會之高級事務，並建立考核升遷的制度，以革除政界中吏治的積弊，
這是因爲：

　　其一，今之吏胥，以徒隸爲之，所謂皇皇求利者，而當可以爲利之
　　處，則亦何所不至，創爲文網以濟其私。凡今所設施之科條，皆出
　　於吏，是以天下有吏之法，無朝廷之法。其二，天下之吏，既爲無
　　賴子所據，而佐貳又爲吏之出身，士人目爲異途，羞與爲伍。承平
　　之世，士人眾多，出仕之途既狹，遂使有才者老死邱壑，非如孔孟
　　之時，委吏、乘田、抱關、擊柝之皆士人也。其三……。（同上書，
　　〈胥吏〉，《全集》冊1，頁43）

意即在一批道德意識不高的人長期把持下，便形成一股壟斷的惡勢力，唯有
另代以異於此種皇皇求利的無賴子之士人，始得免害。

　　言下之意，即謂士人乃是國家中擁有政治才能與道德操守的特殊菁英，
而最能看出梨洲對士人此種特質的說明，則見之於應以文臣節制武將的主張
中。他說：

　　夫安國家，全社稷，君子之事也；供指使，用氣力，小人之事也。
　　國家社稷之事，孰有大於將？使小人而優爲之，又何貴乎君子耶？
　　今以天下之大託之於小人，爲重武耶，爲輕武耶？是故與毅宗從死
　　者，皆文臣也。當其時，屬之以一旅，赴賊俱死，尚冀十有一二相
　　全，何至自殊城破之日乎？是故建義於郡縣者，皆文臣及儒生也。
　　當其時，有所藉手以從事，勝負亦未可知，何至驅市人而戰，受其
　　屠醢乎？彼武人之爲大帥者，方且颺浮雲起，昔之不敢一當敵者，
　　乘時易幟，各以利刃而齒腐朽，鮑永所謂「以其眾幸富貴」矣，而
　　後知承平之時，待以僕隸者之未爲非也。……器甲之精緻犀利，用
　　之者人也；人之壯健輕死善擊刺者，用之者將也。今以壯健輕死善

> 擊刺之人而可使之爲將，是精緻犀利之器甲可以不待人而戰也。（同
> 上書，〈兵制（二）〉，《全集》冊1，頁33～34）

又說：

> 夫天下有不可叛之人，未嘗有不可叛之法。杜牧所謂「聖賢才能多
> 聞博識之士」，此不可叛之人也。豪豬健狗之徒，不識禮義，喜虜掠，
> 輕去就，緩則受吾節制，指顧簿書之間，急則擁兵自重，節制之人
> 自然隨之上下。試觀崇禎時，督撫曾有不爲大帥驅使者乎？此時法
> 未嘗不在，未見其不可叛也。……自儒生久不爲將，其視用兵也，
> 一以爲尚力之事，當屬之豪健之流；一以爲陰謀之事，當屬之傾危
> 之士。夫稱戈比干立矛者，士卒之事而非將帥之事也，即一人以力
> 聞，十人而勝之矣。兵興以來，田野市井之間膂力稍過人者，當事
> 即以奇士待之，究竟不當一卒之用。萬曆以來之將，掩敗飾功，所
> 以欺其君父者何所不至，亦可謂之傾危矣。乃止能施之君父，不能
> 施之寇敵。然則今日之所以取敗亡者，非不足力與陰謀可知矣。使
> 文武合爲一途，爲儒生者知兵書戰策非我分外，習之而知其無過高
> 之論，爲武夫者知親上愛民爲用武之本，不以麤暴爲能，是則皆不
> 可叛之人也。（同上書，〈兵制（三）〉，《全集》冊1，頁34～35）

梨洲以明末流寇攻陷北京之事爲證，認爲武夫空有勇力而不識禮義，故易流
於專擅跋扈、麤暴虜掠、貪利變節，唯有文臣儒生始能從死建義、全節盡忠，
因此須將「安國家、全社稷」的軍政大權交由儒士指揮，使軍人隸爲「供指
使，用氣力」的部下，進而達到「兵書戰策非我分外」、「親上愛民爲用武之
本」的文武合一理想。顯然梨洲欲令軍事活動轉變其原先尚力、陰謀的特質，
提高其水準，成爲服膺禮義親愛之政治理念的工具，所以他在〈明驃騎將軍
瑞巖萬公神道碑〉中說：

> 北都失守，悠悠之口，皆謂不任武力所致，余獨謂不然。尚古兵柄，
> 本出儒術。思陵矯枉重武，其所重者皆粗暴之徒，君死社稷，免胄
> 入賊師者無一人焉，荷戈衷甲，反爲賊用，此專任武力之過也。今
> 觀萬氏，有事則顯忠節，無事則顯儒術，皆卿相之才。有卿相之才
> 而爲武，亦猶咸寧、新建有將帥之才而爲文也。以武夫而謂之武，
> 無乃以場屋邋遢之士而謂之文乎？嗟乎！名實之亂久矣，此世所以
> 受魚爛之禍也。（《南雷文案·卷五》，《全集》冊10，頁225）

此處明言「尚古兵柄，本出儒術」，軍事人員不應是無操守的武夫，而須是顯揚忠節的卿相。由以上可見梨洲對軍人要求一儒術根柢以確保其精神、貞定其行為，此一儒術根柢實即一政治上的道德理念，而此理念的引領者主要即落在成學的儒士身上。

基於這種思想，梨洲遂又有宮廷宦官乃是政治禍根的說法，他說：

> 夫人主之有奄宦，奴婢也；其有廷臣，師友也。所求乎奴婢者使令，所求乎師友者道德。故奴婢以伺喜怒為賢，師友而喜怒其喜怒，則為容悦矣；師友以規過失為賢，奴婢而過失其過失，則為悖逆矣。自夫奄人以為內臣，士大夫以為外臣，奄人既以奴婢之道事其主，其主之妄喜妄怒，外臣從而違之者，奄人曰：「夫非盡人之臣與？奈之何其不敬也！」人主亦即以奴婢之道為人臣之道，以其喜怒加之於奄人而受，加之於士大夫而不受，則曰：「夫非盡人之臣與？奈之何有敬有不敬也！蓋內臣愛我者也，外臣自愛者也。」於是天下之為人臣者，見夫上之所賢所否者在是，亦遂舍其師友之道而相趨於奴顏婢膝之一途。習之既久，小儒不通大義，又從而附會之曰：「君父，天也。」故有明奏疏，吾見其是非甚明也，而不敢明言其是非，或舉其小過而遺其大惡，或勉以近事而闕於古則，以為事君之道當然。豈知一世之人心學術為奴婢之歸者，皆奄宦為之也。（《明夷待訪錄・奄宦（上）》，《全集》冊1，頁44～45）

因為宦官此種「刑餘之人，不顧禮義，兇暴是聞」[註21] 的變態人格心理，一旦以其服侍順從的奴婢角色而凌駕於真正大臣之上，則使政界產生誤解、錯覺，導致規過勉古、道德師友的儒臣，失卻其引領政治理念的功能與擔當，終致「一世之人心學術」，亦即整個政壇、社會、文化的價值標準，扭曲變質為服從於君主私利的淫威。

而對於儒士失卻此種功能與擔當的時代，梨洲是極為痛心的，他曾說：

> 使亂臣賊子得志於天下者，其後之作史者乎！夫紀者，猶言乎統云爾。《晉書》變例載紀，同一四夷也，守其疆土者則傳之，入亂中國者則紀之，後之夷狄，其誰不欲入亂中國乎？五代之君，其地狹，其祚促，與十國無以異也。守其疆土者則世家之，與于篡弑者則帝之，後之盜賊，其誰不欲與于篡弑乎？宋之亡于蒙古，千古之痛也，

〔註21〕引語見《明夷待訪錄・奄宦（下）》（《全集》冊1頁46）。

今使史成其手，本朝因而不改。德祐君中國二年，降，書瀛國公；端宗、帝昺不列本紀，其崩也，皆書曰「殂」；虜兵入寇則曰「大元」。嗚呼！此豈有宋一代之辱乎？而天下恬然不知爲怪也。許衡、吳澄無能改虜收母箕喪之俗，靴笠而立于其朝，豈曰能賢？衡之言曰：「萬世國俗，累朝勳舊，一旦驅之，下從臣僕之謀，改就亡國之俗，其勢有所甚難。」夫三綱五常，中國之道，傳自堯舜，非亡宋之私也，乃以爲亡國之俗，雖曰異語，衡獨不畏得罪於堯舜乎？……中國之與夷狄，內外之辨也。以中國治中國，以夷狄治夷狄，猶人不可雜之于獸，獸不可雜之于人也。是故即以中國之盜賊治中國，尚爲不失中國之人也。……高皇帝平天下，詔修《元史》。當時之臣，使有識者而在，自宜改撰《宋史》，置遼、金、元於〈四夷列傳〉，以正中國之統，顧乃帝之宗之以爲一代乎！……難者又曰：「元之享國也久，其祖父皆嘗爲之民矣，胡得不帝之乎？」曰：元之法律曰：「蒙古人毆漢人，漢人勿得還報；蒙古人毆死漢人者，斷罰出征。」彼方以禽獸加之人類之上，何嘗以中國之民爲民乎？顧中國之人反群焉而奉之。吾聞獵者張機道旁，虎觸機，矢貫心死。有僧道男女舉群至，號哭曰：「殺我將軍！」獵者叱之曰：「爾倀無知，生爲虎食，死爲虎役，今幸虎死，又哀哭之，何故哉？」於是諸倀奔散，不知將軍者虎也。則夫史臣之帝元者，何以異於是！（《留書‧史》，《全集》冊11，頁11～13）

此處認爲元朝等入主中國之邊疆民族不能視爲中國正統，故史書應將其列於〈四夷列傳〉即可，不當載入〈本紀〉，否則無異於爲虎作倀，且謂中國與夷狄乃人獸之別，即使以盜賊治中國，猶勝於夷狄。乍看之下，此乃目睹明亡於清而來的愛國情緒反應，故偏激地以漢族正統自居，未能正視異族入主後在政治上、歷史上已形成巨大影響的事實。但細繹其中的旨意，並不是欲爲亡宋一朝抱不平，而是對「三綱五常，中國之道，傳自堯舜」的堅持、對落實「以中國之民爲民」公平施政的爭取，故斥責夷狄不能與於中國高度道德文明的歷史正統，並批評許衡、吳澄等仕元者未能改變元朝野蠻不合理的統治，已失去大儒賢臣的職分。可見梨洲並非以民族本位的愛國思想去反對外來政權，而是以外來的統治導致中國原本「道德性政治之文化」的倒退才予

以全盤否定。〔註22〕是以梨洲逕將夷狄等同於禽獸，亦不是基於民族仇恨而來的醜化，而是其心中認爲夷狄乃是文明落後、缺乏道德的野蠻人，故對其掌握政權表示深切的痛心。由此可知，梨洲的政權正統觀念，究其實質，仍無異於上文所述之政治理念，而史臣儒士則應自覺地承擔起引領與堅守此理念的責任。〔註23〕我們可以再舉梨洲的一些話爲證，他說：

> 孟子不以利害言，而以志仁爲主，此根本之學也。是時列國求富強者，皆從一己起見，志仁者從民生起見。從民生起見，即泹中國朝秦楚，而無不可；從一己起見，即固有之地，亦在所當損。（《孟子師說·卷六》，《全集》冊 1，頁 146）

又在釋《周易》「革卦」與「渙卦」時說：

> 革有爐鞴之象……器敝改鑄之之爲革，天下亦大器也，禮樂制度，人心風俗，一切變衰，聖人起而革之，使就我範圍以成器。後世以力取天下，仍襲亡國之政，惡乎革？（《易學象數論·卷三·原象》，《全集》冊 9，頁 118～119）

> 上巽下坎，有東風解凍之象。亂離之後，天地閉，賢人隱……當是時，不知幾人稱王，幾人稱帝，聚而爲羣，吾從而渙之……原野厭人之肉，川谷流人之血，吾以不嗜殺人渙之也。（同上，頁 122）

據此可見梨洲認爲政治權力當爲政治理念而服務，故新政權之合理性係建築在能否如東風解凍般解除人民苦難、進而改革舊政權的制度與風氣弊端之上，只要是能「從民生起見」、「不嗜殺人」，「即泹中國朝秦楚，而無不可」，不須計較政權的擁有者爲誰。顯然地，梨洲的政權正統觀，決非愚忠之流或狹隘的國族

〔註22〕 關於此點，可以參看孫寶山：〈以「民族性」重構正統論——黃宗羲對方孝孺的正統論的繼承與發展〉，《中國哲學史》2005 年第 3 期，頁 101～108 的不同意見。

〔註23〕 許多學者認爲《留書》中的正統觀與《明夷待訪錄》的民主啓蒙觀念不類，顯示梨洲政治思想後來有「質的飛躍」之轉變現象。本文因章節體例之限，未能分疏此一問題，但在本文完成之後，筆者已另有專文討論之。該文主要探討梨洲政治性言論中不盡一致的現象；藉由現存的黃氏著作，在觀察其對政治的根本理念、對遺民出處進退的行爲原則和選擇、對清廷統治的認可與保留、對明朝覆亡的深摯情結四個層面之後，發現黃氏的政治信念一貫未變，政治態度與政治意見則有所轉變，但是此種轉變多係在現實環境條件下由其信念而來；因此，梨洲的政治思想在理論建構上，仍可視爲一首尾完整的體系。有興趣的讀者，可以詳見拙作〈黃宗羲政治思想的一貫與轉變〉，《高醫通識教育學報》2008 年 12 月第 3 期，頁 133~149。

主義者。綜上所述，成學士人以其實務與信念的訓練，乃為政治理念的發明者、撐持者、貫徹者、前導者、責成者，梨洲即欲以此種成學士人去改革、指引全部的社會，而非讓士人去適應社會、讓社會來改變成學的士人。

　　以上梨洲的種種制度設計，平心而觀，頗有過度理念化的一條鞭式推衍之弊。〔註24〕此種將生活、教化、道德、政治四者緊密連結，使眾人皆在政治的強烈籠罩下，也正是建構烏托邦理想國式政治思想者常有的通象，而這正也突顯出梨洲政治思想的理念性格，鮮明地表露出其理念化的特質。雖然梨洲的政治藍圖未必能真正實現其政治理念，達致其心中人民幸福的願景，但是當中若干的困難仍然不足以掩蔽思想大勢的光芒，這是因為梨洲不只在於建構道德化政治的文化氛圍，而是始終以道德文化義涵的政治理念為根本之指南，所以即使具體制度設計中出現缺失，也已在理論上預留了修正的可能空間。關於梨洲政治思想的這一層意義，我們必須再探討其於「心術修養」的論說。

三、強調心術以涵養政治理念

（一）以道德心術為政治根柢

　　梨洲制度設計的目的在於實現政治理念，建構出道德化政治的文化氛圍，亦即打造一公心無私的人間社會，是以其制度本身只是手段、過程，並非原初動機與終極歸宿的所在。制度既為工具義，則回歸實際的操作中來看，終將不能完全控制使用者的變異性，使用此工具的人類本身是否真能稱職如分地發揮此工具之極致性能，無有誤用、轉用或破壞工具的情形，將又涉及人自身的問題，非僅是工具上的良窳而已；此外，制度既是工具，則隨時對此工具予以揀擇、反省檢討、調整與更新，使之愈切於實用實效及環境變遷，從而實現目的，乃屬必要者，而欲有此反省修革除卻探討工具本身特性之外，則顯須有賴一超越於工具之上的根本指導原則以為依據，始得知所更新的方向。因此政治思想的討論便不能只停留於制度面的層次，而須進而解決人自身的問題及探究超越的指導原則。關於此點，在梨洲即是「心術修養」的言論。依其意，唯有具備正確的心術修養，才能超越在制度面之上，進而充分應用並指導制度。

〔註24〕關於梨洲政制設計的種種缺失，諸如政治權力核心未予規範、混淆學術教育與政治活動、箝制言論與思想自由等等，可參考前文第一章註釋 10 中的書目，茲不再細論。

比如對於掌握政權的君主及輔政的大臣，梨洲曾以明思宗爲例而批判說：

> 烈皇撥亂反正之才，有明諸帝皆所不及，承熹宗燕穢之後，銳於有
> 爲，向若始事即得公等六七人而輔之，開誠布公，君臣一體，全不
> 隄防，其於致治也何有？……烈皇遂疑天下之士莫不貪欺，頗用術
> 輔其資，好以耳目隱發爲明。陸敬輿曰：「馭之以智則人詐，示之以
> 疑則人偷，然後上下交戰於影響鬼魅之途。」烈皇之視其臣工，一
> 如盜賊，欲不亡也得乎？故蕺山進告，先欲救其心術。（《吾悔集·
> 卷三·光祿大夫太子太保吏部尚書諡忠襄徐公神道碑銘》，《全集》
> 冊 10，頁 239）

> （蕺山）先生之所以告思陵者，歸本德化，不宜急急以兵食爲先務。
> 學術不明，小儒不知治道，往往信不能及。卒之思陵以爲勦寇則必強
> 兵，強兵則必措餉，措餉則必加派，竭生靈之膏血，以奉軍旅之費，
> 豈知驅天下之民，而盡歸于寇，餉無所出而愈不足，兵無所食而愈不
> 強。其無兵無食者，皆于務兵食一念始基之也。思陵亦時憶先生之言，
> 罷而召，召而罷，終不能用，而天下事已去矣，然後知先生之言，爲
> 思陵對證之藥也。其時，爲救時之論者，以爲朝野屬意於先生，先生
> 稍霽其威嚴，則前之陽羨，後之貴陽，不至決裂如是。此說在《孟子》
> 枉尺直尋之喻也。天下人心，方趨于假借，由假借而至于無所不爲，
> 江河日下。先生而假借，一時之國未必不亡，而千古之聖學先亡矣。
> （《子劉子行狀·卷下》，《全集》冊 1，頁 259〜260）

此處謂國君的初念，不可視天下爲私產而恐臣下如盜賊之竊奪，不可以功利
速效之心施政求治，而應君臣一體、開誠布公，歸本於仁義德化，此乃國君
「心術」的大本，[註 25] 而臣子則應堅持此一千古聖學的傳統治道，不應短
視救時而有所苟且妥協；否則若如崇禎基本心態的偏差，自必導致政治人才
的嚴重劣化、與制度決策的顛倒失誤。梨洲又說：

> 天之生斯民也，以教養託之於君。（《明夷待訪錄·學校》，《全集》
> 冊 1，頁 11）

> 天下雖大，萬民雖眾，只有「欲」、「惡」而已。故爲君者，所操甚
> 約，所謂易簡，而天下之理得矣。此欲惡即從吾「如好好色，如惡

〔註 25〕關於蕺山勸諫崇禎重視心術的奏疏，可詳見《子劉子行狀·卷上》，《全集》
　　　　冊 1，頁 215〜216、229〜230。

惡臭」來，以我之好惡，絜而爲天下之好惡，恕也，仁也。聚之、
勿施，以不忍人之心，行不忍人之政也。（《孟子師說‧卷四》，《全
集》冊 1，頁 92）

不仁者，指當時游說之士也，其言無非興兵搆怨之事……諸侯好大
喜功，故彼得進其說。若人主心地清明，則善言易入；心地昏濁，
則邪說自來。猶之滄浪之水，自取其榮辱，非說士之能也。（同上）

此則進一步說明國君之心術，乃是教養生民的責任感、推己及人的道德關懷，
若能明白、樹立此心，則自能分辨、察納並影響臣下言論的善惡是非。這是
政治的源頭，所以又說：

聖賢之道，未有不從源頭做起。故平天下必始於明德，如導河自積
石，導江自岷山，然後沛然莫之能禦。君心猶積石岷山也，此處不
通，則橫流汎濫矣。武侯誠後主以宮府，宣公勸德宗以推誠，皆此
意也。嘗見先師之告烈皇，必歸本德化。……此蓋凡爲事君者皆當
如此，即言用人行政之失，未嘗不以此意行之，令君心自悟，豈謂
諫爭者別有一道？（《孟子師說‧卷四》，《全集》冊 1，頁 99）

予嘗讀本朝奏疏，而歎諸臣之不敬其君也。夫諫者，寧僅行己之言
爲得乎？逆料其君不若堯舜，不能納正言，而以庸人之所共由者庶
幾吾君，於是濟以機智勇辨，而行吾之諫。諫即行乎，終將凍解於
西而冰堅於東，霧釋於前而雲滃於後，是使其君終身不聞正論也。
吾謂諫者，亦唯是堯舜之所行者，即吾君之所能行也。一時諫或不
入，其君終畏其言而不敢自恣，未必不行之於數十年之後，若是者，
可謂之敬君矣。（《南雷雜著稿‧皇明中憲大夫太僕寺少卿贈太嘗寺
卿松槃姜公墓誌銘》，《全集》冊 11，頁 43）

這裏強調「平天下必始於明德」，人臣唯有能以最高的政治典範，亦即堯舜之
道來諫君，令君心自悟自正者，才算是敬君，別無其他取巧的作法。

除了申明君臣皆應有此正確的心術以外，梨洲《思舊錄》中又記：

陳龍正……拜（蕺山）夫子於舟中，投書一卷，言：「天下之風氣，
操於紹興。今之利病，無不操於書辦。爲六部各衙門書辦者皆紹興
人，書辦之父兄子弟皆在紹興。使爲郡縣者能化其父兄子弟，則在
京之書辦亦無不化矣。」余覽之曰：「迂論。」夫子曰：「今之人誰
肯迂者！」余甚悔其先言。（《思舊錄》，《全集》冊 1，頁 369）

可見人間政治的正本清源之道，即在於採行看似迂闊不切實際的作法：逐漸地去普遍地感化人心。蓋梨洲認爲人心乃治亂之所繫。例如對於康熙十三年浙江四明山寇禍亂數百里一事，他轉述並認同諸敬槐之見解說：

> 余請言今日致亂之故乎：數十年來，人心以機械變詐爲事。士農工商，爲業不同，而其主於賺人則一也。賺人之法，剛柔險易不同，而其主於取非其有則一也。故鏌鋣之藏於中者，今而流血千里矣。饕餮之火，炎而焚舍；踰牆之穢，幻而穿掌；川瀆並決而莫之塞，游獷蹂稼而莫之禁也。是豈一朝一夕之故哉！蓋人心如鏡，今日之禍，影現於鏡中者已數十年矣，又何怪其然乎？先生嘗謂余曰：「胡致堂有言：『天之立君，以爲民也；君之求臣，以行保民之政也；臣之事君，以行其安民之術也。故世主無養民之心，則天下之賢人君子不爲之用；而上之所用者，莫非殘民害物之人矣！』數語可榜朝堂。」嗚呼！今之世向若以先生之心爲心，又何至於如是乎？（《南雷雜著稿‧諸敬槐先生八十壽序》，《全集》冊 11，頁 67～68）

此即以爲寇亂乃是長期以來人心皆以機械變詐之欺騙爲時尚的必然結果，而君臣若能有養民之心以行保民安民的政術，則自不至於如此。由此可見梨洲所賦予政治上之君臣養民、保民、安民的責任內容，實以引導人民使之皆具道德意識爲最終歸宿，亦即政治的理想乃是道德之實現。所以梨洲由人皆自私自利出發，而期以一群能具道德心術的從政人員爲之施政倡導，使人人能不隨順其自私自利之本性，由物質上之各自安足不爭，進而無有機械變詐之居心，以達致太平之可能。

至此可知，心術是超越於制度層次之更根本的政治要素，執政者以其道德心術爲根柢，才能吸收志同道合之士，進而更相砥礪，形成工作團隊，從而推展各項有益生民的措施，形成道德社會的風氣；亦即唯有在心術既正的前提下，始有人才舉用與制度執行之可說，否則兩者莫不淪爲殘民害物的東西，而不能成爲實現政治理想的工具。

（二）以道德心術提升政治事功之層次

道德心術既作爲理想政治的根源與目的，從而具有端正政治人物與制度政策的關鍵性地位之外，又是指示、導引現實政治的最高原則，而使現實政治能有不斷進化的契機。關於此義，梨洲說：

> 戰國之君，但知有利不利，故策士得行其說。以利不利說之，則兵

可罷；以仁義說之，則兵未必可罷。然而孟子必欲以仁義易利者，兵不罷，則害在人身；唯利自視，則害在心術也。(《孟子師說‧卷六》，《全集》冊1，頁145)

事君治民，須從堯舜以上來，方有本領。今人只將秦漢以來見識，零星補湊，所以頭出頭沒。(《孟子師說‧卷四》，《全集》冊1，頁89)

人唯志在事功，則學無原本，苟可以得天下，則行一不義，殺一不辜，亦且為之矣，其成就甚淺。(同上，頁107)

即謂從政者為大眾謀福祉的政治心念，高於政治實務成效問題的迫切性，心術必先確立仁義的道德原則，政治才有根柢，功績始可真有巨大成就；若只著眼於一時事功利益之上，終不過是短視治標的小格局。〔註26〕

梨洲又繼續以南宋特重事功的永嘉學派為例而闡述說：

永嘉之學，教人就事上理會，步步著實，言之必可使行，足以開物成務。蓋亦鑒一種閉眉合眼，矇瞳精神，自附道學者，于古今事物之變，不知為何等也。夫豈不自然，而馴致其道，以計較億度之私，蔽其大中至正之則，進利害而退是非，與刑名之學殊途而同歸矣。此在心術，輕重不過一銖，茫乎其難辨也。(《宋元學案‧艮齋學案》，《全集》冊5，頁56)

此言政治固然應在實務層面上講求具體可行的功效，但是政治人員的心術本原卻不能植基於此而謂為已足、不能一味地以功利為至上，須在利害的考量外，更有大中至正之是非的道德原則以為根本，如此之下的種種功利才能逐漸會合而開創理想的政治新局。又說：

止齋謂：「功到成處便是有德，事到濟處便是有理，此同甫之說也。如此，則三代聖賢枉作工夫。功有適成，何必有德？事有偶濟，何必有理？此晦庵之說也。如此，則漢祖、唐宗賢于僕區不遠。」蓋謂二家之說，皆未得當，然止齋之意，畢竟主張龍川一邊過多。夫朱子以事功卑龍川，龍川正不諱言事功，所以終不能服龍川之心。

〔註26〕關於此點的例子，如：梨洲曾批評北宋朱光庭見理未明而彈劾蘇軾犯上不忠，徒造成洛蜀黨爭之誤；及評論其友人魏子一在流寇攻破北京後，企圖連結流寇陣營中的反正分子以起義，因而遲遲未以身殉國，招致他人以叛國中傷一事，乃是為經濟功利之學所誤。二事分別詳見於《宋元學案‧劉李諸儒學案》(《全集》冊4，頁335)與《撰杖集‧翰林院庶吉士子一魏先生墓誌銘》(《全集》冊10，頁404)。

> 不知三代以上之事功與漢唐之事功迥乎不同。當漢唐極盛之時，海
> 內兵刑之氣必不能免，即免兵刑，而禮樂之風不能渾同。勝殘去殺，
> 三代之事功也，漢唐而有此乎？其所謂功有適成、事有偶濟者，亦
> 只漢祖、唐宗一身一家之事功耳，統天下而言之，固未見其成且濟
> 也。以是而論，則言漢祖唐宗不遠于僕區，亦未始不可。（《宋元學
> 案·龍川學案》，《全集》冊 5，頁 224）

此言在政治實務之上，尚須有最崇高的政治理念以爲引導、作爲目標，須知
政治不是爲了打造一部超級的國家機器以絕對穩定地運作著，而是要達到三
代的理想典範，形成一物質與精神皆善的社會才是究竟。也就是政治問題不
能只是簡單地還原於、停留在政治本身，而須提升至道德的、文化的層次，
政治才得其價值與意義，才足以成其爲政治。梨洲在這裏對於政治事功與道
德心術的分判，實質上並不是反對事功、盲目地推崇道德，而是要確立事功
的工具性、暫態性與道德的目的性、永恆性，在道德的引領下，賦予事功明
確的方向，以事功的積累與突破來逐漸改善現實政治而進化於理想境界，成
就最偉大的事功。

　　所以梨洲又對王霸進行分辨，他說：

> 王霸之分，不在事功而在心術。事功本之心術者，所謂「由仁義行」，
> 王道也；只從迹上模倣，雖件件是王者之事，所謂「行仁義」者，
> 霸也。不必說到王天下，即一國所爲之事，自有王霸之不同，奈何
> 後人必欲說「得天下方謂之王」也！譬之草木，王者是生意所發，
> 霸者是剪綵作花耳。（《孟子師說·卷一》，《全集》冊 1，頁 51）
> 霸者只在事功上補湊，王者在心術上感動，民之應之，亦截然不同。
> 「驩虞」者，民爲法制所縛，無爭鬪作亂之事；「皞皞」則孝弟忠信，
> 相感而化，所謂「必世而後仁」者是也。王者未必不行霸者之事，而
> 霸者不能有王者之心，就如漢唐之治，當其太平之時，民自驩虞，終
> 不免於雜霸。三代之治，即其末也，故家遺俗，流風善政，尚有王者
> 氣象。後世之民，但有啼號愁慘，求驩虞亦無矣。王者吾不得而見之，
> 得見霸者斯可矣。（《孟子師說·卷七》，《全集》冊 1，頁 151～152）

王道、霸業、後世，分別概括政治成效的三種高下境界，彼此的本質差別來
於內在道德心術的有無程度，而尚不在於制度政策之外在枝節的異同上。霸者
只有行爲標準上的規範，王者則有深入人心的道德感化，然而後世現實政治令

人失望，若能降格以求，霸者也已足堪安慰，這實是沉痛的反諷，言下之意，政治應懸格甚高，當以王道自期，豈可畫地自限，竟止於霸業。梨洲此處的王霸之辨，說的是事功本身不具絕對的價值與意義，它只是一種中性的工具、一種外在的表現，須賴道德心術來判定其價值與意義、而給其地位，故云「王霸之分，不在事功而在心術」、「王者未必不行霸者之事，而霸者不能有王者之心」，倘若純以機巧居心用事，即使結果誠然有功於天下，梨洲亦認為是「絕無儒者氣象，陷於霸術而不自知者」。〔註27〕然而更進一層來看，草木開花與剪綵作花，二者或許形貌一致，但不是眞花同於假花，而是假花像眞花、眞花自是眞花，是故「王者未必不行霸者之事」，其意並非謂王者採行霸者的施政行事，而實是霸者亦偶同於此等作為。所以梨洲又強調說：

> （祝世祿）謂「主在道義，即蹈策士之機權，亦為妙用」，此非儒者氣象，乃釋氏作用見性之說也。古今功業，如天空鳥影，以機權而幹當功業，所謂以道殉人，遍地皆糞土矣。（《明儒學案‧泰州學案四》，《全集》冊8，頁107）

由此可見心術正者，其所施行一皆於正，不會採用違背道德的手段。一時功業乃暫存的痕跡，過眼即逝，永恆的歸宿只落在道義，一旦確定了目標，則一切實現的方法、工具，亦因之而限定，不可能假手機權一類的異質之物。故知制度政策之實務事功，其創製與擇用皆受道德心術的規範，受其指導而開展、而進步。

（三）道德心術與事功百業一體不二

既然道德心術能指引政治而成就眞正的大事功，則此指引不應是消極地被援引於政治界中的應用，而是主動的介入以要求體現貫徹其本身，否則心術作為政治的指引便不是最高的唯一原則，而建構政治者便尚有其他的進路可求。於是心術與事功兩者間乃是一體不二的關係，亦即不僅是建立眞事功者，必先具有道德心術；而且是凡有道德心術者，必欲亦必得建立眞事功。關於此點，梨洲說：

> 天地以生物為心，仁也；其流行次序萬變而不紊者，義也。仁是乾元，義是坤元，乾坤毀則無以為天地矣。故國之所以治，天下之所以平，舍仁義更無他道……「未有仁而遺其親者也，未有義而後其君者也」，

〔註27〕第二則引語見《明儒學案‧南中王門學案三》，《全集》冊7，頁718。

> 正言仁義功用，天地賴以常運而不息，人紀賴以接續而不墜，遺親後
> 君，便非仁義，不是言仁義未嘗不利。自後世儒者事功與仁義分途，
> 於是當變亂之時，力量不足以支持，聽其陸沉魚爛，全身遠害，是乃
> 遺親後君者也。(《孟子師說・卷一》，《全集》冊 1，頁 49)

此謂仁義乃維持天地家國秩序，亦即支配、支撐現實政治的根本規律、力量。凡有仁義之人，自必接續人紀使之不墜，從事於政治事功的奮鬥，決不漠不關心社會現況。

　　既然仁義與事功彼此實未分途，梨洲便反對何瑭謂「儒者之學應以言語威儀禮樂刑政之類爲急、不當以性命本原爲先」的思想，他說：

> 以本原性命非當務之急，若無與乎修齊之事者，則與清談何異？修
> 齊之事，無乃專靠言語威儀、禮樂刑政歟？眞可謂本末倒置矣。(《明
> 儒學案・諸儒學案中三》，《全集》冊 8，頁 473)

蓋對內在道德的體會不是與外在事功無關的清談，眞事功即由道德心術而來，當以明白心性爲本爲先。梨洲又舉例說：

> 嘗觀古今學術不能無異同，然未有舍體而言用者。所謂體者，理也。
> 宋儒窮理之學，可謂密矣，姚江尚疑其在物爲支離，而歸之未發之
> 知以爲宗旨。文定公淵源於羅整菴，與姚江議論不合，其學在有明
> 爲別派，而其議論以靜虛爲本，事物未交，收斂至密，求放心之說，
> 雖濂洛不能易也。姚江未嘗言用，而其事業非捧土揭木者之所能爲。
> 文定公未嘗言用，而鑒達治體，事該軍國，青史不可沒也。(《南雷
> 文案外集・張母李夫人六十壽序》，《全集》冊 10，頁 666～667)

此言能明瞭性理之爲治體，則事功之用便在其中，不論是心學派的王陽明或理學派的張邦奇，其人學術主張容有不同，但皆是有道德之體則自然有軍國事業的成就，決不可別倡無體有用之高調。所以梨洲說：

> 古之君子，有死天下之心，而後能成天下之事；有成天下之心，而
> 後能死天下之事。事功節義，理無二致。今之君子，以偷生之心，
> 行嘗試之事，亦安有不敗乎？……夫事功必本於道德，節義必原於
> 性命。離事功以言道德，考亭終無以折永康之論；賤守節而言中庸，
> 孟堅究不能逃蔚宗之譏。(《南雷文定後集・卷一・明名臣言行錄序》，
> 《全集》冊 10，頁 50)

事功與節義，二者皆屬外顯，事功乃外在的政治功績，節義則爲外現的政治

操守。梨洲認爲外顯的事功節義皆必原本於內在的道德性命,而道德性命亦未嘗離於事功節義之外而自立一格。又說:

> 自仁義與事功分途,於是言仁義者陸沉泥腐,天下無可通之志;矜事功者縱橫捭闔,齗舌忠孝之言:兩者交譏,豈知古今無無事功之仁義,亦無不本仁義之事功。(《南雷文定四集·卷三·國勳倪君墓誌銘》,《全集》冊 10,頁 485)

此處「無無事功之仁義,亦無不本仁義之事功」之語,道出事功與道德本自一體,無有分野,可謂是梨洲對事功與道德二者關係的結論。又說:

> 道無定體,學貴適用,奈何今之人執一以爲道,使學道與事功判爲兩途。事功而不出於道,則機智用事而流於僞;道不能達之事功,論其學則有,適於用則無,講一身之行爲則似是,救國家之急難則非也:豈眞儒哉!(《南雷文定五集·卷三·姜定菴先生小傳》,《全集》冊 10,頁 607)

於茲可見眞正的政治人物乃融合事功與道德爲一體者,重事功而不爲寡頭之事功,須由義理本原而來;重道德而不爲無用之道德,須有實務績效的表現。

梨州又大加申明說:

> 從來議從祀者,自七十二賢之外,有以經師入者,則左邱明以下二十人是也;有以傳道入者,則周、程、張、朱以下是也,是固然矣。余以爲孔子之道,非一家之學也,非一世之學也,天地賴以常運而不息,人紀賴以接續而不墜。世治,則巷吏門兒莫不知仁義之爲美,無一物之不得其生,不遂其性;世亂,則學士大夫風節凜然,必不以肯以刀鋸鼎鑊損立身之清格。蓋非刊注《四書》,衍輯語錄,及建立書院,聚集生徒之足以了事也。上下千古,如漢之諸葛亮,唐之陸贄,宋之韓琦、范仲淹、李綱、文天祥,明之方孝孺,此七公者,至公血誠,任天下之重,砥然砥柱於疾風狂濤之中,世界以之爲輕重有無,此能行孔子之道者也。孔子曰:「始吾於人也,聽其言而信其行。」彼周、程、張、朱,不當事任,其行未大光,然由其言,而其行可信也。七公有其行矣,反不可信其人乎?七公不過學孔子之學,以有其行,豈別有所授受出於孔子之外,而自立一門戶乎?抑孔子之學,闒茸拘謹,止於自爲,不與治亂相關,凡古今震動之豪傑,一概溝而出之歟?是故七公之不與從祀,甚可怪也。或曰:「從

祀者辨之於心性之微，不在事爲之跡。」余應之曰：數公堅強一學，百折不回，浩然之氣，塞乎天地，其私欲淨盡矣。若必欲閉眉合眼，曚憧精神，澄心於無何有之鄉，此則釋氏之學，從祀者從求之《傳燈》之中矣。昔朱子、陳同甫義利王霸之辨，不能歸一，朱子既不能紬同甫，同甫亦終不能勝朱子。同甫所以不能勝朱子者，必欲以天理全然付於漢唐之君，不以漢唐之臣實之也。漢唐之君，不能如三代；漢唐之臣，未嘗無三代之人物。以天理把捉天地，故能使三光五岳之氣，不爲龐裂，猶如盲者行路，有明者相之，則盲亦爲明。朱子謂「漢唐專以人欲行，其間有與天理暗合者」，謂盲者爲暗合則可，謂明者爲暗合則不可。漢唐以下之人臣，明者無代無之，此七公者，則醇乎其醇者也。百錬之金，芒寒色正，而可謂之暗合乎？蓋由後來儒者，視孔子門牆窄狹，行焉比跡，誦必共響，名節重於國事，莫肯硬著脊梁，肩此大擔，徒以亢陽勝氣，齟齬於事變之來，只討便宜做去。此是許由、務光相傳遯世之學，孔子之所謂逸民者，而吉凶同患之學亡矣，故視此七公者，皆等之爲外道。嗟乎！七公之從祀爲小，使彌綸天地之道，不歸於孔子，其害可勝既乎？（《破邪論・從祀》，《全集》冊1，頁193～194）

在這裏梨洲建議諸葛亮、陸贄等七人應得從祀孔廟，以彰顯孔子學術重視事功與氣節之一面，並澄清世俗僅以研究典籍的經學及辨析心性的理學來局限儒學的誤解。依其意，心術與政治不得分爲截然二物，以爲政治不必涉及心術固非，以爲心術可以不包攝政治亦非。蓋歷代名臣烈士，或施政以使人民崇仁義而得生遂性，或標舉節操以砥柱於板蕩之中，這些與政治治亂緊密相關的具體行爲，乃是「浩然之氣，塞乎天地，其私欲淨盡」時當然表現的結果，是自覺的道德承擔，決非一時盲目偶然的暗合天理。是以由理學家周、程、張、朱諸人之所言，一當事任，其行必即諸葛、韓、范諸人之所爲；由諸葛、韓、范諸人之所爲，推原其至公血誠，無異於周、程、張、朱諸人之心性修養；兩者皆爲孔子之學，並非別有授受、各成門戶，其歸趨均在於對具體政治做出改善與貢獻。

其實何止是學術儒者、政界儒臣如此，梨洲又曾讚美孝順友愛而重振家業的商人倪國勳說：

四民之業，各事其事，出於公者，即謂之義；出於私者，即謂之利：

故不必遠才易務也。……府君經緯於既衰之後，有光上世，可不謂
之事功乎？有其事功以成孝友，可不謂之仁義乎？家猶國也，豈可
以一家之事而小之？……易士爲商，業雖異名，其道則一，孝友共
稱……。（《南雷文定四集・卷三・國勳倪君墓誌銘》，《全集》冊 10，
頁 485～486）

這裏認爲家國同理，乃至於社會上各行各業的民眾各依其天賦專長而恪守其
職，皆立基於同一公心關愛的道德原則，則俱是事功中之一種。據此可知，
梨洲的事功並不局限在政治方面，亦即其心中的政治實乃人類生活的全部，
而一切的生活經營都與道德動機一體同在，彼此互通貫串，並不具有各自異
質的畛域。

（四）心術的實質與梨洲政論的價值

　　由上所述，可見梨洲所謂的心術（或心地、人心之類），實即指其人對道
德文化義涵的政治理念，具有真切而徹底的認同。因之，此心術不是只以個
人品性的修持爲對象之單純的、狹義的道德意識，而是綰合政治、道德、與
文化爲一體的積極性、廣泛性的關懷意識，故在此種特殊的心術之下，總與
政治活動密切同處，更包括所有的人類及其生活的各層面，而必欲形成社會
風氣，並不斷地昇華，朝向最圓滿的人間福祉。同時，這種認同不只是理智
上的認知而已，而是深層的意識、滿心的服膺、永不背離與暫忘的、由衷熱
烈地去私行公的。可是任何的制度、教化、師長、同儕、環境種種的控制、
薰受與提攜，在理論上固然可以保證身處其間的人人充分認知此政治理念，
在實際上也有增益長養其人對此政治理念的熟稔與服從，但究竟不能確定此
一認同的必然挺立於其心中而指引其一切念慮行爲，（此猶如我人可以教小孩
明辨善惡，並鼓勵他善善惡惡，但他是否真地行善去惡，則實際上又有個人
自由意志的不確定因子）。所以這份認同在本質上終是一「個人的心術修養」
問題，這就必須訴諸自我的良心自證，不能一概推給團體制度、生活氛圍之
類；而顯然地，此認同實又爲此政治理念能否貫徹實現之最根本、最初始的
關鍵所在，無之則一切總歸落空、難免打折。因此梨洲便不能冀望一上天賜
予的天生聖王，能首先地有此認同而後影響他人，亦不能只說明此政治理念
的內容爲何即謂已足，亦不能只是設計一套制度來訓練培養，而必又諄諄言
及「心術」層面，以作爲政治的本原與歸宿，更謂「體者，理也」、「本原性
命」乃「當務之急」、諸葛亮諸人都是「私欲淨盡」的「百鍊之金」，而進入

理學的範圍。蓋理念的認同所需的心術上修養，唯有仰賴以體會道德天性、確立價值根源、明辨善惡、克治私欲爲擅場的心性之學，才比較有眞正的可靠性可期。於此我們已可約略見到梨洲理學思想與其政治思想間並非不相干的兩個獨立領域，而前者實是後者的核心基礎。

　　總結本節所論，梨洲的政治思想首先能正視政治是一門獨特的實務，人必須講求此實務的研習與訓練始能運作政治而得事功；然而政治實務上的客觀知識與技能，畢竟須待一崇高政治理念之引領，才能去弊生新，邁向理想境界；而此政治理念的關鍵則繫於人的一段眞心、眞情、眞意的撐持，這份眞情實意則是來自道德感動、文化關懷，亦即對道德文化的認同情操。

　　最後，可再附帶一提的是，正因爲梨洲不只停留在制度實務的層次，而提出一貫注眞心眞情的崇高理念，故能超越於任何特定政治型態之上，具有普世的價值與意義，從而對於其他的政治思想及行動家們，便具有精神的感召作用而爲一汲取不盡的啓發靈源。

　　比如同時的顧亭林已有「百王之蔽可以復起，而三代之盛可以徐還」〔註28〕之感，而後來清末民初的維新派、革命派，民族、民權或民生主義的倡導者，皆引之爲先聲，〔註29〕乃至於今日的政治人物亦在政治場合裏提及梨洲。〔註30〕

〔註28〕引語見顧炎武《顧亭林詩文集・亭林佚文輯補・與黃太沖書》頁238。
〔註29〕比如梁啓超《中國近三百年學術史・五》說：「我們當學生時代，實爲刺激青年最有力之興奮劑。我自己的政治活動，可以說是受這部書的影響最早而最深……光緒間，我們一班朋友曾私印許多送人，作爲宣傳民主主義的工具。」及《清代學術概論・六》說：「梁啓超、譚嗣同輩倡民權共和之說，則將其書節鈔，印數萬本，秘密散布，於晚清思想之驟變，極有力焉。」；又譚嗣同《譚嗣同全集・仁學・三一》言：「君統盛而唐虞后無可觀之政矣，孔教亡而三代下無可讀之書矣。乃若區玉檢於塵編，拾火齊於瓦礫，以冀萬一有當於孔教者，則黃梨洲《明夷待訪錄》其庶幾乎！……生民之初，本無所謂君臣，則皆民也。民不能相治，亦不暇治，於是共舉一民爲君……君末也，民本也……夫曰共舉之，則且必可共廢之。君也者，爲民辦事者也；臣也者，助辦民事者也。」；另外吳相湘：《孫逸仙先生》（台北：傳記文學出版社，1971年），第一冊下，頁129～130載　國父孫中山先生在海外奔走革命事業時，亦隨身攜帶《明夷待訪錄》之〈原君〉、〈原臣〉二文。其他在清末受梨洲影響者尚多，如：維新志士宋恕《六字課齋卑議・自敘印行緣起》說：「得見大儒黃梨洲氏之書，且喜且泣曰……苟有權力者咸克以黃氏之說爲體、以顏氏（習齋）之說爲用，則大同其幾乎？豈但小康哉！」；錢玄同〈劉申叔先生遺書序〉說：「自庚子以後，愛國志士憤清廷之辱國、漢族之無權，而南朝巨儒黃梨洲先生抵排君主之論、王船山先生攘斥異族之文，蘊埋已二百餘年，至是復活，愛國志士讀之，大受刺激。……劉君……於是讀黃氏《明夷待訪錄》而作《中國民約精義》，續王

蓋人間的政治不是空洞的理論，而是具體的現實，在不同的時空裏往往有不同的政治型態，可以說所有一切曾經出現或現今存在的型態，沒有一個是絕對完美無憾的，縱使是我們所採信選賢與能的民主制度，實際上已頗淪爲在一籃爛蘋果中挑出比較不爛的，而政黨政治也已頗變相爲權力私欲的明爭暗鬥。顯然人類所亟需的，乃是一改善現實政治的終極方針，在其指導下，期盼能漸入佳境，創造更理想的政治生活。所以梨洲著《明夷待訪錄》，書名「待訪」，當中便有一層深義寄託，即欲後人得此精神以實踐，一如其依此精神去反省明朝制度的得失而思欲補偏救弊，展現出理論勇氣與改革精神，不是亦步亦趨於其一條條的政治主張，而是依此精神理念去爲自己所處的環境去奮鬥、改善，猶如梨洲他爲明清之際的變革所作的努力一般，所以他說「吾之言非一人之私言也，後之人苟有因吾言而行之者，又何異乎吾之自行其言乎」、「亂運未終，亦何能爲大壯之交！吾雖老矣，如箕子之見訪，或庶幾焉。豈因夷之初旦，明而未融，遂祕其言也」，正將自己置入一傳承的脈絡中，欲後人相繼以開創美好的未來，結束亙古以來的人間亂運。

這一精神，對今日而言，同樣是引人深思。〔註31〕因此梨洲政論突越前人的獨創性、價值性主要在對政治的根本理念形成一較完整而鮮明的揭示，我們在批判其種種體制的具體設計之餘，更當著意其間所涵具的此一圭臬性。〔註32〕

氏《黃書》而作《攘書》。」等等。更多激發清末民權、民主、民族主義思想的例子，讀者可以詳見朱義祿《黃宗羲與中國文化》頁 331～352。

〔註30〕比如中國哲學史編輯部：〈溫家寶總理與史曉風先生關於黃宗羲思想的通信〉，《中國哲學史》2005 年第 3 期，頁 5 載中共總理溫家寶於就職演說中提及黃宗羲定律，又與史曉風通信中說天下之大事莫過於梨洲所言的「萬民之憂樂」，他應該謹記這些道理並身體力行。

〔註31〕鄭昌淦：《中國政治思想史》（台北：文津出版社，1995 年），頁 304 已指出梨洲提出君臣應共同爲天下萬民而執政從政，是非常進步的政治學說，直到今天，還沒有那一個國家能完全或真正做到，所以它近於理想，只能是個遙遠的目標。

〔註32〕梨洲屬於孟子以來民本思想之傳統，在政制主張上自必頗有與他人相近者，故其特殊意義不在此等處，於茲不擬詳徵，僅附數例，以見一斑。如其論崇禎皇帝專斷之失，已見於姜曰廣之上疏，詳見《弘光實錄鈔・卷二》（《全集》冊 2 頁 47～48）。如其論應重文臣以節制武臣，已見於劉宗周之諫章，詳見《子劉子行狀・卷上》（《全集》冊 1 頁 217～218、236～237）。又比如方孝孺《遜志齋集・卷三・君職》「天之立君，所以爲民，非使其民奉乎君也……位乎民上者，當養斯民，德高眾人者，當補眾人之不至，固其職宜然耳。君之職在乎養民……如使立君而無益於民，則於君也何取哉」，呂坤《呻吟語・卷一之四》「廟堂之上言理，則天子不得以勢相奪……帝王無聖人之理，則其權有時

第二節　史學思想

　　梨洲對歷史多所著述。比如對《明史》的修撰頗有致意與影響，〔註33〕又甚有考辨古代名物制度及種種史實的興趣，〔註34〕另外又如修撰史書方志的原則提示及組織條例、〔註35〕新史料之應用以訂正史書史實、〔註36〕歷史事件與

　　而屈。然則理也者，又勢之所恃以爲存亡者也」，此等言論與梨洲對君臣職分之規定，義實相通。而熊月之〈論黃宗羲、唐甄反對封建專制主義的民主思想〉，《上海師範大學學報》1979年第3期，頁27～31謂唐甄與梨洲甚多接近之處；又胡楚生〈黃梨洲與呂晚邨——比論黃呂二人之政治思想〉，收於其《清代學術史研究》（台北：學生書局，1988年），頁1～15亦指出黃呂兩人在論設君之意義、君臣之關係、封建與井田方面實甚相近。另外，又可參考本文第一章中所提梨洲政論與東林之關係的文章。

〔註33〕比如全祖望《鮚埼亭集・卷十一・梨洲先生神道碑文》謂：「公雖不赴徵書，而史局大案必咨於公。〈本紀〉則削去誠意伯撤座之說，以太祖實奉韓氏者也。〈曆志〉出於吳檢討任臣之手，總裁千里移書，乞公審正而後定。其論《宋史》別立〈道學傳〉爲元儒之陋，《明史》不當仍其例，時朱檢討彝尊方有此議，湯公斌出公書以示眾，遂去之。其於講學諸公，辨康齋無與弟訟田之事，白沙無張蓋出都之事，一洗昔人之誣。黨禍則謂鄭鄭杖母之非眞，寇禍則謂洪承疇殺賊之多誕。至於死忠之籍，尤多確核，如奄難則丁乾學以牖死，甲申則陳純德以俘戮死，南中之難則張捷、楊維垣以逃竄死，史局依之資筆削焉。〈地志〉亦多取公《今水經》爲考證。」而錢林《文獻徵存錄・卷三・黃宗羲傳》亦言：「宗羲雖不與修《明史》，然史官著作常轉咨之，因起《明史條例》：年月依國史，官爵世系取家傳，參詳是非兼用稗官雜說。是時史館初置，頗引召雅徒凡數十人，鄞縣萬斯同稱一時南董，見宗羲說施行之……又《明史案》二百四十二卷，條舉一代之事，供采摭、備參定也。」。

〔註34〕如考論古代相傳分野之說不可信、《唐書》對唐玄宗及憲宗之死記載不當、孔子生卒歲月、武王伐紂之歲次、二十四節氣乃後起之名、《周官》與《古文尚書》乃僞書、宋元官制職名、衛朴推驗《春秋》日食之誤，及探討鄉射侯制、喪葬禮制等等，分別詳見〈分野〉、〈唐書〉、〈答張爾公論茅鹿門批評八家書〉、〈答陳士業論孔子生卒書〉、〈答朱康流論歷代甲子書〉、〈答萬充宗質疑書〉、〈答鄭禹梅修家譜雜問〉、〈答萬季野喪禮雜問〉、〈答萬充宗雜問〉、〈再答萬季野喪禮雜問〉（收於《全集》冊1頁199～204；及冊10頁170～174、179～181、186～193、195～201）。

〔註35〕詳見《南雷文定五集・卷一・曹氏家錄續略序》、《南雷文案・卷三・再辭張郡侯修志書》、《南雷文定後集・卷一・答萬貞一論明史曆志書》等等，而其《金石要例》亦屬此類。（《全集》冊10頁100、158～159、206；冊2頁255～270）。

〔註36〕如《南雷文案・卷五・明驃騎將軍瑞嚴萬公神道碑》（《全集》冊10頁225）據萬邦孚墓堂之告身文書而斷定朱元璋曾奉韓林兒之年號；如《吾悔集・卷一・謝皋羽年譜遊錄注序》（《全集》冊10頁32～33）據謝翶之詩句以證元人盜掘宋陵當在至元15年等等。

人物的具體批評、〔註37〕當代史料的收錄、〔註38〕及大量編選前人文獻等等，〔註39〕在在皆反映出他對史學的熱烈關注及行動，以至於令人頗有「梨洲學問之旨趣均不出史學之範圍」〔註40〕的觀感。這種種的治史成績自然有其偉大的地位而十分值得注目與稱述。然而它們基本上屬於構著史實本身方面的貢獻，並不是對「歷史」這一事物作出「思想」上較爲特殊精彩的論點；而且向多屬梨洲一生史學活動的表層現象，眞正推動此表現之深層而內在的一股動力亦不僅在此。〔註41〕因此本節的重心，便不擬探究梨洲歷史著作的正誤長短，而是著眼於其史學思想的內在義蘊，亦即其對構成人類歷史存續緜延之精神要素的揭示——「道德性的歷史實感」。以下即逐層析論之。

一、文明危殆不定的歷史觀點

梨洲有一篇長文，涉及其「歷史觀」的基本見解，反映出他對歷史的體

〔註37〕 如《留書·衛所》(《全集》冊 11 頁 11) 論明亡之因在於冗兵拖垮財政。如《明夷待訪錄·建都》(《全集》冊 1 頁 20) 論明亡之一因乃建都燕京而形勢隔絕；如《南雷文案·卷五·巡撫天津右僉都御史留仙馮公神道碑銘》(《全集》冊 10 頁 226) 論明思宗當避亂南都而不應自盡京城；如《南雷文定四集·卷三·大學士機山錢公神道碑銘》(《全集》冊 10 頁 245～248) 論明朝覆亡係因魏忠賢餘黨反撲所致；如《南雷文案·卷九·錢忠介公傳》(《全集》冊 10 頁 559～560) 論南明流亡政府之所以失敗主要由於軍人跋扈而文臣無權。

〔註38〕 梨洲有大量足資爲明末史料的墓志碑銘，如：《南雷文案·卷五·巡撫天津右僉都御史留仙馮公神道碑銘》(《全集》冊 10 頁 226～231)；《南雷文案·卷七·左副都御史贈太子少保謚忠介四明施公神道碑銘》(《全集》冊 10 頁 232～234)；《吾悔集·卷三·光祿大夫太子太保吏部尚書謚忠襄徐公神道碑銘》(《全集》冊 10 頁 234～241)……。又有《弘光實錄鈔》、《行朝錄》等等之作。

〔註39〕 如《明儒學案》、《明文海》、《宋詩鈔》、《宋元文案》、《姚江逸詩》、《東浙文統》、《剡源文鈔》等等。

〔註40〕 此語係謝國楨《黃梨洲學譜》頁 13 中的評語。

〔註41〕 縱觀梨洲的歷史著作，以有關明朝歷史者爲主。其成就甚大，但我們亦不當片面誇大其治史的獨立自發性，應尚有外在環境的條件可言。蓋明朝私人撰史之風本盛，傳記、雜史、筆記作品可謂汗牛充棟，迥異於唐宋人的一般文集，而明清之際重刻和撰述明史者，僅據謝國楨：《晚明史籍考》(台北：藝文印書館，1968 年) 來粗略統計已不下二百餘種，故所謂注重當代人物、事跡、文獻的收錄，與代替史官而考核並保存史實的職志，乃至於寄託故國之思、宏揚民族氣節、總結明亡教訓、褒貶善惡、垂鑑後世、經世致用等等，梨洲應非唯一開創者。總之，本文所欲試圖討論者，乃是梨洲個人比較不與他人雷同的、且成爲其史學骨幹的特殊史學思想所在，故影響梨洲史學的外緣因素雖亦頗值得探究，但非致力之處，僅略作説明於此。

認。該文開頭說：

> 蘇洵曰：「忠之變而入於質，質之變而入於文，其勢便也。及夫文之
> 變而又欲反之於忠也，是猶欲移江河而行之山也。人之喜文而惡質與
> 忠也，猶水之不肯避下而就高也。」余以為不然。夫自忠而之於文者，
> 聖王救世之事也；喜質而惡文者，凡人之情也。逮其相趨而之於質，
> 雖聖賢亦莫如之何矣。(《留書‧文質》，《全集》冊 11，頁 2)

此處概括其基本立場，反對歷史之演化、社會的變遷是來自一般人的好惡，
自然而然地由單純樸素漸趨於文明繁富；相反地，文明進化乃肇基於人類賢
智者之有意識的救世行動，並不是隨順眾人的苟安惰性，且其成果十分脆弱
而不足為恃，一旦大眾不能恪守承繼，則亦不能保證未來的歷史必然朝向此
一文明進化的方向發展。梨洲下文即舉例說明後世種種禮樂制作的日趨簡便
而潦草敷衍，正是文化不必然持續進步的明證。他說：

> 人徒見宮室棺槨輿服俎豆之制，吉凶相見饋食之禮，殷之時備於夏，
> 周之時備於殷，遂以為自忠而入質，自質而入文，由人之喜惡而然
> 也。人誠喜文而惡質與忠，則宮室棺槨輿服俎豆之制宜日趨於煩，
> 吉凶相見饋食之禮宜有加而無已，何以皮弁廢為巾幘，鼎彝廢為陶
> 瓬，易車以乘馬，易贄為門狀？……凡禮之存於今者，皆苟然而已。
> 是故百工之所造，商賈之所鬻，士女之所服者，日益狹陋。吾見世
> 運未有不自文而趨夫質也。(同上，頁 2～3)

接著又將上古中國的文明發達與邊遠民族的落後原始作一對比，進而說明文
明之生發乃聖智之人的努力創制，屬於歷史的偶然現象，倘若不能世代有此
充分的認識，則不易保有此結果，而終退回野蠻；至於落後之族一旦興發此
種自覺而積極建設，亦得日益進步而脫離先前的陋境。他說：

> 當周之盛時，要荒之人，其文畫革旁行，未嘗有《詩》、《書》、《易》、
> 《春秋》也；其法鬥殺，未嘗有禮樂刑政也；其民射獵禽獸為生業，
> 未嘗有士農工賈也；其居隨畜牧轉移，未嘗有宮室也；其形科頭露
> 紒，未嘗有冕服也；其食汙尊抔飲，未嘗有俎豆也；其居處若鳥獸，
> 未嘗有長幼男女之別也。然則同是時也，中國之人既喜文而惡質與
> 忠，彼要荒之人何獨不然與？是故中國而無後聖之作，雖周之盛時，
> 亦未必不如要荒；要荒之人而後聖有作，亦未必不如魯衛之士也。
> 其謂喜文而惡質與忠者，然乎否耶？以三代聖人相續而治，其功不

可爲不久矣。其末王不能守其教者，彼帝辛使男女裸逐，屬王發龍
髰而使婦人裸而諜之，夫非喜質之過乎？然則先王使忠之變而爲
質，質之變而爲文，其勢若此之難也。（同上，頁3）

文章最後則批判《韓非子·十過》由余之語，斥責主張隨順原始儉樸的生活
狀態者，乃是好逸惡勞，不知文明寶貴的戎狄繆誤。他說：

昔者由余之語秦繆公曰：「堯有天下，飯於土簋，飲於土鉶，其地南
至交趾，北至幽都，東西至日月之所出入者，莫不賓服。虞舜作爲
食器，國之不服者十三。禹作爲酒器，縵帛爲茵，蔣席頗緣，觴酌
布采，而樽俎有飾，國之不服者三十三。殷人作爲大輅而建九斿，
食器雕琢，觴酌刻鏤，四壁堊墀，茵席雕文，國之不服者五十三。
君子皆知文章矣，而欲服者彌少。臣故曰：『儉，其道也』。」嗚呼！
由余之所謂道，戎狄之道也，而繆公以爲聖人。天下之爲文者勞，
而爲質者逸，人情喜逸而逸勞，故其趨質也，猶水之就下，子游曰：
「直情而徑行者，戎狄之道也。」繆公之諡爲「繆」，不亦宜乎！（同
上，頁3～4）

在這篇長文裏，梨洲的觀點雖不全然合理（例如將後世的禮儀簡化與器
物便利，視爲文明的退化，而不知此亦正是人類進步的象徵），〔註42〕但是其
重視文化發展的立場則十分明顯。他在這裏所提及的文化不只涉及生活的物
質層面、制度層面，也包括行爲規範、風俗儀式種種的心理教化層面，而認
爲人類歷史文化乃是眾人活動的總和，故其發展不必定總是朝著更高級的方
向前進，這當中須有賴於菁英份子發心創制以獲得關鍵性的突破進展，更有
待於所有人們自動不斷地傳承與發揚，始得以保障人類生活不致於淪爲原始
的動物型態，而能成爲有知識、技術、秩序、倫理的理想社會。顯然地，梨
洲知道前人的活動不必然形成高度歷史文化的結果，且對後來活著的人來
說，未必具有目下即時的感受與明顯作用，如果不能使之轉變成主動的、積

〔註42〕梨洲似乎十分堅信此種觀點，甚至曾說古時一禮一儀皆爲實治實行，而欲其
學生萬充宗參考諸說，舉而措之，以救浙學之弊，（詳見《南雷文案·卷二·
學禮質疑序》，《全集》冊10頁23～24）。然而其《撰杖集·張南垣傳》（《全
集》冊10頁570）則說：「古今之事，後起之勝於前者多矣」，當中又舉烹飪
與車輛之改進、人物畫像之演爲雕塑、園林造景之取法於山水畫爲例證，則
知梨洲也不是一味尊古的迂腐守舊之人，而是以文明教化的高度發展期於當
世。

極的歷史，則人類的現在與未來就未必能由過往得到益處而繼續成長，可能又回到最早的原點，浪費歷代的經營。由此可見梨洲對歷史的根本觀點，即在肯定歷史進化的重大價值，並指出其地位的危殆不可確定性，而強調人類辛勞努力以崇尚文明、克服自身幽暗一面的必要。

既然如此，則我們應進一步了解到底是何種事物使得歷史得以成其進化而不墜，亦即存在何種要素才得以推動前人建基、後人昌繼、而又前後一氣相貫的文化成果呢？顯然這一要件不當求諸於文化表層的成果中，比如物質器具、制度儀式之類，而當另有更深層的內在精神性之感召，始克壓服、排除人性貪惰的黑暗現實以免於生活的下沉淪，否則初民之中即無能有聖王豪傑的自發興起，而古物典制俱在周遭目下，商紂、周厲之徒即不可能遺忘失落而改絃易轍。關於此一要素，梨洲「自忠而之於文者，聖王救世之事也；喜質而惡文者，凡人之情也」之語，即已約略透露一二，蓋既屬救世以超度俗情，則應係道德之心所致。以下即詳說之。

二、維繫歷史進化的道德情操

（一）道德心念的歷史批判

梨洲認為維繫歷史進化、保持文化成果的根本要素即在於人類的一段道德情操。我們知道梨洲論政治時歸根於心術，事實上，他對歷史人物與事件的批判亦復採取道德性的觀點。比如關於南明福王的滅亡，便總結說：

> 帝之不道，雖豎子小夫，亦計日而知其亡也。然諸壞政，皆起于利天下之一念。歸功定策，懷仇異議。馬阮挾之以翻逆案，四鎮挾之以領朝權，而諸君子亦遂有所顧忌而不敢為，於是北伐之事荒矣。迨至追理三案，其利災樂禍之心，不感恩於闖賊者僅耳。《傳》曰：「臨禍忘憂，憂必及之。」此之謂也。嗚呼！南都之建，帝之酒色幾何，而東南之金帛聚於士英；士英之金帛幾何，而半世之恩仇快於大鋮。曾不一年，而酒色、金帛、恩仇不知何在？論世者徒傷夫帝之父死於路而不知也。尚亦有利哉！（《弘光實錄鈔·序》，《全集》冊2，頁1～2）

此處將一切壞政歸因於「利天下之一念」，即君臣人人皆懷一趁天下之動亂而取其私利之心念，終致王朝迅速覆亡。這種取私利於天下國家的想法，在福王表現為重用擁立自己即位的諸臣而對當初反對者猜忌懷仇，在馬士英、阮

大鋮等人則是做出扶植黨羽、打壓異己的行為，在史可法等正義君子則是為求自保而不敢堅持己見地隨順擺布。〔註 43〕而《弘光實錄鈔·卷四》的一段記載說：

> 南都之立，百無一為，止為大鋮殺一周鑣而已。斯時亦有告大鋮者曰：「天下未定，不知為□為賊，公毋專以報復為也。」大鋮曰：「鐘鳴漏盡，吾及時報復，亦何計其為□為賊乎？」（《全集》冊 2，頁 89）

像阮大鋮這種公報私仇、罔顧大局的心理自白正可做為此種心態的註腳。除了提示失去道德的綱維即必毀滅而亦無生存利益可言之外，又如梨洲對熊汝霖勸魯王在拒絕臣服於唐王後亦不可自立稱帝一事肯定說：

> 然則公何不勸監國即真，以繫波蕩之人心？議者以公為迂。……嗟乎！踵百王之末，當陽九之會，帝昰、帝昺何益於運數？監國不稱位號，涉川龕暴，力絕而亡，留此無利天下之心，皎然千古，其視受終如敝蹝也。公之所慮，不亦遠乎！（《吾悔集·卷四·移史館熊公雨殷行狀》，《全集》冊 10，頁 543）

此中則謂魯王只稱監國而不繼位為帝，可以留下救亡之公心昭示人間百代，顯示自己非欲趁國家亂亡之際貪取皇權私利。於茲可見梨洲重視人在行為中應表現一段卓絕精神，不以個人及身的成敗論英雄，使歷史徒為功利計算之地，而應眼光宏遠，以未來的價值性為慮。

　　梨洲這種將歷史批判歸結為「心念」的道德批判，進而又表現為大量地、刻意地表彰社會中善行義舉之各種人物、與流寇攻陷北京及清兵入關後的忠節臣民。〔註 44〕就歷史客觀事實而言，梨洲這種作法並不能完全複現明朝覆亡的社會圖像，如其《弘光實錄鈔·卷三》記載：

〔註 43〕此處所述有關福王一朝的史事，可詳見《弘光實錄鈔》，《全集》冊 2，頁 3～4、7～10、54、67～68、81～84。

〔註 44〕梨洲文集中有大量墓銘碑誌以記述表彰這些人士，茲不贅錄。又此處對梨洲之歷史批判歸於道德批判並致力表彰忠臣，雖似乎僅以《弘光實錄鈔》之資料為討論範圍，但其實在其另兩本現存有關明朝滅亡的史著《行朝錄》與《海外慟哭記》中，以及在《南雷文集》中的若干涉及史事的銘序傳記中，其大旨與評語亦是以顯明君臣行事居心之賢奸為主（如《行朝錄》肯定唐王之用心而稱許其為天生之令主、斥鄭芝龍之私心專擅乃唐王敗亡之元凶、斥方國安與王之仁的爭餉自保乃魯王覆滅之主因等等），本文因限於篇幅，故不擬再引。

崇禎十六年十二月，奉化雪竇山胡乘龍作亂，僭號大猛，改元宗貞，
謂於崇禎去其頭剝其皮也。（盧）若騰遂於二十一日發兵圍雪竇山，
擒之。（《全集》冊2，頁63）

這裏對於民亂只是簡短抄錄史料而已，並未再作出任何按語加以詳述或評論，
而我們由其抄錄也不能於此種人民對明朝統治的極度不滿中看出梨洲已深刻地
體認到明朝覆亡的主因在於大失民心，特別是他在大量地收錄表彰全忠死節者
時，未免予人失於瑣碎而忽略廣大人民心中真正想法的感覺。〔註45〕

　　但是梨洲並不是迂腐地宣揚忠孝節義觀念，其所以刻意表彰節義善行之
人乃因在這種行為中突顯了維繫歷史的道德精神，故梨洲所肯定的，主要不
在於這種行為本身，而在於其精神之影響作用，也就是「維持世教」，有「補
造化」。他曾說：

君子樂道人善，則夫巖穴之下，有一二卓然行事，可以維持世教者，
豈可因其子孫之顯不顯以為去取哉？（《南雷文定五集・卷三・胡雲
峰墓表》，《全集》冊10，頁273）

桑海之交，士之慕義強仁者，一往不顧，其姓名隱顯，以俟後人之
掇拾，然而泯滅者多矣，此志士之所痛也。……元微之云：「天下大
亂，死忠者不必顯，從亂者不必誅。」顧此數行殘墨，所以補造化
者，可不亟歟？（《南雷文定四集・卷三・都督裴君墓誌銘》，《全集》
冊10，頁482～483）

又在釋《周易》「蹇卦」時說：

<hr />

〔註45〕如《弘光實錄鈔・卷四》，《全集》冊2，頁91「北兵渡江，入京口，居民
施振環妻見兵至，挈其女投河」、頁94「溧水汪氏女年十四，聞北兵至，投
石臼湖中」、頁100「雲間二女，一未嫁，投閣赴水；一新嫁，為北兵所掠，
罵不絕口而殺」、頁101「張烈女同母嫂匿於生壙中，事覺，北兵號於外曰：
『出則免死，否則刃將入焉。』母嫂皆出，烈女受刃而死」……書中抄錄
此類事件甚夥，未免瑣屑，且這些事件與其說是表現平民忠愛舊朝，倒不
如說是呈顯戰亂對百姓的掠殺。又頁99沈猶龍建義松江死於鄉紳潛通北
兵、頁101侯峒曾建義嘉定敗於城中人民為北兵內應、頁104吳易建義太
湖因人告變而遭俘……此類敘述起義抗清者之失敗過程中，並未注意到何
以有那麼多的「奸民」不肯合作，而只著墨於忠臣烈士，此作法恐怕並不
能反映時代趨勢。關於此點，嵇文甫〈黃梨洲文集序言〉（《全集》冊11頁
467）、蔡尚思〈從中國思想史看黃宗羲的反君權思想〉（收於吳光《黃宗羲
論》頁249）等已指出梨洲由於本身的階級成見，每涉及農民起義總無好話，
必須予以批判。

> 世道之壞，起於人心。當寒難之時，機械爭勝，天下皆往而不來，
> 靡然降服，唯君子反身修德，固守名教，有干城之象，亦如燕盡降
> 齊城，獨莒、即墨不肯下耳。(《易學象數論‧卷三‧原象》，《全集》
> 冊9，頁115～116)

殆即以人心的道德價值觀有否建立乃歷史治亂之所繫，故少數人在社會動
盪、人欲橫流之際，仍堅持其行為以體現名教，則能樹立正確的價值觀典範，
以貞定人心、感召人群，而起到干城捍衛的作用，使得歷史得以具有撥亂反
正的契機。因此梨洲曾對慈谿一平民少女為救母柩而遭焚死之事件評論說：

> 先是四月之盡，城中菊花盛開，觀者絡繹，不知其為何祥也，至是
> 而有孝女之事。孝女顧委巷中紅女纖兒耳，天地不以其渺末，而氣
> 候為之密移，則夫今日之撐駕天地者，其不在通都大邑之□□貴人，
> 亦明矣。(《南雷文案‧卷七‧王孝女碑》，《全集》冊10，頁252)

姑不論此處牽扯菊開不時的異象以壯其文氣，〔註46〕但觀當中謂少女的孝心
與犧牲乃是「今日之撐駕天地者」，則可知道德性之節操義行一類係貞定人類
生活的基石、維繫社會運作的關鍵。既然依梨洲之意，撐持歷史文化於不墜
的根本要素即其在歷史紀錄與批評中所特地揭出的道德性之心念行為，即所
謂「古今來事無鉅細，唯此可歌可涕之精神，長留天壤」者，〔註47〕則我們
應再探討此種心念行為的實際內涵究係如何。

（二）氣節義行中的道德情操

關於這點，可由梨洲幾篇為明朝遺民所寫的墓誌銘中看出。如其〈謝時
符先生墓誌銘〉中說：

> 君雖不為世用，而燃脂瞑寫，弄墨晨書，藏之縑袟，不以示人，臨
> 卒，悉括所著讓火之，語其子曰：「吾寄身弋釣，無關天壤，紙筆遂
> 多，苟不化為烟雲，恐作災祥耳。」嗟乎！亡國之戚，何代無之。
> 使過宗周而不憫黍離，陟北山而不憂父母，感陰雨而不念故夫，聞
> 山陽笛而不懷舊友，是無人心矣。故遺民者，天地之元氣也。然士
> 各有分，朝不坐，宴不與，士之分亦止於不仕而已。所稱宋遺民如

〔註46〕除了文章修辭的考量外，我們亦不排除梨洲真有以英靈不滅可以感應天地的
　　　　思想，本節下文論汪魏美忠孝至性不受輪迴即為一例，而詳細的討論將留待
　　　　於本章第四節中。
〔註47〕引語見《南雷文案‧卷八‧張節母葉孺人墓誌銘》(《全集》冊10頁370)。

王炎午者，嘗上書速文丞相之死，而己亦未嘗廢當世之務。是故種
瓜賣卜，呼天搶地，縱酒祈死，穴垣通飲饌者，皆過而失中者也。
君之所處，爲得中矣。或者以君之焚書爲惜……自有宇宙，祇此忠
義之心，維持不墜，但令淒楚蘊結，一往不解，原不必以有字無字
爲成虧耳。君之子孫，可置無悲。(《南雷文定後集·卷二》，《全集》
冊 10，頁 411)

此文有二點值得注意：一是忠貞於國的氣節乃天地之元氣而爲維持宇宙者，
〔註48〕一是此氣節之落實爲出處則須視個人身分而定以「得中」。我們先討
論前者，後者則留待後文。

　　按照梨洲的想法，人對自己的家國、父母、親友不能無所關懷牽掛，在
各種的情境中若未能自然由衷地產生相應的憂憫懷念，則「是無人心矣」，可
見遺民的忠義之心係出於當事人的眞情實意，並非受迫於外在壓力的被動表
現。而梨洲又說：

余讀杜伯原《谷音》，所記二十九人，崟崎歷落，或上書，或浮海，
或仗劍沈淵，寰宇雖大，此身一日不能自容於其間。以常情測之，非
有阡陌，是何怪奇之如是乎？不知乾坤之正氣，賦而爲剛，不可屈撓，
當夫流極之運，無所發越，則號呼咇掌，穿透四溢，必中之而後止。
顧世人以廬舍血肉銷之，以習聞熟見覆之，始指此等之爲怪民，不
亦冤乎！……今夫朋友離別，黯然銷魂。顧君亡國破，世祿之家，悽
楚蘊結，不可爲懷，遂絕瞿相之跡，人之常情也。而情之至者，一往
而深，首陽之餓，是肇其端，蹈東海而死，古人有其言未必有其事，
不妨實其事於千載之下，非常情之可得而限也。(《南雷文定後集·卷
三·時褆謝君墓誌銘》，《全集》冊 10，頁 426～427)

據此則遺民的種種激烈行爲並非刻意立異於常人或特意效法古人，而是「情
之至者，一往而深」之下對故國不能忘懷的正氣發越，乃道德與感情相貫爲
一的自覺行動之表現。原來種種忠孝節義的堅卓志氣和壯烈行爲，在其所展
現拋棄一己生死私利的外貌下，其內在乃是一份眞心流露的道德性感情與自
我意志的主體性抉擇。因此氣節義行的實質內涵可謂是「道德情操」，即以道

〔註48〕梨洲常以天地之元氣稱許殉國念國之人，並非一時行文偶然之言，如其《南雷
文定三集·卷二·余恭人傳》(《全集》冊 10 頁 598) 亦以宋亡之文天祥、陸秀
夫、謝翱、方鳳等人，明亡時京邸從亡的許多官夫人等等，「皆天地之元氣也」。

德觀念爲中心所組成之系統化、理智化的情感，而貫注著清晰的自覺反省與熱烈的行動意志，超克了凡人心中黑暗的一面，諸如個人利害、行事成敗的計議之類。此一道德情操原係人類所普遍能具的，只是世人大都受到欲望與習染的蒙蔽而不彰。顯然地，此一融合感情、理智與意志的道德情操決非一時意氣衝動的情緒化反應或勉強而來的瞬間行爲，所以梨洲說：

> 語曰：「慷慨赴死易，從容就義難。」所謂慷慨、從容者，非以一身較遲速也。扶危定傾之心，吾身一日可以未死，吾力一絲有所未盡，不容但已。古今成敗利鈍有盡，而此不容已者，長留於天地之間。愚公移山，精衛填海，常人薿爲說鈴，聖賢指爲血路也。是故知其不可而不爲，即非從容矣。（《南雷文案・卷五・兵部左侍郎蒼水張公墓誌銘》，《全集》冊 10，頁 280）

> 嘗觀今之士大夫，口口名節，及至變亂之際，盡喪其平生。豈其無悲歌慷慨之性歟？亦以平生未嘗置死於念，一旦驟臨，安能以其所無者應之於外？陳同甫傳陳氏二女，長女伸頸受刃，次女受污。後有誚之者曰：「若獨不能爲姐所爲乎？」次女慘然，連言曰：「難，難。」今之士大夫，亦畏其難耳。陳了翁曰：「吾於死生之際，了然無怖，處之有素故也。若處之無素，驟入苦趣，無安樂法。」文山亦云：「遇異人指示以大光明正法，於是死生脫然若遺。」彼大賢之操持若此，何怪乎士大夫爲次女之歸耶。（《南雷文定三集・卷二・桐城方烈婦墓誌銘》，《全集》冊 10，頁 462）

此中即以知其不可而不容已地爲之的「從容」、平生處之有素的「操持」來點明這份道德情操的特質，也就是具足理智與意志的昇華性道德感情，故而免於與情欲功利相糾葛下之紛亂、迷惑、軟弱、艱難的情緒干擾。

此一道德情操的特質既是如此，則其中應又具有超乎一時氣節行事之外的深刻義蘊。關於此點，梨洲說：

> 蓋忠義者，天地之元氣，當無事之日，則韜爲道術，發爲事功，漠然不可見。及事變之來，鬱勃迫隘，流動而四出，賢士大夫歘起收之，甚之爲碧血窮燐，次之爲土室牛車，皆此氣之所憑依也。（《南雷文定五集・卷三・紀九峯墓誌銘》，《全集》冊 10，頁 505～506）

> 白沙子謂：「名節者，道之藩籬也」，程子亦云：「東漢之節義，一變至於道」，蓋道之未融謂之名節，名節已融謂之道，非有二也。（《南

雷文案外集・壽徐蘭生七十序》，《全集》冊 10，頁 659）

他在這裏指出氣節的種種具體表現與道術、事功皆爲忠義的變形；節義乃道之外顯，一變可至於道。亦即推動節義的同一份道德情操，也是推動人類歷史與生活中有價值、有意義的建樹行動的那份道德情操。道德情操在特殊境遇下才激發呈露爲義行氣節，然其本身所能成就者，實不僅止於此而已，所以梨洲〈汪魏美先生墓誌銘〉又說：

> 嘗思宋之遺民，謝翱、吳思齊、方鳳、龔開、鄭思肖爲最著。方、吳皆有家室，翱亦晚娶劉氏，開至貧畫馬，有子同居，唯思肖子然一身，乞食僧廚。魏美妻死不更娶，有子托于弟，行事往往與思肖相類，遺民之中，又爲其所甚難者。道隱言：「盡大地，人未有死者，七趣三世，如旋火輪，皆熾然而生，求不生者了不可得。君即不壽，何患不仙？要以所苦不得無身，則竢君仙後，尚當與予求必死之道。」此言魏美調息長生之非也。道隱之所謂「熾然而生」者，即輪迴之說；所謂「必死之道」，即安身立命于死了燒了之說也。而余之論生死正是相反。天地生氣流行，人以富貴利達愛惡攻取之心熾然而死之，輪迴顛倒，死氣所成。魏美之志如食金剛，終竟不銷，此不銷者不可得死。忠孝至性，與天地無窮，寧向尸居餘氣同受輪迴乎？道隱視此，與萬起萬滅之交感一類，斷絕其種子，則乾坤或幾乎息矣。（《吾悔集・卷一》，《全集》冊 10，頁 382～383）

此處反對佛教以爲生命乃是痛苦的無盡輪迴，而欲追求完全解脫、不受後有的說法。梨洲認爲人的私欲熾盛乃屬死氣，至於遺民的忠孝至性則因其不消退的道德情操而爲天地不息之生氣種子，二者不同。言下之意，即宇宙本身原自的內容並無不妥，並非如佛教所說的乃是錯誤的假合幻象，因之不必離棄。至於梨洲所欲傳達的重點，則是我人應當追求忠節的「生氣」，而斥絕與此相對的富貴利達愛惡攻取之心的「死氣」，以免人類生命的情況竟只是一番起滅顛倒、重複而毫無意義的自然存在之現象，而乾坤亦因之或幾乎息矣。這就顯示道德情操提升並保障人類的生命層次，使其得以通同於宇宙具有明確價值與意義的生生化育，而讓人文世界充滿各種風節、義行、道術、事功的表現，人類才能不斷地應付各種來自人性黑暗面造作後的挑戰與亂象，而保有既有的並創造未來的歷史文化。因此梨洲以爲遺民志行當中的道德情操乃是天地生化的元氣，正點出道德情操的內蘊之大。

（三）道德情操的多元表現形式

　　既然道德情操包涵甚大而為氣節義行的實質內容，則作為我人根本的、崇高的追求所在，當在此情操的本身，而不在某種定型的、刻板的行事表現上。如此則就表彰遺民義人一事而言，與其說梨洲所強調的是義烈殉國的行為本身，不如說所重視的只是此類行為當中的一份道德情操而已。是故梨洲在上引〈謝時符先生墓誌銘〉中才會認為由氣節所發的行為，並不盡然必須採取「種瓜賣卜、呼天搶地、縱酒祈死、穴垣通飲饌」種種激烈的抗爭或自我放逐始可，而須相應於個人具體的身分，得其中道才是，比如一般的前朝士人只須自己不仕新朝即可，不必再有更多的限制與偏執，甚至於出仕亦未必非是。

　　梨洲又說：

> 余嘗謂吾人之應世，種種不齊，時有常變，勢有順逆，德有剛柔，類有邪正，然此中各有自然之天則，惟氣質未融，私意未化，不能虛以適變，不免參以己意，故有形迹可指，不能合夫天德。乾則是純陽，謂之龍德。蓋渾然太虛之體，故能隨時變易，與世推移，宜潛而潛，宜見而見，宜飛躍而飛躍，行乎不得不行，止乎不得不止，自無形迹可指，不露圭角，故謂之無首者此也。（《南雷文定四集‧卷一‧鄭蘭皋先生八十壽序》，《全集》冊 10，頁 677）

此謂人的行為表現只要合乎自然之天則即可，視環境而定其相應之舉止，並非偏執一途而無權變。又說：

> 昔文山入燕，王炎午作〈生祭文丞相〉文，驛途水步，山牆店壁，所在粘之，恐丞相之不死也，宋室遺民，此為最著。然觀其《吾汶稿‧再上參政姚牧菴書》，唯恐其不相容接。是時牧菴分政江省，而炎午累形干請，則是當路之交際，炎午未常絕也。豈其嚴於論人而恕於論己哉！士之報國，各有分限，炎午未便為失。（《吾悔集‧卷四‧憲副鄭平子先生七十壽序》，《全集》冊 10，頁 671）

此即標舉「士之報國，各有分限」的原則來衡量評價遺民出處進退的抉擇。故其對友人鄭鉉在明亡以後變易姓名而不知去向之事即評論說：

> 有疑其慷慨致命、死於鐘鼓者，夫安仁之敗，臺山有疆場之責，尚未即死，君以朝不坐、宴不與，而強參烏合之事乎？有疑其不食周粟而死者，夫夷齊之所以為夷齊，只在窮餓，節如是止矣，豈以沾

沾一死爲快也。有疑其亡命爲僧、隱而不出者，夫敬業、賓王刊章
名捕，君非有是也，何因而亡命？就使爲僧，搥鼓白椎，不能不受
叢林之牽挽矣。君本青雲豪士，志在用世，一擊不中，飄然遠去，
豈復又縈於塵網，以取挨肩疊足之辱乎？（《吾悔集·卷四·鄭玄子
先生述》，《全集》冊 10，頁 568）

他認爲遺民不必刻意爲國戰死、自殺、或避入空門，始得爲全節之人，能如鄭
鉉避地而生活亦爲可取。梨洲又對曾參與抗清而後歸隱藍溪的遺民陸汝和說：

自劉、樊至今千百餘年，國家代遷，陵谷俱變，而藍橋之名如故。
先生亦自其不變者而觀之，將見青牛白鹿之士，攀仙木而拾青橢，
同一旦暮，興亡之感，亦可以釋然矣。（《南雷文案外集·陸汝和七
十壽序》，《全集》冊 10，頁 659）

其謂陸氏可以追步漢代藍橋仙侶劉綱、樊夫人，而釋懷於國家之興亡。此中
認爲須自「不變者而觀之」，而與古人「同一旦暮」，則已暗寓著人類在宇宙
天地之間所建立的某種傳統，乃獨立於、超越於朝代興替之上，而更值得我
人投身其間。所以梨洲進而在〈楊士衡先生墓誌銘〉中說：

當夫喪亂之際，凡讀書者，孰不欲高箕潁之節。逮夫事變之紛拏……
卑者茅靡於時風，高者決裂於方外，其能確守儒軌，以忠孝之氣貫
其終始者，蓋亦鮮矣！此無他，凡故疇新歈，廩假往來，屋廬僮僕，
吾不能忘世，世自不能忘吾，兩不相忘，則如金木磨盪，燎原之勢
成矣。吾於士衡先生，爲得遺民之正也。先生……方欲與諸君子翶
翔王路，澤被生民，而國運終矣……先生數徙以避之，終於不出。
及事定，彈琴賦詩，溫厚和平，人世塵坌之處，未嘗一跡，顧狡獪
之徒，見其不屑事務，多方脅之……橫逆之來，使先生有動於中，
與之較量盈虧，吾知先生必不能遂其志矣。先生當家勢盛時，未嘗
心侈體汰；時移物換，亦未嘗志氣銷沮。其可謂之忘世者乎！……
銘曰：彼炎午之生祭兮，固大義之開陳；其後上書於牧庵兮，何恕
己而刻人。皋羽掛劍於桐江兮，不占故土之一瞵；思肖寄木主於蕭
寺兮，悲飢鬼之蓁蓁。唯先生爲得其正兮，足不越乎榆枌；彼世路
之是非兮，亦相割如吳秦。何必汗漫而遠遊兮，方爲故國之遺民。
（《南雷文定四集·卷三》，《全集》冊 10，頁 467～470）

這裏認爲不必效法王炎午、謝皋羽、鄭思肖等人之執著的激烈行爲，若能「忘

世」，則爲能得遺民出處之正道。所謂忘世，並非對於天下之動亂巨變，一切不管而置身事外，而是無所干進，除卻富貴侈汰、徵逐名利之心，在自己的故鄉平和地、積極地專志於「確守儒軌，以忠孝之氣貫其終始」。

關於這道德儒軌的遺民正道，梨洲〈千秋王府君墓誌銘〉又說：

> 古今來治日少而亂日多，我生不辰，天地幽閉，摯殺移人，猶晝之不能無夜，春夏之不能無秋冬。人未有能處晝而不能處夜，能處春夏而不能處秋冬者。晦明寒暑，無落吾袞葛臥起之事。故鍾石之遷改，在天地間，不過黍稌之播於原隰，刈穫之或銍或鎛也，亦各盡其分而已矣。奈何邂逅風塵，破爲曠劫，舍袞葛臥起之恆，趨猿鶴沙虫之幻。自吾見喪亂之際，衣冠鼎族，詩書阡陌，不循其舊，至使河海之迹，堙爲窮流，似府君從容乎山野之間，檢襟括步，青氈如故，豈非衣冠之準的歟？……銘曰：治亂之運，有經有緯。人生其間，鼎波百沸。以經處緯，百色妖露。甫有著舊，居仁由義。河山雖改，詩書不廢。雕虎焦原，不異平地。深松茂柏，永無憔悴。(《南雷文定三集・卷二》，《全集》冊 10，頁 459)

在此處即從一歷史大洪流的角度來看待一時政治的治亂興亡，將改朝換代的事件置入全體人類大文明、大歷史中，化爲一生存進程中的必然暫態。因此人在動盪之際自應各盡其分，勇於進入火燎之焦原、睨視刁蠻之猛虎，犯難作爲以救亡圖存、保家保國，不得視此重大變故而畏縮或麻木；但更有應傳承之薪火慧命、有應堅守之事業，不可拘執於政權而流轉奔亂、忘其原本、荒廢故步規模，而須「循其舊」、不「舍袞葛臥起之恆」、「以經處緯」，這不變的「經」，則是「居仁由義」、「詩書不廢」。顯然梨洲已超越一家一姓的政權興替，著眼於一恆常久遠的人類繁榮發展問題，而以道德踐履及文化知識的教導傳遞爲人間之根本準的，故認爲遺民不妨由亡國之悲的情感漩渦中躍出，肩負起更遠大的任務。

本於這種「六經在天地而常新」、「不以一死爲究竟」的觀點，〔註 49〕梨洲又肯定能在政權鼎革之際而照護生民者。比如在爲靳太垣作傳時，便於傳中述靳氏對清初入主中國攻戰所獲俘虜奴隸之逃亡者的連坐、八旗勳戚賜地之莊頭竄亂圖籍疆界二事，能運用其職權，分別予以寬減、清查，全活無數

〔註 49〕引語原係稱許張次仲明亡後不死節而研經，見《南雷文定後集・卷三・張待軒先生哀辭》(《全集》冊 10 頁 625)。

生靈，而加以讚美說：

> 今夫一代之立法，不能無過不及，所藉奉法者爲之裁量於其間，使
> 聖賢之精微，常流行於事物，故足以開物成務。此非嵬瑣小儒之所
> 能知也，吾於太垣靳公見之矣。（《南雷文定後集・卷四・通議大夫
> 兵部職方司郎中太垣靳公傳》，《全集》冊 10，頁 586）

其謂靳氏仕清而能折衷潤色清廷的法令偏弊，使人民獲得實質幫助，乃是使
聖賢的精微義理普行於事物，其作用非固執名節的猥瑣小儒所能了解。又如
對李蔭祖賑救水災難民、勦平清初地方盜賊，評論說：

> 嘗觀興王之世，必有不二之臣，以輯安黎庶，故雖鋒鏑倥傯，而此
> 意未嘗不行其間。蓋天以生物之心，寄此一人耳。顧後之儒者，斷
> 絕小文，媟續微辭，閉門聽難，以爲學道，則天地何賴焉？觀公之
> 行事，仁心爲質，摯陰方結，而陽和霍然，其不滅之令蹤，蓋千載
> 如一日也。（《南雷文定三集・卷二・兵部尚書李公傳》，《全集》冊
> 10，頁 595～596）

他在這裏更明白肯定能秉持悲天憫人之仁心出仕清朝，以安定改朝換代裏的苦
難百姓，才是正確的儒者風範，決不可自矜小節而批評用世者，竟棄置生民之
水火於不顧。有了此一思想，梨洲對仕清者便不全盤否定，而對政績良好的官
吏讚美有加：如歌頌馬見五、李長白能於府庫短絀之中調度謀畫，賑救餘姚大
水災，全活無數生靈的仁政嘉績；如稱贊張翼能在清初法令未備的環境中，振
拔汙險，獨樹清官風範，以安定人民，乃是「開國循吏」……。〔註50〕我們從

〔註50〕　分別詳見《南雷文定四集・卷二》〈越州李公救災記〉、〈大方伯馬公救災頌〉
（《全集》冊 10 頁 136～137、138～140），及《南雷文鈔・奉議大夫刑部郎中
深柳張公墓誌銘》（《全集》冊 11 頁 36～38）。其他類此尚多，如《南雷文定
後集・卷三・山西右參政籲之丘公墓碑》稱讚丘俊孫能斡旋其間使清
兵不屠城六合；《南雷文定三集・卷二・參議密庵陸公墓誌銘》表彰陸求可之
減租宏文等政績；《南雷文定後集・卷二・朱止溪先生墓誌銘》讚美朱嘉徵
任官能具惻隱及物之心；《南雷文定後集・卷三・提學僉事來菴袁公墓誌銘》
記述袁時中之憐惜士卒；《南雷文定三集・卷二・御史余公墓誌銘》稱頌余縉
解除人民包荒之苦；《南雷文定四集・卷三・兵部督捕右侍郎西山許先生墓誌
銘》推崇許三禮能格康熙皇帝之君心；《南雷文定四集・卷二・王訥如使君傳》
稱揚王枚革除地方賦稅徭役之積弊；《南雷文定五集・卷三・姜定菴先生小傳》
讚譽劉宗周弟子姜希轍仕清有績乃「庶幾眞儒」……（分別詳見《全集》冊
10，頁 253～255、255～257、412～415、435～436、465～467、455～457、
600～602、607～610）。而這些人中有曾仕明而後仕清者，不全爲始仕即在清

這些「仁心爲質」「以輯安黎庶」、「以開物成務」的地方,可見到梨洲的胸襟與
遠見,他充分認識到人群必須得遂生活的福祉、文化必須保護其成果、歷史必
須不斷地寫下去,生命不能只局限在政權一事之上,當有更恢宏的目的,而這
一思想正和他標舉超越忠於一家一姓之行徑的政治理念,相符一致。〔註51〕

　　總上所言,不論是捨身取義的烈行,還是不慕榮利的隱遁、恪守詩書仁
義的儒軌、生物仁心的施政,雖其抉擇互異,但都顯然是出自一份道德情操
的「各盡其分」之行動表現,因之才值得我人的頂禮肯定。所以梨洲說:

> 不有死者,無以見道之界。不有生者,無以見道之大。賢生賢死,
> 返之心而無害。(《南雷文案‧卷五‧余若水周唯一兩先生墓誌銘》,
> 《全集》冊 10,頁 279)

> 余見今之亡國大夫,大略三等,或齷齪治生,或丐貸諸侯,或法乳
> 濟、洞,要皆胸中擾擾,不勝富貴利達之想,分牀同夢,此曹豈復
> 有性情。(《吾悔集‧卷四‧〈憲副鄭平子先生七十壽序〉》,《全集》
> 冊 10,頁 671)

> 余觀今世之爲遺老退士者,大抵齷齪治生,其次丐貸江湖,又其次
> 拈香嗣法。科舉場屋之心胸,原無耿耿;治亂存亡之故事,亦且憒
> 憒。如先生者,日抱亡國之戚以終其身,是可哀也。(《南雷文案‧
> 卷七‧〈前翰林院庶吉士韋庵魯先生墓誌銘〉》,《全集》冊 10,頁 332)

此即認爲人之出處行事,可生可死,或彰顯維繫歷史之大道的規矩法度,或
弘揚此道的博大精深,然皆須是「返之心」、「有性情」、「終其身」,一出於道
德的情操。然而梨洲又說:

> 國可滅,史不可滅,後之君子,而推尋桑海餘事,知橫流在辰,猶
> 以風教爲急務也。(《南雷文案‧卷七‧旌表節孝馮母鄭太安人墓誌
> 銘》,《全集》冊 10,頁 330)

廷,故知梨洲並不囿限於狹窄的民族意識,只許忠於亡明爲是。

〔註51〕以上梨洲對明遺民的評論,在明清之際亦非特論,其時頗有從經世及延續文
化的角度倡議不必殉國者。有關明遺民在殉國、起義、歸隱、仕清的取向,
其出處之間的心態曲折及時人的各種評價,其在各方面自覺營造此種生存方
式的努力及自我認同逐漸強化的過程,可參考何冠彪《明清人物與著述》頁
95～140、《生與死:明季士大夫的抉擇》,及趙園《明清之際士大夫研究》,
其間所徵引的資料十分詳贍;另外,又可參看王成勉:〈明末士人之抉擇——
論近年明清轉接時期之研究〉,《食貨月刊》1986 年第 15 卷第 9、10 期,頁
435～445,當中主要徵引外國學者的研究。

我們知道道德情操能有各種具有價值與意義的貢獻，而為維繫歷史文化、保障人類未來的根本要素，故梨洲謂我人著史讀史當以風教為急務，其理易明。但是「史」固應體現此道德情操而「不可滅」，只是歷史又如何才能不滅呢？這一問題就涉及由道德情操而來的歷史意識了。

三、道德情操特化的歷史意識

　　道德情操雖能維繫歷史、保存文化、發展未來，但是直接由其而來的種種行動與建構，事實上仍是一種道德本身的反應，而與人類其他的道德行為始終未能有所區別，因之並不足以成就「歷史」這一事物，而只是成就了道德。倘若要確立「歷史」本身的明確自性，則必須再由此一普遍性的道德情操加以特殊限定，使之特化於某些對象中而帶有特徵性才行。也就是在以道德觀念為中心之下，我人對於國家、故鄉、家庭、親友、以至於一切古今與日後人物、作為，種種的真實關懷與不捨蘊結，組成一系統化的、明確的歷史性情感，而更提升到理性自覺與意志承擔的層次，成為一體與共的鮮明意識。如此的意識才能對歷史具有真摯的感受、形成清晰的認識、並引發續建歷史的行動，歷史至此始成其為歷史、成其為我的歷史、成其為人類的歷史，是故這一意識可謂之為「歷史意識」，而其實質內涵，則是由道德而來之一段真情實感的特定化，此點便是梨洲史學思想的結穴所在。關於此義，我們可以看看梨洲的若干著作。

（一）珍現鄉土親故的歷史情懷

　　梨洲在崇禎 15 年（西元 1642 年）偏遊四明山，歸後著《四明山志》，而於康熙 12 年（西元 1673 年）修訂，其中的內容：或敘述古蹟沿革（如白水山祠宇觀由東漢到明代之興廢），或考辨相關史實（如謝安所居之東山在四明不在上虞），或解釋名義（如大小皎山係因產韭而得名），或描寫風景（如雪竇山景緻），或蒐錄歷代詩文（如王安石、曾鞏、樓鑰、戴表元等人有關千丈巖瀑布之詩），或記載傳說異聞（如葉天師講經鎮亭山遇龍王），或考查聞名人物（如大隱山歷有董黯、虞喜、林無隱、楊適等人隱居），或補訂文獻缺失（如《丹山圖詠》誤將翠巖山隸屬四明山西部）。〔註52〕此書在體例上誠有不盡理想之處，比如《四庫全書總目》卷七十六對其提要說：

〔註52〕以上分別詳見《四明山志》卷一及卷五（《全集》冊 2 頁 291、295、325～326、
　　　　300～301、303～304、316、328、400）。

> 宗羲記誦淹通，序述亦特詳瞻，惟所收詩文過博，併以友朋唱和之
> 作牽連附入，猶不出地志之習。又既列名勝，復以「皮陸九題」、「丹
> 山圖詠」、「石田山房」別出三門，其諸門之內，既附詩於各條下，
> 又別出「詩括」、「文括」二門，爲例亦未免不純也。

即指出書中既以景物爲綱領而收錄與該景物有關之文獻，但又另以文獻爲主
體去考辨相關問題或收錄相關文獻，造成敘述重複、層次雜亂的現象，且其
中所錄詩文，並非皆屬佳作，而有粗濫地志之沾染文人習氣的缺點。〔註 53〕
不過梨洲向有保存史料的用心，如其言：

> 寒夜鼠囓架上，發燭照之，則弘光時邸報，臣畜之以爲史料者也。年
> 來幽憂多疾，舊聞日落，十年三徙，聚書復闕，後死之責，誰任之乎？
> 先取一代排比而纂之，證以故所聞見，十日得書四卷，名之曰《弘光
> 實錄鈔》……鈔之爲言，略也。凡書自備而略之者曰鈔。實錄纂修，
> 必備員開局。今以一人之聞見，能保其無略乎？其曰鈔者，非備而鈔
> 之也，鈔之以求其備也。（《弘光實錄鈔·序》，《全集》冊 2，頁 1）

此即是收集並整理史料以爲後來修史揀擇所需之一例。〔註 54〕因此《四明山
志》博收詩文的作法當有保留史料的意思，而不從文學價值高低的角度來考
量。然而此處我們所關心的焦點，倒是梨洲在志中附錄自己及親友的詩文作
品，並不全然只是藉機留名其間、互相吹捧的文人習氣，而是其中還隱藏著
一片人親土親的眞摯情懷。

茲先觀其一段長文，該文中說：

> 唐陸魯望、皮襲美有〈四明山倡和〉，分爲九題。後之言四明名勝者，
> 莫不淵源於是。顧四明非九題所得盡，而尋九題者，又往往不得其
> 處……皆以意相卜度，宜乎其失之遠也。余創《四明山志》，與山君
> 木客爭道於二百八十峰之間，而知所謂九題者，陸、皮未嘗身至，止
> 憑遺塵之言，鑿空擬議。故在陸、皮已不得九題之實，後人憑陸、皮
> 之詩以求九題，其不得遺塵之實又何怪乎！余既考其得失，每題繫以

〔註 53〕如全祖望《鮚埼亭集·外編》卷四十四〈答諸生問南雷學術帖子〉亦謂：「惟
　　　　是先生之不免餘議者則有二……其一，則文人之習氣未盡，不免以正誼明道
　　　　之餘技，猶連連於枝葉，亦其病也」。
〔註 54〕有關邸報的根本性質，有興趣的讀者可以參考吳振漢〈明代邸報的政治功能
　　　　與史料價值〉。

一詩，豈能與魯望、襲美爭秀，然憑虛撼實，使好事者無迷山遞響之
惑，則有間矣……雲南，在桃花坑山之下，奉化之雲南里是也。陸詩
之「巴竇」、「越鳥」，皮詩之「無雁到峰前」，豈可借滇蜀事為點綴
乎。……雲北，近雪竇境。陸詩「金庭如有路」、皮詩「應得入金庭」，
不知金庭在四明之西南，言之於雲南差近，言之於雲北則懸隔矣。……
鹿亭，在大蘭山。《南史》孔祐至行通神，隱於四明山，有鹿中箭來
投祐，祐為之養創，愈，然後去，故於祠宇觀側建鹿亭。陸、皮不原
故事，泛稽物態，引麏穿竹，又何當也？皮詩謂在石窗下，失其地
矣。……劉、樊從大蘭飛升，建祠其所，祠側為樊榭。皮詩「石洞聞
人笑」，大蘭未嘗有石洞也。……青櫺子，今亦無識之者，所謂「味
極甘，而堅不可卒破」者，按以求之，更無一物相似，豈草木之種類
亦有絕歟？陸詩「環岡次第生」，徒虛語耳。……徐鳧山，有鞠侯巖，
以其形似，鑿字名之，攢峰割日，哀瀑崩雲，誠奇地也。皮、陸以「連
臂」、「斷腸」當之，何山無猿，而以此私一四明哉！有以知其不然矣。
是故文生於情，情生於身之所歷，文章變衰，徒恃其聲采，經緯恍惚，
而江淹之雜體作矣。承虛接響，寧獨此九題哉！遺塵發之，而余考之，
千年旦暮，同是南雷之人，相與言南雷之事而已。(《四明山志・卷四》，
《全集》冊2，頁376～378)

這裏是針對唐代詩人陸龜蒙與皮日休僅據四明山隱士謝遺塵的一席話即憑空
想像而作詩歌詠四明山的九項景物，梨洲依據自己親身實地的仔細覆核，指
出皮陸二人之詩並不符合山川地理與遺跡典故之事實，例如桃花坑山的雲南
與滇蜀的雲南毫無關係、鹿亭是因孔祐救鹿而非該處有鹿群居、青櫺子當係
傳說而實無此種植物、鞠侯巖乃因山形似猿猴而非其地常有猿猴出沒……。
而由梨洲「文生於情，情生於身之所歷」、「遺塵發之，而余考之，千年旦暮，
同是南雷之人，相與言南雷之事」的話中，可以看出其所以不辭艱辛「與山
君木客爭道於二百八十峰之間」，乃是一珍視鄉土的歷史情懷，將自身融入這
片土地上的一切人物事跡所構成的文化生命之流中，故孜孜於考索皮陸九題
之實指、並作詩以抒發自己對這些景物之真相誤遭蒙蔽的感慨。這種鄉土的
歷史情懷在其〈化安寺緣起〉中也可以看到，其文說：

化安寺……廢於弘治、正德間，碑碣無存。《縣志》云……宋《會稽
志》云……《宋史・陳槖列傳》……元虞集〈狀餘姚州判黃茂〉云……

> 宋玄僖詩集……有〈懷藍溪許月山化安眞淨源〉……南洲洽《雨軒
> 集》有〈送坦達中住姚江化安〉詩云……自先忠端公賜葬化安山，
> 余每遇諸家文集干涉此山者，即鈔之以爲故事，其所得於寺者僅如
> 此。(《四明山志・卷八》，《全集》冊 2，頁 461～462)

據此梨洲之所以對四明山群中之化安寺，廣錄相關記載，係因父墓之故而對
之別有一份感情所致。因此當其敘述百雲山鳳鳴洞的地貌時，便引錄其父萬
曆 41 年（西元 1613 年）親旅該地的遊記與詩，〔註55〕此在梨洲個人乃是極
爲當然之事。由以上可以推知《四明山志》收錄自己與親友有關四明山之詩
文，當係鄉土正是其自身及親友活動的空間，在其心中，家鄉景物、先賢遺
跡、自身與親友曾經在此的言行活動，一時並在而朗現，成爲不可分割的有
機整體。所以當梨洲說：

> 余家四明山……而吾鄉之人，聞談四明之泉石，未嘗不如嵩、華之
> 不相及也。況於來遊者，雲煙過眼，曾能得其彷彿乎！余往來山中，
> 嘗有詩云：「二百八十峰，峰峰有屐痕。」因以足之所歷，與記傳文
> 集相勘，每牴牾失實。昔蘇子瞻夜登黃樓，觀王定國諸公登桓山，
> 吹笛飲酒，乘月而歸，以爲太白死三百年無此樂矣。嘗疑是言，及
> 觀爲遊者之草草，而後知子瞻之言非孟浪也。……作《四明山志》。
> (《四明山志・自序》，《全集》冊 2，頁 283)

我們便可得知《四明山志》不只是欲作爲四明山之「實錄」〔註56〕而已，而
是在實錄之中貫注著對家鄉、親友、人物與文獻不肯孟浪草草的惓惓深情。

除了《四明山志》外，梨洲重視與其家鄉親友有關之人事物的例子甚夥。
比如不忍家鄉先賢的性情淹沒，而「見諸家文集，凡關涉姚江者，必爲記別，
其有盛名於前者，亦必就其後裔而求之，如是者數十年矣」，終編成《姚江逸
詩》以收錄歷代餘姚一邑之詩。〔註57〕比如因其叔祖黃菊泉爲朱子門人輔廣
所傳之一系，故爲之考索輔廣的事蹟。〔註58〕又編著紀傳體家族簡史《黃氏
家錄》，以輯錄家族各代人物主要事跡；輯選其尚可考見的八位本族祖先之詩

〔註55〕詳見《四明山志》卷一「百雲山」及卷八〈百雲山鳳鳴洞記〉(《全集》冊 2
頁 296～297、454～456)。
〔註56〕靳治荊〈四明山九題詩次梨洲先生韻〉有「不緣公好事，實錄許誰傳？」之
語，見《四明山志・卷四》(《全集》冊 2 頁 386～387)。
〔註57〕詳見《南雷文案・卷一・姚江逸詩序》(《全集》冊 10 頁 10～11)。
〔註58〕詳見《南雷文鈔・輔潛庵傳》(《全集》冊 11 頁 32～34)。

文作品為《黃氏攟殘集》，不任其散失亡佚；〔註59〕編註其父之詩文作品並收錄亡父祠堂的相關墓碑銘與哭祭文；〔註60〕而其弟黃宗會死後亦為之編輯文集。〔註61〕此外，梨洲又著《蕺山同志考》記載其師劉宗周之眾弟子，此書今雖不存，但據所剩的序文顯示其對同門師友之情，不忍諸人名字行事散亡無考；〔註62〕又編輯《交遊尺牘》以存錄友人（如錢謙益、顧炎武等等）所寫來的書信，亦代表其珍重友情的用心；又其早年舊詩集雖不存，但保留艾南英等人為之所作諸序，而說：「存此以識知己之感」；〔註63〕更著《思舊錄》以追懷朋好、雜錄見聞，藉由點滴片段的生活回憶，以抒發寄托內心緜長的思念；〔註64〕甚至在《明儒學案》中亦不相干地乘間流露思友之情。〔註65〕凡此作為，我們固可藉資考查明末的人物事跡，但更可見梨洲不欲為「忍人」的深情，〔註66〕他曾說：

> 余少逢患難，故出而交遊最早，其一段交情不可磨滅者，追憶而志之。開卷如在，於其人之爵位行事，無暇詳也。然皆桑海以前之人，後此亦有知己感恩者，當為別錄。（《思舊錄》，《全集》冊1，頁395）
> 老病廢人，足不履地，四顧無語……枕上想生平交友，一段真情不可埋沒，因作《思舊錄》，皆鼎革以前人物，一百有餘。呻吟中讀之，不異山陽笛聲也。生來無一善狀，而野葛之味，啖之豈僅一尺，因作《年譜》，他日以俟老兄點出，不沒此苦趣耳。（《南雷文補遺·與

〔註59〕 詳見《南雷文案·卷一》〈半山先生詩集序〉、〈景州詩集序〉（《全集》冊10頁13～15）；及《黃氏攟殘集》（《全集》冊11頁74～76）。

〔註60〕 詳見吳光《黃宗羲著作彙考》，頁234～237、257對《黃忠端公集》、《正氣錄》、《忠端祠中神絃曲》諸書之考證。

〔註61〕 詳見《南雷文案·卷一·縮齋文集序》（《全集》冊10頁11～12）。

〔註62〕 詳見《南雷雜著稿·蕺山同志考序》（《全集》冊11頁59～60）。

〔註63〕 見《南雷詩文集附錄·舊詩序》（《全集》冊11頁454）。

〔註64〕 茲舉《思舊錄》中二條以見一斑。如：「倪元璐……甲申之變，自磬而死……先生頗事園亭，以方、程墨調硃砂塗堅牆壁門窗……三層樓……兩旁種竹數千竿，磨有聲……托根百尺之上……先生殉節以後，余再過之，其地已為瓦礫矣」、「韓上桂，字孟郁……始授余詩法，遂引入社……賦新秋七夕詩，余得『秋』字，詩成，為改數字。孟郁贈余詩極多，失去可惜……孟郁豪爽不羈……好談兵略，鬱鬱無所試而卒」。（見《全集》冊1頁342～343、353）。

〔註65〕 如因黃佐而懷念韓上桂、述吳鍾巒之生平而憶其嚴毅之氣等，詳見《明儒學案》〈諸儒學案中五〉、〈東林學案四〉（《全集》冊8頁517、869）。

〔註66〕 《南雷文案·卷一·姚江逸詩序》中說：「復令其性情深淺，無所附麗，文責誰歸？是為忍人。故余與靜岳先生為此選也」（《全集》冊10頁11）。

鄭禹梅書一》,《全集》冊 11,頁 81)

這裏說《思舊錄》蓋緣「一段真情不可埋沒」所作而「開卷如在」,此真情即
是對故國故人的關懷思念之情,而書成以後尚且在病痛呻吟中閱讀,正見其
一生用情的深刻。此處又言及自作《年譜》,以記一生啖野葛般的苦況而「不
沒」。雖然《年譜》後來因水災火災而不存,〔註67〕但是由這一段自述,可以
看出梨洲《思舊錄》與《年譜》的撰作,即在懷人與懷己之中,留下歷史見
證,除了盡力保留史料的意義外,更顯示其自覺地將自己一生的活動亦納入
歷史洪流之中的意識,而這種意識正是基於深厚之歷史性情感的反映。這一
點也可在梨洲晚年病重時寫給其孫女婿的信中看到,他說:

> 年紀到此,可死;自反平生雖無善狀,亦無惡狀,可死;於先人未
> 了,亦稍稍無歉,可死;一生著述未必盡傳,自料亦不下古之名家,
> 可死。如此四可死,死真無苦矣。(《南雷文補遺·與萬承勳書》,《全
> 集》冊 11,頁 84)

我們由「一生著述未必盡傳,自料亦不下古之名家」一語,當可推知其心中
所縈念的是一生成就在人類歷史上的定位,對梨洲而言,古代、自己與未來,
三者乃是一體相續而未曾間隔的。有關這一歷史情感、歷史意識,又比較集
中地表現在《匡廬遊錄》一書中。

(二)古今一體的歷史實感

梨洲《匡廬遊錄》記其順治 17 年(西元 1660 年)遊覽廬山的活動歷程。
此書近於日記體裁,按日述其遊蹤,而以考辨各景物相關之遺跡史事為主(如
白樂天草堂舊址當在東林寺附近、謝靈運欲入蓮社時慧遠已死),間亦描繪山
川之自然景緻(如五老峰形勢、四望臺硫磺雲雨)。〔註68〕此固屬傳統文士所
盛行的風雅行徑,但其中又有一特殊之處,即流露古今一體的歷史感。

梨洲說:

> 廬山既饒水石,而詩如陶、韋,文如歐、蘇,風流如香山、太白,
> 道學如濂溪、晦翁,異教如慧遠、修靜、洪覺範,又復錯落其間,
> 應接不暇,海內寧有兩地!乃粗人之游記,妄子之改額,要人之劖
> 刻,皆足以銷沈名迹,而流俗之傳聞不與焉。然諸妄皆屬後起,一

〔註67〕 此事詳見黃炳垕《黃梨洲先生年譜·叙》(《全集》冊 12 頁 15)。又可參考吳
　　　　光《黃宗羲著作彙考》頁 259～260。

〔註68〕 此四者分別詳見《匡廬遊錄》,《全集》冊 2,頁 484、488～491。

證之於古，便硜然奏節。故以唐證宋，以宋證元，以元證今，予杖
履所及，一二指摘，正不可少……苟得假數月之功，與好事者洗索
崩崖怒瀑，收其遺刻，取山中典故《白鹿洞志》、《東林志》（本寺僧
自暉所集）、《歸宗寺志》、《續志》（僧智瑞集）、《圓通事實》、《廬山
紀事》，一一考正之，後此游者，庶不爲糠秕眯目，亦不得志於時者
之所爲也。雖然，王文成詩：「年來別有閒尋意，不似當年孟浪游」，
夫苟不得此意，縱使循予之言，山中水石一返舊觀，其爲孟浪愈多
耳。（《匡廬遊錄·題辭》，《全集》冊 2，頁 475）

此處可見其力求正確事實，凡古人事跡、文獻紀錄，必還原其正確地點、事
件眞相，此乃史家求眞實之精神表現，可見梨洲的治史興趣。但是又說「苟
不得此意」，即使能「一返舊觀」回復史實，「其爲孟浪愈多」，則其所謂「別
有閒尋意」，當係何指？細觀此書，其中實潛寓亡國之悲。比如：

抵玉川門……門內爲雁山伊精舍。月色明甚，與雁山談至夜分……
雁山，桐城阮氏，言阮大鋮因潘應奎以降，應奎故靳之，大鋮不覺
屈膝，其死也，至青草嶺，見雷介公索命，墮馬碎顱。亡國之事，
豈宜向清泉白石道之！然驅我輩於清泉白石者，不謂大鋮無其力
也。（《匡廬遊錄》，《全集》冊 2，頁 498）

此言阮大鋮等明亡之禍首乃造成今日此遊之一大助緣，正是所謂「不是此番
眞劫數，世間那得見崚嶒」〔註69〕的感慨。又如：

壬寅，過大孤山……泊石鐘山……萬曆中，設關於此，閹人李道領
之。曹能始〈估客曲〉云：「平過小孤石，穩度馬當山；道途何處險？
湖口有新關。」喪亡之禍，豈一朝一夕之故哉。（同上，頁 501～502）

此言明代以宦官掌權而苛民，乃亡國之一因。觀此二段文字則知題辭中說「亦
不得志於時者之所爲也」，蓋爲亡國而發，非泛泛抒鬱而已。

然而《匡廬遊錄》的主調並不僅止於此，書中常可見梨洲於景物、遺跡
與文獻之中，想見古人風流。如其記說：

十月癸未朔，稍霽，行五里，復大雨。冒雨至面陽山，尋陶靖節墓……
過嶺，入康王谷，止民舍。雨歇，土人導之谷簾泉。過景德觀廢址……
觀未廢時，有山月軒。益公云：「下臨大溪，簾水所注，終夜如大風

〔註69〕引語見《匡廬遊錄附詩·贈僧智瑞》，收於《南雷詩曆·卷一》（《全集》冊11
頁 243）。

聲。」朱子夜飲軒中，有「把酒聽鳴泉，相看疾如雨」之詩。徘徊其上，二公之風流，未應便遠。又十五里，方爲第一泉。其旁有雲液泉，子木以爲味在谷簾之上，而益公、朱子皆未及之，何也？返宿民舍。（同上，頁 494）

又如：

丁亥，同智瑞至石鏡谿，其三大字爲黃山谷所書，在溪石上，旁注「紹聖元年六月辛亥同（脫四字）」十三字。然以曆法推之，是年六月庚午朔，是月不應有辛亥，則亥字謂是卯字之誤，惜一時未及細辨耳……溪石剷刻極多，予與智瑞洗索觀之，可辨者有「洪駒父亭上投石至水戲龍」數字，及「石曼卿、郭致純、周來宣同游」題名。駒父乃山谷之甥，其刻或與山谷書「石鏡溪」同一時事也。然則當是時，溪上有亭可知……（同上，頁 497）

又如：

至簡寂觀。觀已敗落，依嶽廟得不廢，在白雲峰下……尋煉丹井，朱子詩「煉藥古井深」，今田間不能二尺也。過度仙橋，問許堅曬衣石，碌碌不辨何者爲是。觀前古木甚多，蘇子由詩「喬松定有藏丹處」，已見稱於昔矣……簡寂東西皆有瀑布，而西瀑尤偉。西瀑之半，有石梁橫空，瀑穿其下而過，張正見〈游簡寂觀詩〉：「三梁澗本絕，千仞路猶通」，蓋謂是也。（同上，頁 500～501）

像這幾段文字裏，梨洲認眞尋訪古人曾經之遺跡，而觀景則與古人行事及詩文結合在一起，顯示出在天地山川之間，處處是文化活動所及之地，而於思古尋古之中，便使古今一脈相承，朗現親切的感情氣氛。在這裏，「剷蘚見題名，情親異代魂」、〔註70〕「按記推尋欣一得，憑他細雨浥衣裳」，〔註71〕古人與歷史不再是文獻裏的死物，而是活生生地與時人同在一無所分別的文化氛圍裏，彼此興味相同、情感相同、願望相同，無有時空隔閡之疏離感、異質感。正是基於這份古今一體的切身實感，因此而特重於尋求古人足跡之所到處，因此而不免思及朝代興亡之事。所以梨洲的考辨，並非僅是出自追求客觀事實與知識的興趣，而是在與古人神會中，銜接歷史，傳承文化慧命。

〔註70〕引語見《南雷詩曆・卷二・達蓬紀遊》（《全集》冊 11 頁 268），此詩雖非爲遊廬山時所記，但其精神實同，而語句簡要傳神，故引之於此。
〔註71〕引語見《匡廬遊錄附詩・白公草堂》（《全集》冊 11 頁 369）。

亦即因有此一歷史感情，遂有此斤斤於澄清史實的作為，而「遊歷」便不僅是一段走馬觀花、參訪典故的閒情逸事、文人風流，乃已成為一種藉由自然景物與人文景觀，尋究、感受並體會歷史的「文化活動」。所以當梨洲寫下：

> 白鶴五峰下，東坡昔獨遊；松陰陰院地，棋響出牆頭。此景恍如在，到來不可求；只餘松一樹，風小不禁秋。（《匡廬遊錄附詩·白鶴觀》，《全集》冊11，頁366）

> 宋武主中華，先生心不然；報韓志不就，醉酒石上眠；曚曨山花中，頭上寫飛泉。吾從栗里橋，決決寒流沿；窮流有大石，居人導之前；攙臂登其上，宋元多題鐫。磊磊澗中石，豈復少貞堅？故為此一塊，獨為人所傳。（同上，〈醉石〉，頁371）

像這樣尋訪蘇軾、陶潛遺跡的詩句，在表面上看來與一般傷今懷古、登臨憑弔之作無大差別，然而我們若注意其中別有一段深厚的歷史情感以為基礎，則〈白鶴觀〉便有今不能存昔之歷史中斷的傷心，而〈醉石〉則是點明自然世界須有人文活動始得脫離其物質狀態而具歷史意義與價值。此種人文精神的發掘，始是梨洲用心之所在，故《匡廬遊錄》不等同於一般的遊記或考證，而其「年來別有閒尋意，不似當年孟浪游」之深意，即在於「自然與人文相涉、古代與今世一體」的歷史真情，並且充分地意識到此歷史真情的在己。

對於歷史具有真情實感又從而自覺之，這一點梨洲在著史與讀史時亦有提及。如其著《行朝錄》以記載南明小朝廷唐王、魯王、桂王的興亡史時說：

> 唐末，黃巢逼潼關，士子應舉者，方流連曲中以待試。其為詩云：「與君同訪洞中仙，新月如眉拂戶前；領取嫦娥攀取桂，任從陵谷一時遷。」中土時文之士，大抵無心肝如此。豈知海外一二遺老孤臣，心懸落日，血濺鯨波，其魂魄不肯溫為冷風野馬者，尚有此等人物乎！（《行朝錄·序》，《全集》冊2，頁111）

此處即藉由歷史人物的對比，標舉「心肝」二字，以儆醒讀者對自己所處的時空應當具有真心的關懷與責任感，將一己與家國眾人相繫聯，不可將人生只限以成就私我為中心。又說：

> 上自浙河失守以後，雖復郡邑，而以海水為金湯，舟楫為宮殿，陸處者惟舟山二年耳。海泊中最苦于水，侵晨洗沐，不過一盞。艙大周身，穴而下，兩人側臥，仍蓋所下之穴，無異處於棺中也。御舟稍大，名河船，其頂即為朝房，諸臣議事在焉。落日狂濤，君臣相

對，亂礁窮島，衣冠聚談。是故金鰲橋火，零丁飄絮，未罄其形容
也。有天下者，以茲亡國之慘，圖之殿壁，可以得師矣。（《行朝錄·
卷四》，《全集》冊 2，頁 141）

據此處「有天下者，以茲亡國之慘，圖之殿壁，可以得師」之語，可知梨洲《弘
光實錄鈔》、《行朝錄》等明史著作非僅作為史料以供修明史之用，更有昭戒後
代之意，而其欲昭戒後代，不僅只錄事實，同時又訴諸讀者的感同身受，使之
察覺到他人實事誠我人之例，以期收效。這裏頭便包括了古今同質不異的類屬
感、與現今生活成果維續不易的危殆感之雙重反省與認識。梨洲又為清初不願
剃頭留辮而藏遁雁宕山的徐氏與流亡日本的諸士奇作傳記，文中感慨地說：

自髡髮令下，士之不忍受辱者，之死而不悔。乃有謝絕世事，託跡
深山窮谷者；又有活埋土室，不使聞於比屋者。然往往為人告變，
終不得免。即不然，苟延蝣晷，亦與死者無異。鴻飛冥冥，弋者何
慕？求其避世之善者，以四海之廣，僅得二人焉……蜀郡任永、馮
信不肯仕公孫述，皆託青盲，至妻淫於前、子入於井而不顧。余讀
史而甚疑之，以為何至於是。及身履其厄，而後知其言之可悲也。（《南
雷雜著稿·兩異人傳》，《全集》冊 11，頁 53〜54）

此中可見其個人著史與讀史之實感，在此實感之下，充分體認到古人與今人、
他人與自己的相同相連處，不只是處境的類似、情緒的雷同，且是心靈精神
上堅持的貫通、彼此奮鬥理念的一致，如此才能徹底了解到歷史進化的不確
定性、文化維繫的艱難性，而自覺到本身存在的地位。顯然地，人若對過往
與當前的人事物，有此一段彼此相關相串、同類互隸的真心實感，則不致自
絕於人際與歷史的網絡之外，而能潛躍著強烈的歷史責任感、時代使命感，
意識到自己當下即在形成歷史，將自身的生命視為歷史的一部分、一階段而
融入其中，相信人乃歷史承擔者，必須繼往開來，解決目前的時局難題，寫
下一頁輝煌的丹青。一旦至於此境，這份真情實感便非僅只是一般普遍的道
德情操而已，而是由普同人性中的道德感特化後所致的歷史關懷了。

（三）梨洲史學之要義

總上所述，梨洲對家族、對鄉土、對故國（明朝）、對中國的山川，乃至
一切中國的文化皆有真情實感，並充分意識到此情感而進入自覺狀態，以自
己實乃其間之一成員，與其所有成分皆為息息相關的一體，從而在此自然天
地間保守之、傳承之、光大之。此一真情實感的來源，係由我人對萬物之廣

大的道德關懷下結合理智與意志的道德情操，加以限定在歷史文化的對象上而來，亦即是對歷史文化的特殊化道德情操。這份眞情實感即構成了歷史意識，而使人領會歷史進化的未完成性及自我的能動性，以推動歷史的巨輪；同時其本亦是道德情操，故能成爲撐持社會生活、引導文化發展的基礎力量，使人類生命具有價值與意義的追求而不只是血肉的自然生存，使人類活動亦不致迷失或倒退爲野蠻的黑暗型態，而歷史的巨輪才能確保朝著正確的方向轉動。因此這份眞情實感乃是歷史文化的實質精神所在，而爲梨洲史學的中心；同時，我們也可以知道梨洲重史學，然此史學非僅一般講求忠實複現史實的歷史學而已，而是貫注著道德價值取向於其中的史學。

　　討論至此，可以對梨洲史學作個總結。我們知道，歷史原本僅爲古今的既存之迹，但卻可令現實生活中的個人得以跨越有限的此一當下，擴充延伸至一有前有後、有己有人之更宏大的時空範圍，增大其具體生命的幅員，從而使一群人擁有共同的記憶與根柢，將彼此緊密連結爲休戚與共的生命共同體，以貞定大眾行爲與生活的方向，留下人們想要的未來新歷史。只是此一轉變與跨越之所以可能，卻有賴於人自身的主動參與。唯有透過主體情感及意識的貫注與連繫，人才不是獨立孤絕的個體，而是連縣相屬之整體的必要部分；大眾的生活才不是各自之不定性盲動的集合，而是社會群體之積極、明確的行動；歷史才不是過往人事的遺軀殘殼，而是不曾止息的有機活體；歷史也才能由高度特殊性之際遇，得具超越時空的普遍作用，不斷指示著每一世代的人們以經驗教訓與精神感召，使其由過去人類無意所成的結果，具有積極影響的新風貌。因此歷史的意義與價值，其成立的關鍵即在置身於此歷史氛圍之人的參與心態如何。〔註72〕

　　是故梨洲的史學，便側重於點出如何使人做爲歷史性的自覺承擔者，以輸入史學的靈魂。其要義即：由人類先天的道德心出發，對人群活動有不容已的關懷和參與、對使人群活動得以持續的人倫理序有堅持貫徹的意志力，便將自己與生活所在之一切人事物、文化氛圍、自然時空，整合爲一歷史感情與歷史

〔註72〕余英時〈史學、史家與時代〉，收於其《歷史與思想》（台北：聯經出版事業公司，1994 年），頁 247～270，一文指出歷史不能是純客觀的學術活動，史學、史家與時代都有密切關係，唯有將感情與歷史結合、對生命有嚴肅感的人，才能眞正懂得歷史；而徐文珊：《中國文化新探》（台北：大中國圖書公司，1984 年 9 月），頁 595～596 對歷史感情激發責任感與愛國心亦有極簡單的提示，皆可參看以發明此義。

意識之作用場域，這整個場域是活的、不斷延續與發展的、充滿道德秩序及生機的，就在古今與未來每一個人的活動中生生不息；因此，形成個體對群體的認同感及造就群體有理序的生生不息，兩者的根本源頭皆出於人的道德心，而有此兩者，永遠不脫離現實生活又能指導現實生活的史學才得以建立，這才是梨洲史學所以爲經世致用之大業的精髓所在。〔註73〕

　　蓋有此一段精髓的存在作爲前提，人才能在自然生命上轉變成具有歷史性生命的存在，一切對客觀史實的收集保存、整理紀錄與分析探討才有眞正落實的動力，而後才能由史事的成敗興衰、人物的善惡賢奸、現象的演變關聯之客觀紀錄中，識別出、抽繹出事與理的所然及所宜，作爲預測並指導人世行爲的垂鑑教訓，同時又責無旁貸地身體力行、弘揚宣導此些垂鑑教訓，以改善自身所處時空的生活，而接續前輩的腳步，引向一明確的理想未來，創造新的、有意義的歷史。否則人不會致力於史學工作，縱使從事，亦不明事理之所在，終只是典藏史實的學究而已，或是有見於史實中的利害終局，遂流爲詐僞權謀、短視功利之徒，對於人世未必能有正面的貢獻。是故梨洲此一指點可謂是對傳統史學思想褒貶善惡、觀古知今所欲達致的理想及此理想之所以可能的基礎，〔註74〕所作的一大闡明及補充；而梨洲自己的一生，亦正緣此而對歷史多所撰述考辨、對史學百般致意，表現出富於行動的治史熱誠。

第三節　文學思想

　　本節將探究梨洲的文學思想。我們知道梨洲對文學頗用心力，曾費了二十年的心力選編成卷帙煩重的《明文海》一書，以保存有明一代文章之精華，並對入選的明人文集與篇目作出許多簡釋與批評。《四庫全書總目・卷一百九十》對此書之提要說：

> 明代文章，自何、李盛行，天下相率爲沿襲剽竊之學，逮嘉、隆以
> 後，其弊益甚。宗義之意，在於掃除模擬，空所倚傍，以情至爲宗，

〔註73〕梨洲《南雷文定四集・卷一・補歷代史表序》（《全集》冊10頁77）說：「夫二十一史所載，凡經世之業亦無不備矣。」可見其以史學具備經世的大業。
〔註74〕關於此處所言中國傳統史學思想之褒貶善惡與觀古知今兩大側面，讀者可以參看杜維運：〈中國傳統史學的經世精神〉，《歷史月刊》1988年4月第3期，頁20～23中所說的「以史資治爲實用」和「以史垂法戒爲輔翼名教」；及張麗珠：《清代義理學新貌》（台北：里仁書局，1999年），頁5～19中所謂的「以道德爲價值的例證式歷史意識」和「以歷史爲過程的演化式歷史意識」等等。

又欲使一代典章人物俱藉以考見大凡，故雖遊戲小說家言，亦爲兼收並採，不免失之泛濫。然其蒐羅極富，所閱明人集幾至二千餘家，如桑悅〈南都〉、〈北都〉二賦，朱彝尊著《日下舊聞》時搜討未見，而宗羲得之以冠茲選。其他散失零落賴此以傳者尚復不少，亦可謂一代文章之淵藪，考明人著作者，當必以是編爲極備矣。

當中言及「不免失之泛濫」的缺點，則涉及《明文海》一書所選編之內容是否能充分呈現明朝文學之特點與流變、個別作家或作品之成就與局限，而不充斥選編者個人的偏見或淪爲文學史料的堆砌。有關這一文學性的局部問題，本文不擬討論，〔註75〕改將焦點轉放在「以情至爲宗」、「使一代典章人物俱藉以考見大凡」這類對「文學」這一事物所作的總體思想性之論點上，亦即逐層分析其「詩史」觀念的義蘊。蓋「詩史」之觀念乃梨洲綰合文學與史學，而爲其文學思想的中心所在；且梨洲關於文學的討論，集中在詩與文兩方面，當中之旨趣相互貫通，嘗說：「巽子嘗問余作文之法，余曰：『詩文同一機軸，以子之刻心于詩者，求之于文可也』」。〔註76〕故以下的討論將詩論、文論逕視爲一體而不予細別，且亦可見以「詩史」觀念來概括梨洲文學的總體主張，其有效性當不致只限於詩歌方面。〔註77〕

〔註75〕如李慈銘《越縵堂讀書記・集部・總集類・明文授讀》已說：「南雷之文浩瀚可憙，而才情爛漫，無復持擇，故往往不脫明末習氣，流入小說家言。其論文主於隨地流出，而謂方言語錄皆可入文……以天池之蕪俗而稱爲嘉靖間大作手，勝於震川，殊不可解。故所選頗泛濫駁雜，多非雅音。以先生學識之高，精力之富，而鑒裁斯事，尚多淆淸，文章正法固非易知者。」李氏所指出的問題，頗值得注意。案除了若干選文的有待商榷外，梨洲又多有品評作品優缺點及作家整體成就高下的言論，比如《思舊錄》（《全集》冊1頁374～375）論錢謙益詩文有五病；比如《明文海評語彙輯・卷一百一》（《全集》冊11頁112）謂劉基之文潔淨而未精微，尚在趙汸、胡衡之下，不當居明初文壇之第二位；比如《明文授讀評語彙輯・卷十七》（《全集》冊11頁165）謂趙貞吉其文雄健，與韓愈、杜牧、姚遂不相上下；又如《南雷雜著稿・胡子藏院本序》（《全集》冊11頁63）以徐渭爲明傳奇之正法眼藏的作家，而將李漁評爲寒乏。由這些例子，當已可見關於梨洲具體的文學批評，乃是一龐大問題，而必須一一細析始得。

〔註76〕引語見《南雷文定四集・卷三・董巽子墓誌銘》（《全集》冊10頁476）。

〔註77〕鄔國平、王鎮遠的《清代文學批評史》頁35～36已指出梨洲認爲散文直接原本於經術，詩歌則原本於心靈，當我們明白他說的心靈主要取決於儒家經術的陶冶後，這種區別也就不再具有實質的意義，其詩論與文論兩者已成內涵一致的命題，彼此原是相通不隔的。另外，如毛佩琦〈梨洲文論初識〉（收於吳光主編《黃宗羲論》頁414～426）亦已將梨洲文論與詩論混合討論。

一、承載歷史情感的「詩史」觀

（一）強調創作主體與描寫客體的真實性

梨洲論文學，特重感情，他說：

> 文以理爲主，然而情不至則亦理之郭廓耳。盧陵之誌交友，無不嗚咽；子厚之言身世，莫不悽愴；郝陵川之處眞州，戴刻源之入故都，其言皆能惻惻動人。古今自有一種文章不可磨滅，眞是「天若有情天亦老」者。而世不乏堂堂之陣、正正之旗，皆以大文目之，顧其中無可以移人之情者，所謂刳然無物者也。（〈論文管見〉，《全集》冊 2，頁 271）

其謂文學作品不只須有道理，還須有動人的感情，無情之文則內容終屬空虛。然而道理也好，感情也罷，內容皆須來自事實，不得作僞，故對明儒曹端之語：「賢輩文無求奇，詩無求巧，以奇巧而爲詩文，則必穿鑿謬妄，而有不得其實者多矣，不若平實簡淡爲可尚也」，加以評論說：「見先生應感之實可法」，〔註 78〕即以「眞實」爲首要考量，不可爲追求奇巧炫人的藝術效果而虛妄失眞。梨洲又舉例說：

> 今之爲碑版者，其有能信者乎？而不信先自其子孫始。子孫之不信，先自其官爵贈諡始。聊舉一事以例其餘。如某主江西試，以試策犯時忌削籍，有無賴子高守謙，結黨十餘人，恐喝索賂，某不應，遂掠其資以去，某尋死，崇禎初，昭雪死事者，竄名其中，得贈侍讀學士。今其子孫乃言逆奄竊柄，某抗疏糾參，幾至不測，閣臣爲之救解，已而理刑指揮高守謙等緹騎逮訊，某辯論侃侃，被拷掠而斃，崇禎初贈侍讀學士，諡文忠。脫空無一事實，不知文忠之諡誰則爲之？且并無賴高守謙授以僞官，眞可笑也……近見修志，有無名子之子孫，以其父祖入於文苑，勃然不悦，必欲入之儒林而止。嗚呼！人心如是，文章一道，所宜亟廢矣。（〈論文管見〉，《全集》冊 2，頁 272）

此以碑銘傳記爲例，強調文章須眞實可信，不得爲圖聲名私利而造假僞言，否則文章之道廢，不足以成爲文學矣。梨洲既看重所寫的內容眞實與否，所以曾提出作文須戒干要當道、捉刀代筆、應酬敷衍，〔註 79〕進而又說：

> 所謂文者，未有不寫其心之所明者也。心苟未明，劬勞憔悴於章句

〔註 78〕引語見《明儒學案・諸儒學案上二》（《全集》冊 8 頁 360）。
〔註 79〕詳見《南雷文案・卷十・作文三戒》（《全集》冊 10 頁 637～638）。

之間，不過枝葉耳，無所附之而生。故古今來不必文人始有至文，
凡九流百家以其所明者，沛然隨地湧出，便是至文。故使子美而談
劍器，必不能如公孫之波瀾；柳州而敍宮室，必不能如梓人之曲盡。
此豈可強者哉。(〈論文管見〉，《全集》冊 2，頁 272～273)

余嘗定有明一代之文，其眞正作家，不滿十人。將謂此十人之外，
更無一篇文字乎？不可也。故有平昔不以文名，而偶見之一二篇者，
其文即作家亦不能過。蓋其身之所閱歷，心目之所開明，各有所至
焉，而文遂不可掩也。然則學文者，亦學其所至而已矣，不能得其
所至，雖專心致志于作家，亦終成其爲流俗之文耳。(《南雷文案外
集‧錢屺軒先生七十壽序》，《全集》冊 10，頁 654)

他認爲文章須有親證身歷、眞知實感，任何人凡能敘述自己所熟悉的事物、
寫出心中眞有所得的見解、眞有所觸的感情，便是大作家亦不能勝出的至文。

　　關於此點，梨洲曾舉例說，明末追隨魯王從亡海上的諸臣因身遭亡國之
慟而報國無方，「雖未嘗爲詩者，愁苦之極，景物相觸，信筆成什」，「即起杜
甫爲之，亦未有以相過也」。〔註80〕此外，梨洲又以「眞實」爲標準去品評作
品，如稱讚陳以忠〈華山遊記〉「寫得眞至如見」；〔註81〕如以明代文壇的主
流復古派標榜文必秦漢的擬古作風，乃「枉天下之才」，「靡然而爲黃茅白葦
之習」，使得「明代之文，自明而晦」，蓋「自僞《史》《漢》起，人始不安於
本色，此文之所以愈下也」。〔註82〕而對唐代詩人陸龜蒙與皮日休僅據隱士謝
遺塵的一席話即憑空想像而作詩歌詠四明山的九項景物時，便謂「環岡笑魯
望，詩句豈眞誠」，〔註83〕更加以批判說：

唐陸魯望、皮襲美有〈四明山倡和〉，分爲九題……余創《四明山志》，
與山君木客爭道於二百八十峰之間，而知所謂九題者，陸、皮未嘗
身至，止憑遺塵之言，鑿空擬議……是故文生於情，情生於身之所
歷，文章變衰，徒恃其聲采，經緯恍惚，而江淹之雜體作矣。承虛
接響，寧獨此九題哉！(《四明山志‧卷四》，《全集》冊 2，頁 376
～377)

〔註80〕 詳見《海外慟哭記》(《全集》冊 2 頁 209)。
〔註81〕 見《明文海評語彙輯‧卷三百五十七》(《全集》冊 11 頁 141)。
〔註82〕 引語詳見《南雷文案‧卷一‧明文案序下》、《明文授讀評語彙輯‧卷三十》(《全
　　　　集》冊 10 頁 19～20、冊 11 頁 179)。
〔註83〕 引語見《四明山志‧卷四》(《全集》冊 2 頁 379)。

此處強調主體的眞情必須是社會環境與生活經歷的反映，唯有親身經驗後所生的感情才會眞實，而有眞情才會有佳文，至於虛構與模擬之作，則捕風捉影、憑添附會，只靠聲韻詞藻來裝飾外貌，並不足取。

然而我們知道，作品的文學價值與意義未必全繫於內容是否眞實，對虛擬之人事所生發的感情亦可以是人性之深層活動的顯現，比如作者與讀者對《水滸傳》裏並非歷史實錄之英雄事跡所賦予的感情，不得不謂之眞情至性，而《聊齋誌異》則又是一個更明顯的例子。因此梨洲這個觀點未免太忽視虛構與想像乃亦文學世界中不可缺席的事實，從而在某些文類（比如小說）的實際創作及欣賞中並不可行。〔註84〕但是我們是否可據此而斷定梨洲文論的毫無可取呢？其實，梨洲此種強調「實錄」的文學思想，正與其史學之揭示眞情實感是一貫相通的。亦即其要求作者須秉持眞誠的創作態度，去描寫眞實生活情境中的事件、感情與思想，在此一前提下的事件、感情與思想實際上只能是帶有歷史性質（已爲過往歷史或將爲未來歷史）的事件、感情與思想，這就暗示梨洲的文學乃是「歷史性質之文學」，也就是其文學之本質乃一歷史精神所凝鑄而成。關於此層深義，我們先看梨洲對他自己的文學創作所提的說明。

（二）真情實事中的歷史感興作用

梨洲在〈南雷文定凡例四則〉中說：

> 鄙作已刻者有《南雷文案》、《吾悔集》、《撰杖集》、《蜀山集》，皆門人分刻，一時脫稿，未經持擇。今耄又及之，東岱不奢，鉤除其不必存者三分之一。丁敬禮云：「文之佳惡，吾自得之。後世誰相知定吾文者？」陸士龍謂其兄曰：「可因今清淨，盡定昔日文。但當鉤除，差易爲功力。」竊取此意，名曰「文定」。

> 歐陽公晚年，於平生之文多所改竄，太夫人呵之曰：「汝畏先生耶？」公答曰：「非畏先生，畏後生耳！」余於舊本間有改削者，非敢比歐陽，而畏後生之意則同也。

〔註84〕另外，王運熙、顧易生主編《中國文學批評史（下冊）》頁24～25又曾指出梨洲此種論說有其片面性，如公孫大娘對劍器舞技的掌握、梓人楊潛對建築圖樣的理解，當然勝過杜甫、柳宗元，但文學創作仍有其特殊藝術規律，不是只憑思想認識就能全部解決，故傳誦千古的〈觀公孫大娘弟子舞劍器行〉及〈梓人傳〉畢竟還是出於杜甫、柳宗元的手筆。

余多叙事之文。嘗讀姚牧庵、元明善集，宋元之興廢，有史書所未詳者，於此可考見。然牧庵、明善皆在廊廟，所載多戰功；余草野窮民，不得名公鉅卿之事以述之，所載多亡國之大夫，地位不同耳，其有稗於史氏之缺文，一也。

文章行世，從來有批評而無圈點，自《正宗》、《軌範》肇其端……此後施之字句之間……林鬳齋曰：「從上諸吟家詩，有自選，無求選於人者。今人不自信，而以此質於人，誤矣。」故余不自揣，亦手為點定，不以煩於吾友也。（《南雷文補遺》，《全集》冊 11，頁 85～86）

這裏對其文集提出四條凡例：刪定己作、改易舊文、以文存史、批點己作。其中第三條明白指出其寫作大量的墓銘傳記，目的乃在保留史料，此點我們在前節論史學的開頭處已有提及。〔註 85〕而第二條其實亦是為求紀錄眞實，故將前作不當處予以更正，以示對未來負責，故云「畏後生」，關於此點，確有實例可證。〔註 86〕至於第一、四條皆強調自得自信，以為文章優劣得失處只有自己才能眞知，梨洲此種論點並非對自己的作品才這麼認為，而是擴及到整個文學範圍，如其於〈答陳介眉太史五十韻〉亦曾言及此意，他說：

曾聞子建言，述諸丁敬禮：「文之有佳惡，吾自得之己；後世誰相知，定吾於既死？」嘆茲為名談，不受流俗喜；子何所疑難，而欲他人委？方今文章家，多不下茅葦；隨人撇其門，皆可作者比；無與文章事，僅可充筐篚。願子敦古道，幸勿諱瘡痏；不學老而衰，尚當竭餘晷；待彼潦水盡，寒潭留清泚。不然郝楚望，自題亦甚偉；著書百萬言，不假夫己氏。（《南雷詩曆・卷三》，《全集》冊 11，頁 303）

此即勉勵陳介眉當有自得自信，以自成一家，而不必依傍他人門戶。我們若由

〔註 85〕另外，梨洲《南雷文定四集・卷一・陸石溪先生文集序》（《全集》冊 10 頁 86）說：「余選明文近千家，其間多有與《實錄》異同，蓋《實錄》有所隱避，有所偏黨，文集無是也。且《實錄》止據章奏起居注而節略之，一人一事之本末，不能詳也。」故其編輯《明文海》所收文章許多亦是基於保存史料的立場，而非文學價值的考量。如《明文海評語彙輯》卷八十一（《全集》冊 11 頁 104）對余大猷〈議處日本貢夷〉一文說：「存之以見日本情形」；如卷四百三十七（頁 147）對王錫爵〈南京太常少卿麟洲王公墓誌銘〉一文說：「直叙無甚精采，以其人存之」；又如《明文授讀評語彙輯・卷十五》（《全集》冊 11 頁 162）謂〈瘞古誌石文〉：「其言銓事獨詳，君子小人之分黨，於此可考見」。

〔註 86〕如《南雷雜著稿・與姜淡仙書》（《全集》冊 11 頁 46～47）即說明其後來發現有所錯誤，為求實起見，故更改姜應麟墓誌銘舊作中若干的字句。

文學角度來分析，則梨洲以「方今文章家」「僅可充筐篚」，未免過度自負，蓋文學批評亦有其客觀規律可循，訓練有素的專家當有一定程度的鑑別能力；然而若結合第二、三條來看，則此一、四條亦當改由史學角度來看才能得其眞旨。

關於此旨，我們先看其詩集《南雷詩曆‧題辭》中的話：

> 余少學南中，一時詩人如粵韓孟郁上桂、閩林茂之古度、黃明立居中、吳林若撫雲鳳，皆授以作詩之法，如何漢魏、如何盛唐，抑揚聲調之間，規模不似，無以御其學力、裁其議論，便流入爲中晚、爲宋元矣。余時頗領崖略，妄相唱和。稍長，經歷變故，每視其前作修辭琢句，非無與古人一二相合者，然嚼蠟了無餘味，明知久久學之，必無進益，故於風雅意緒闊略。其間驢背篷底、茅店客位、酒醒夢餘不容讀書之處，間括韻語，以銷永漏，以破寂寥，則雖不見一詩，而詩在其中。若只從大家之詩，章參句鍊，而不通經史百家，終於僻固而狹陋耳！夫詩之道甚大，一人之性情，天下之治亂，皆所藏納。古今志士學人之心思願力，千變萬化，各有至處，不必出於一途。今於上下數千年之中，而必欲一之以唐；於唐數百年之中，必欲一之以盛唐。盛唐之詩，豈其不佳？然盛唐之平奇濃淡，亦未嘗歸一，將又何適所從耶？是故論詩者，但當辨其眞僞，不當拘以家數。若無王、孟、李、杜之學，徒借枕籍咀嚼之力以求其似，蓋未有不僞者也。一友以所作示余，余曰：「杜詩也。」友遜謝不敢當。余曰：「有杜詩，不知子之爲詩者安在？」友茫然自失。此眞僞之謂也。余不學詩，然積數十年之久，亦近千篇。乃盡行汰去，存其十之一二。師友既盡，孰定吾文？但按年而讀之，橫身苦趣，淋漓紙上，不可謂不逼眞耳。（《全集》冊 11，頁 203～204）

在這篇序文裏，梨洲自述其早年亦模擬漢魏唐詩，乃復古派之流亞，爾後始覺其非，改由自身經歷著手，寫出一己眞正的感受，並將作品加以刪汰整理，稱其詩集「按年而讀之，橫身苦趣，淋漓紙上，不可謂不逼眞」，這是梨洲詩歌與史學結合的表現，以下即細析之。

按梨洲詩作，確實頗能反映其生平之事跡，[註87] 如〈得吳公及名裔之，霞州先生子書〉詩說：

〔註87〕關於梨洲詩作中的自傳性質及其風格、技巧，讀者可另參考本文第一章中註釋 41 的書目。本文以下所談者與彼的側重點不太相同。

荒村接得紙零星，四十三年夢又呈。（己丑至今四十三年。）戰鼓夫人充健卒，朝儀宗伯領諸生。（皆當日事。）寒琴墮水聲猶在，（其地爲宋高宗墮琴處，漁人得之以獻，高宗流涕久之。是時諸公共賦此題。）孤堞經圍血尚赬。三板洋中三十里，至今耿耿此時情。（余行時，先生乘三板船來別。）

十里洋船上下潮，一杯相對話漂搖。馬蘭萬樹遮荒島，飢鶂千群泊亂礁。公已千秋傳信史，我開九裹冷詩瓢。宮人何事談天寶？清淚能無溼絳綃！（亂礁洋，文山有詩。）（《南雷詩曆補遺》，《全集》冊 11，頁 354～355）

此詩忠實複現其於明亡時隨扈魯王流亡海上而與吳鍾巒相處的昔日情形，但是讀者若欲更明白當日詳細事實，則須翻閱其史著《思舊錄》、《行朝錄·魯王監國》、《海外慟哭記》中的相關記載始得。〔註88〕又如〈感舊〉組詩其一言：

高談不見陸文虎，深識難忘劉瑞當。豈料一時俱奪去，浙東清氣遂銷亡。（《南雷詩曆·卷一》，《全集》冊 11，頁 224）

此詩懷念亡友陸符與劉應期，但若不讀《思舊錄》中對二人清議無私的性格敘述，則不知詩中「浙東清氣」之所指。〔註89〕再如〈懷金陵舊遊寄兒正誼〉組詩之五說：

臺傾鳳去久，猶自護寒雲。玉像銷釵釧，詞人記錦裙。南皮絲竹盛，北海姓名紛。（司空何匪莪，九日聚詞人於此。）當日吾年少，翩翩自逸羣。（右鳳凰臺。）（《南雷詩曆·卷三》，《全集》冊 11，頁 304）

此詩回憶崇禎三年遊學南京參加詩社集會的盛況，此聚會亦見於《思舊錄》中。〔註90〕但是我們讀這些相關史著只能見到人物與事件的客觀紀錄，卻不像讀這三篇詩能直接發現梨洲對這些人事的心情感受，因此這些詩作並不是其史學著作的單純複製，亦不是一種以韻語之形式所寫成的史著。

而縱覽梨洲所有詩作，少有取徑幽隱遙寄如阮籍〈詠懷〉、李商隱〈無題〉之類，或者設身處地爲社會各階層人民代言如白居易、張籍、王建之諷諭樂府等等，絕大部分皆是緣目睹身經的人事聞見而明確地發抒個人切身的想法或感觸。其內容既然僅偏於個人生活中具體質實情境的點滴感受，且又自覺

〔註88〕分別詳見《全集》冊 1 頁 384，及冊 2 頁 134～140、209、220～238。
〔註89〕詳見《全集》冊 1 頁 380、382。
〔註90〕詳見《全集》冊 1 頁 356。

地將之依年代先後次序排列，則其詩集《南雷詩曆》遂成為一部梨洲個人一生情感曲折的歷史。這部歷史以其一生歷程的種種情感為內容，當中最突出的主調，乃是肇因於身遭明亡變故，而衍生出種種對於家國親友、時代身世的始終縈念，即在「危苦此生成過去，不須重復理閒談」的刻意排遣下，而內心深處卻是「夢中猶撇迴瀾去，牡犡灘頭月色新」地無法忘懷昔日從亡海上之抗清生涯，所以心境總是「詩人過去多芳草，杜宇來時便斷腸；一段淒涼堪畫取，未曾細細覓淒涼」般極易觸景傷情。如上引〈得吳公及書〉、〈感舊〉、〈懷金陵舊遊寄兒正誼〉三詩即在憶友之中流露故國之思。又如重陽登高遠望則不禁生起「如此江山殘照下，奈何心事菊花邊；不須更覓登高地，只恐登高便泫然」的悽愴，而即使在十月雪中觀賞牡丹盛開的奇景時，也將本應是快意勝事變成「豔情終少慘色多」之不得時的慨歎。〔註91〕甚至在純為關愛親人所作之詩中，亦滲透著時代動亂的悲感，如寫於順治13年的〈子婦客死，一孫又以痘殤，五月八日〉詩說：

> 掲來四月疊三喪，咄咄書空怪欲狂；八口旅人將去半，十年亂世尚無央。不知負行緣何事？如此憂心得不傷！白日獨行城郭內，莽然墟墓覺淒涼。（《南雷詩曆‧卷一》，《全集》冊11，頁230）

及康熙19年的〈歸途雜憶〉詩說：

> 偷生乞食總風塵，母在何能避辱身？一旦于今成夢幻，可知多少不如人！送死養生在一身，流離贏得鬢如銀；自傷子職無毫盡，累母長憐兒苦辛。（《南雷詩曆補遺》，《全集》冊11，頁347）

梨洲在這二首詩中，對於亂世裏家人的流離喪亡，流露出未能妥善照顧與回報的愧咎與自責，而其又曾對兒子阿壽之夭折感慨說：

> 噫！予知之矣！予之子子而不可竟行於世也。天下知予者二人，陸符文虎、劉應期瑞當，文虎死於荒山，瑞當死於非類之困折。予始退而闆里遊，有魏思澄者，以落莫而親我，未幾病瘵死。乃戶內之寒煖笑口，又若有物奪之而去者，則信乎予之賦分單薄，招殃致凶，天既不遺餘力以窮我，而遂皆為所延及乎？（《南雷文案‧亡兒阿壽

〔註91〕此段中所引詩句，分別見《南雷詩曆》卷三〈壬戌八月八日初度〉、卷二〈陸汝和索書〉、卷四〈三月望紀行〉、卷二〈九日同仇滄柱陳子榮子文查夏重范文園出北門沿惜字庵至范文清東籬〉、卷二〈十月雪中觀牡丹〉（《全集》冊11頁296、288、317、281～282、256～257）。

壙誌》，《全集》冊 10，頁 510）

這裏亦是此一心理的自白，顯示出一個人在大時代動亂中生命期待落空之餘，對自我存在的懷疑和否定。

　　因此《南雷詩曆》雖只不過是梨洲個人自己一生情感的歷史紀錄，但是我們讀者卻可由其紀錄而領受到當時的歷史事件與環境對人之情志的沖擊，從而感到生命在時代困局裏尋求出路的躍動，興發起悠悠的歷史感情，頓覺我人即與梨洲同感同在於明末的天崩地解。於是《南雷詩曆》之紀錄便具有生命力，能夠跨出一己情志的局限，獲致永久的影響作用及普遍意義，非僅資爲後人考證梨洲及同時人物之生平行事而已，更可令人對這些事跡產生眞心實感。所以《南雷詩曆・題辭》中說「按年而讀之，橫身苦趣，淋漓紙上，不可謂不逼眞」，所強調的乃是要藉由事件的重現而達到苦趣淋漓的逼眞體驗，亦即梨洲所欲傳達的，是他自己在明清之際的歷史活動中橫身苦趣的切實感受。而《南雷文定》凡例中的刪定並批點己作，及〈題辭〉裏又反對復古派的模擬漢魏盛唐，提出「古今志士學人之心思願力，千變萬化，各有至處，不必出於一途」、「論詩者，但當辨其眞僞，不當拘以家數」，以爲即使與杜詩相似亦是屬於別人的僞詩，其義並非單純地貴獨創，主張藝術的純粹主觀性，認爲唯作者本身創作當下的藝術感動，即已成就其作品之不朽的藝術價值，並無待於他人的品評肯定；而是因爲每個人的時空處境不同，所遭遇的人事與隨之而來的感情亦不相同，而感情是一種十分細緻微妙的精神性現象，當中變化的曲折隱微唯有主角自身才可能完全明瞭，故詩人須忠實地寫下、仔細地剖陳自己情感的歷史紀錄，藉由「一人之性情，天下之治亂，皆所藏納」的廣大詩道，在文學作品裏將自己的生平行事形成能夠攜帶歷史感情的歷史事件，使後人得以由閱讀其詩而對此詩人之歷史經驗興發感同身受的歷史情感，如此人類才能跨越時空的限隔而彼此緊密相連，歷史傳承方能眞具生命而不僅是一堆故紙文獻。至此，我們也可以知道爲何《南雷文定》凡例裏要提到「隨時改易、以文存史」這種同於治史的觀念了。

（三）補史之闕的文學訴求

　　梨洲這種在詩歌中貫注史學的詩論，即是「詩史」之觀念。關於詩史，梨洲曾說：

> 今之稱杜詩者以爲詩史，亦信然矣。然註杜者，但見以史證詩，未聞
> 以詩補史之闕，雖曰詩史，史固無藉乎詩也。逮夫流極之運，東觀蘭

臺但記事功，而天地之所以不毀、名教之所以僅存者，多在亡國之人
物。血心流注，朝露同晞，史於是而亡矣。猶幸野制遙傳，苦語難銷，
此耿耿者明滅於爛紙昏墨之餘，九原可作，地起泥香，庸詎知史亡而
後詩作乎？是故景炎、祥興，《宋史》且不爲之立本紀，非《指南》
集杜，何由知閩廣之興廢？非水雲之詩，何由知亡國之慘？非白石、
晞髮，何由知竺國之雙經？……元之亡也，渡海乞援之事，見於九靈
之詩……皆非史之所能盡矣。明室之亡……其從亡之士，章皇草澤之
民，不無危苦之詞。以余所見者，石齋、次野、介子、霞舟、希聲、
蒼水、密之十餘家，無關受命之筆，然故國之鏗爾，不可不謂之史也。
先生固十餘家之一也。生平未嘗作詩，今《續騷堂》、《寒松齋》、《粵
草》，皆遭亂以來之作也。避地幽憂，訪死問生，驚離吊往，所至之
地，必拾其遺事，表其逸民，而先生之詩，亦遂淒楚蘊結而不可解
矣……故先生之詩，真詩史也，孔子之所不刪者也。（《撰杖集·萬履
安先生詩序》，《全集》冊 10，頁 47～48）

在這裏他認爲真正的「詩史」不是以史證詩而已，尚須以詩補史。特別是在覆
亡之際，史書多偏重於紀錄新朝事功，未能仔細呈現勝國事蹟，反而是詩人的
篇什，卻能將個人的見聞行事一一反映於其作品中，成爲最忠實的史料來源。
從這段引文可見梨洲詩史之觀念有以詩證史、將詩作爲史料的意思，這在梨洲
本人可以找到實踐的例證，[註92]而學者亦早已多所注意。但是若言以史證詩，
則重點將放在文學；而言以詩補史，則重心卻落在史學。細玩梨洲的意思，「以
詩補史之闕」實不僅以詩中的資料爲史實之佐助，而更因在這些詩篇的史實當
中，可以見到「天地之所以不毀、名教之所以僅存」的一段「血心流注」，如果
「此耿耿者」一旦「朝露同晞」不得彰顯留傳，則「史於是而亡矣」。因此梨洲
於茲例所特別看重的乃是「亡國人物的真情實感」與「維繫人文世界的道德價
值」，亦即由正史所不及備載的事蹟，見到亡國人物挺立綱常名教的忠愛心志，
而此心志依本文前節的討論，正是維繫歷史文化傳承於不墜的道德情操。

　　至此我們可知，詩歌以其特殊的文學形式，易於抒發感情，而史書則因其
性質與體例所限，必以突顯重大事件、敘述發生過程與結果、並保持客觀立場

〔註92〕如其〈冬青樹引註〉（《全集》冊 2 頁 252）即據謝翱之詩句以證元人盜掘宋陵
　　　當在至元 15 年，而非 21 或 22 年。此說又見於《吾悔集·卷一·謝皋羽年譜
　　　遊錄注序》（《全集》冊 10 頁 32～33）。

為主，所以唯有詩史性質的詩作，始克充分承載歷史人物的情操，並寄託著史者和讀史者的主觀感受，從而體現出彼此相通一體的歷史情感。文學與史學的這一重大差異，在前節論史學處亦可以明顯見到，彼處梨洲雖在著史與讀史時特別訴諸情操與實感，但終究只是提示性質，多見於備為史料的碑銘或較正式之史著的序跋贊語之中，其質或量和其龐大史編史考的正文記載相較起來，實屬甚微，而讀者觀覽史著，亦當迅速用心於史實本身的客觀理解及分析，未必能長期停留在主觀的感動之中；且事實上，主觀情緒的偏頗影響向是研治史學的大忌，過度在史著之中涉及情感，亦不甚妥當。如此一來，梨洲史學最重大的關鍵「由道德眞情實感而來的歷史意識」，便不免有落空或跛腳之虞。梨洲於是藉由向以言志抒情為擅場的文學，令當事者、作史者、觀史者的主體性感情能有附麗之處，使人們能在此中濡染貫串為一整體，不受人己、時空的分別，從而能在一堆客觀的歷史紀錄中建立歷史情感，構築鮮明的歷史意識。是故其提出「詩史」觀念，重點並非在於主張詩歌乃是比正史更理想的一種史書，而是主要在以文學所具現之成品來負載歷史感情，令人由此興發而形成歷史意識、體悟歷史精神，這才是文學「補史之闕」的重點所在。〔註93〕同時，既然將文學視為史學的要件，我們也就可理解何以梨洲論文學時，總要特重動人的情感與眞實事境，標之為首出的要求，而斥絕純粹的言理或敘事、虛構與想像；也可知道何以其個人的文集詩集皆成為連結生平見聞與經歷的情感紀錄史，而在本質上帶有史事與眞情的雙重特質。

二、回歸道德情操的「性情」觀

　　既然梨洲以文學承載歷史情感，而我們知道歷史情感事實上是道德情操的特化產物，其實質仍是道德，是故梨洲文論中特重情感，亦自必對人的情

〔註93〕陳文華《杜甫傳記唐宋資料考辨》頁256～258已據宋人方逢辰《方蛟峯先生文集‧卷四‧邵英甫詩集序》：「前輩有以放而詩者，謝靈運是也；有以狂而詩者，李太白是也；有以寓而詩者，陶淵明是也；有以窮而詩者，郊、島是也；有以怨而詩者，屈平是也；以文為詩者昌黎，以史為詩者少陵……皆出於性情之正者，而其所以詩，則亦各寄其性情而已」等等說法，而謂詩史的本源，即在情性，作者個人色彩顯於作品中，使詩史乃能不完全等同於歷史，而是個人情懷與歷史事件的高度結合，是從肺腑流出的沛然莫禦的眞情至性，可指為忠愛之情。陳氏之言係針對杜詩而言，並未論及梨洲，然杜詩之詩史作品，係文學上的抒其家國忠愛之情，不似梨洲詩史觀之由此而另具涉及歷史之理論深義，兩者在層次上、廣狹上尚有重大差別。

感提出分判，而歸趨於道德情操，此即其「性情」之說。以下即析言之。

（一）性情是真實的道德情操

梨洲輯成《姚江逸詩》以收歷代有關餘姚一邑之詩，而作序說：

> 孟子曰：「《詩》亡然後《春秋》作。」是詩之與史，相爲表裏者也。
> 故元遺山《中州集》竊取此意，以史爲綱，以詩爲目，而一代之人物
> 賴以不墜。錢牧齋倣之爲《明詩選》，處士纖芥之長，單聯之工，亦
> 必震而矜之，齊蓬戶於金閨，風雅衰鉞，蓋兼之矣。……余少時讀宋
> 文憲《浦陽人物記》而好之，以爲世人好言作史，而於鄉邑聞見，尚
> 且未備，誇誣之誚，容詎免諸？此後見諸家文集，凡關涉姚江者，必
> 爲記別。……歐陽子言文章言語之在人，無異草木榮華之飄風，鳥獸
> 好音之過耳，不可爲恃。雖然，此爲作之者言之也。士生後世，憑虛
> 而觀盛衰之故，彼富貴利達，蠅翔螢腐，沒於晷刻之間，復令其性情
> 深淺，無所附麗，文責誰歸？是爲忍人，故余與靜嶽先生爲此選也。
>
> （《南雷文案・卷一・姚江逸詩序》，《全集》冊 10，頁 10～11）

這裏「詩與史相爲表裏」一語，除了以詩文爲史料之外，又可見出梨洲所以
看重文學作品，係因不欲「令其性情深淺，無所附麗」，則其所謂「一代之人
物賴以不墜」者，並非據詩作以觀人物事跡而已，更因詩作足以體現人物的
性情，而此性情之內容與意義始是梨洲所最重視者。這一點也是他編輯《明
文案》的重要目的所在，他說：

> 某自戊申以來即爲明文之選……嘗標其中十人爲甲案，然較之唐之
> 韓、杜，宋之歐、蘇，金之遺山，元之牧菴、道園，尚有所未逮……
> 前代古文之選，《昭明文選》、《唐文粹》、《宋文鑑》、《元文類》爲最
> 著……若以《文案》與四選並列，文章之盛，似謂過之。夫其人不
> 能及於前代而其文反能過於前代者，良由不名一轍，唯視其一往深
> 情，從而捃摭之。鉅家鴻筆以浮淺受黜，稀名短句以幽遠見收。今
> 古之情無盡，而一人之情有至有不至。凡情之至者，其文未有不至
> 者也，則天地間街談巷語、邪許呻吟，無一非文；而遊女、田夫、
> 波臣、戍客，無一非文人也。試觀三百年來，集之行世藏家者不下
> 千家，每家少者數卷，多者至於百卷，其間豈無一二情至之語，而
> 埋沒於應酬訛雜之內，堆積几案，何人發視？即視之而陳言一律，
> 旋復棄去，向使滌其雷同，至情孤露，不異援溺人而出之也。（《南

雷文案・卷一・明文案序上》，《全集》冊 10，頁 17～18）
據此文可知梨洲看重的不是名作家整體創作的文學成就，而是意欲呈顯個人
各作中所特具的「至情」。然則所謂「一往深情」的至情又是什麼呢？爲何「一
人之情有至有不至」的區別呢？

梨洲又說：

> 夫詩以道性情，自高廷禮以來，主張聲調，而人之性情亡矣。然使其
> 說之足以勝天下者，亦由天下之性情，汩沒於紛華汙惑之往來，浮而
> 易動，聲調者浮物也，故能挾之而去。是非無性情也，其性情不過如
> 是而止，若是者不可謂之詩人。周伯弜之註三體詩也，以景爲實，以
> 意爲虛，此可論常人之詩，而不可以論詩人之詩。詩人萃天地之清氣，
> 以月露風雲花鳥爲其性情，其景與意不可分也。月露風雲花鳥之在天
> 地間，俄頃滅沒，而詩人能結之不散。常人未嘗不有月露風雲花鳥之
> 咏，非其性情，極雕繪而不能親也。景州之詩，咽嚘於冷汰，纏綿於
> 綺靡，江濱山畔，至今性情恍然猶在，其斯謂之詩人之詩乎？（《南
> 雷文案・卷一・景州詩集序》，《全集》冊 10，頁 15）

此處認爲詩人異乎常人的地方主要不在驅策文字的修辭能力，而在其能超越
世俗「紛華汙惑之往來」，而「萃天地之清氣」，使心志與萬物達到「能親」、
「不可分」的狀態，故能將萬物「俄頃滅沒」的活動樣態以作品徹底反映出
來，令其「結之不散」，使讀者由其作而感覺到當時的景物與詩人本身的情意
「恍然猶在」。由此可知，梨洲所謂的「詩以道性情」，主要係指理想的詩歌
在於體現主體擺脫世俗功利干擾下對於所處世界的內心感動。但是這種內心
感動是否是純粹的美學感動呢？是否即是對事物「美的本質」的直覺觀照呢？

觀梨洲說：

> 岷左先生示余出蜀歸田之詩，命題數語。余唯山川文章，相藉而成，
> 然非至性人，固未易領略。嘗讀陸務觀《入蜀記》，攬結窈冥，卷石
> 枯枝，談之俱若嗜欲，故劍南之詩，遂爲南渡之巨子。蜀在西南天
> 表，非左思之賦、少陵之詩，亦不能移其觀於中土，豈非相藉哉！
> 百年以來，自曹能始而後，蜀竟陸沉，再經喪亂，其名蹟之幽邃者，
> 固不必論，即工部草堂，古今屬目，去萬里橋不數甲，先生往尋之，
> 蜀人無知其處者，徘徊於荒烟蔓草之間，得浣花殘碣，尺寸推按，
> 故地始出。先生如遇故人於萬里外，歡叫欲絕，此等情懷，與務觀

何異？詩那得不佳？故先生之詩沖雅，而刻畫字句之外，一往流連，真能與山川和會者也。(《南雷文案・卷一・朱岷左先生近詩題辭》，《全集》冊 10，頁 20～21)

這裏提到朱岷左在四川尋訪杜甫遺跡時那種「如遇故人於萬里外，歡叫欲絕」的情懷，可視爲前文「能親」、「不可分」之狀態的說明，而由此可知「至性」之詩人，即是具有真切的關心喜愛而「一往流連」，因之此種與景物「和會」的內心狀態並非一時放下名利愛恨之當下的純粹審美經驗，而是帶有個人鮮明的情感立場。對於這種鮮明的立場，梨洲又再加以說明說：

> 孚先論詩大意，謂：「聲音之正變，體制之懸殊，不特中、晚不可爲初、盛，即《風》、《雅》、《頌》亦自有迥然不同者。若身之所歷，目之所觸，發于心，著于聲，迫於中之不能自已，一倡而三嘆，不啻金石懸而宮商鳴也。斯亦奚有今昔之間？蓋情之至真，時不我限也。」斯論美矣，然而正自有說。嗟乎！情蓋難言之矣。情者，可以貫金石、動鬼神。古之人，情與物相遊而不能相舍，不但忠臣之事其君，孝子之事其親，思婦勞人，結不可解，即風雲月露，草木蟲魚，無一非真意之流通。故無溢言曼辭以入章句，無詔笑柔色以資應酬，唯其有之，是以似之。今人亦何情之有？情隨事轉，事因世變，乾啼濕哭，總爲膚受，即其父母兄弟，亦若敗梗飛絮，適相遭於江湖之上。勞苦倦極，未嘗不呼天也；疾痛慘怛，未嘗不呼父母也。然而習心幻結，俄頃銷亡，其發於心、著於聲者，未可便謂之情也。由此論之，今人之詩，非不出於性情也，以無性情之可出也。孚先情意真摯，不隨世俗波委。余避地海濱，孚先憫其流離，形諸夢寐，作詩見懷：「旅月仍圓夜，秋風獨臥身。」讀之恍然見古人之性情焉。是故有孚先之性情，而後可持孚先之議論耳。不然以不及情之情，與情至之情，較其離合於長吟高嘯之間，以爲同出於情也，竊恐似之而非矣。(《南雷文案・卷二・黃孚先詩序》，《全集》冊 10，頁 30～31)

此處黃孚先以爲文學形式雖有古今之異，但人類在生活中的各種感情卻皆至真而無不同，而梨洲則認爲感情須進一步區分「不及情之情」和「情至之情」。前者乃是在人際情境中的「膚受」之感，主體對引發此感的對象平素並不專注關懷，其歡喜憂悲雖亦屬當事人的真實反應，但總歸旋出旋沒，不能深厚，

故其人並不具性情，其情亦不算是情；後者則如孝子愛親、思婦懷夫之類，乃其人與相涉之對象「不能相舍」、「結不可解」的「真意流通」，用心的真摯純全，可謂達到「貫金石、動鬼神」的狀態，這方是具備性情者的至情。至於造成兩者差別的關鍵，則在於「習心幻結」所致。唯有去除「習心」，擺脫世俗物欲習染的糾葛，才能具有對周遭人事物恒常不易的深切關懷，而後感動才不會僅是一時偶然的發露，猶如過客般隨之乍來即離，始終未生根於內心的深層殿堂。比如須達到像黃孚先「不隨世俗波委」，而真能憐憫別人流離之苦，中心惓惓以至形諸夢寐的狀況，所流露的詩篇才是異於泛泛問候的真性情。

因此梨洲在討論《詩經》的變風變雅時曾說：

> 正變云者，亦言其時耳，初不關於作詩者之有優劣也。美而非諂，刺而非訐，怨而非憤，哀而非私，何不正之有？夫以時而論，天下之治日少而亂日多，事父事君，治日易而亂日難。韓子曰：「和平之音淡薄而愁思之聲要妙，讙愉之辭難工而窮苦之言易好。」向令《風》、《雅》而不變，則詩之為道，狹隘而不及情，何以感天地而動鬼神乎？是故漢之後，魏、晉為盛；唐自天寶而後，李、杜始出；宋之亡也，其詩又盛。無他，時為之也。即時不甚亂，而其發言哀斷，不與枯荄變謝者，亦必逐臣、棄婦、孽子、勞人、愚慧相傾、憸算相制者也，此則一人之時也。蓋詩之為道，從性情而出，人之性情，其甘苦辛酸之變未盡，則世智所限，易容埋沒。（《撰杖集·陳葦菴年伯詩序》，《全集》冊10，頁45～46）

又說：

> 今之論詩者，誰不言本於性情，顧非烹鍊使銀銅鉛鐵之盡去，則性情不出。彼以為溫柔敦厚之詩教，必委蛇頹墮，有懷而不吐，將相趨於厭厭無氣而後已。若是則四時之發斂寒暑，必發斂乃為溫柔敦厚，寒暑則非矣；人之喜怒哀樂，必喜樂乃為溫柔敦厚，怒哀則非矣。其人之為詩者，亦必閒散放蕩，巖居川觀，無所事事而後可；亦必茗椀薰爐，法書名畫，位置雅潔，入其室者，蕭然如睹雲林海岳之風而後可。然吾觀夫子所刪，非無〈考槃〉、〈丘中〉之什厝乎其間，而諷之令人低徊而不能去者，必於變風變雅歸焉。蓋其疾惡思古，指事陳情，不異薰風之南來、履冰之中骨，怒則掣電流虹，

哀則淒楚蘊結，激揚以抵和平，方可謂之溫柔敦厚也。吾友萬貞
一……召入翰林，荏苒十年，史館詩之所自出也，庶幾可以專心致
志矣。顧一時同召者，皆借途以去，而貞一獨任其勞，成《崇禎長
編》百餘卷、《列傳》若干卷，短檠木榻，筆退成塚，豈暇為詩。既
而晨炊欲絕，自請外補，斗大一城，鵠面蒼生，旱蝗子遺，撫循委
曲，繼之涕泣，又不忍為詩。嗟乎！貞一風塵困頓，鍛鍊既久，觸
景感物，無一而非詩，則以其不暇為、不忍為者溢而成之，此性情
之昭著，天地之元聲也。（《南雷文定四集・萬貞一詩序》，《全集》
冊 10，頁 90～91）

又稱讚錢退山的詩說：

退山飄零鯨背，與蜑戶鯷人共夫烟火，十死之餘，人世富貴福澤之
氣煎銷淨盡，而後甘苦鹹酸之味始出。（《南雷文定三集・卷一・錢
退山詩文序》，《全集》冊 10，頁 66）

此處梨洲認為性情在逆境之中淬鍊後始深刻昭著，因此遭逢時代危亂或個人
困厄，則作品愈能動人。我們須要特別注意的是梨洲在這種偏愛愁思窮苦之
聲、淒楚激揚之言的取向下，其實質乃是強調「逐臣、棄婦、孽子、勞人、
愚慧相傾、憸算相制者」在「事父事君，治日易而亂日難」的情境下之非諂、
非訐、非憤、非私的「何不正之有」的感情，如萬貞一任勞而不暇、悲憫而
不忍，如錢退山從事反清復明的出生入死之類，也就是標舉人在倫理困境下
的感性激盪，而非泛及一切愁怨之情（如不得遂其私心後所生的妒恨等等）。
因此所謂「詩之為道，從性情而出」的「性情」，當係指人具有真實的道德情
操，亦即具有理智化、意志化之道德感情的內心狀態。而道德情操之純全深
刻，勢必有賴現實的磨礪，蓋其乃主體對某一人事物之道德感情的深化與昇
華，故必類似於道德修養的過程，藉由日常工夫的操持，以打破世俗習染的
窠臼、改變義襲偽為的心智、挺立道德的本源那般，而後心智始克集中於此
原初的道德感情，加之提煉為貫注自覺與行動而不走作的道德情操，所以才
能說「人之性情，其甘苦辛酸之變未盡，則世智所限，易容埋沒」、「非烹鍊
使銀銅鉛鐵之盡去，則性情不出」、「人世富貴福澤之氣煎銷淨盡，而後甘苦
鹹酸之味始出」，否則性情若是指如審美的情趣、素樸的童真等等，則未必存
在此等「未嚐盡風霜，必將牽緣於世俗習見而不能顯出」的現象。同時，道
德情操本是對一切事物之真切的、無私的普同關懷，故其表現不拘一格，作

家可對不同的對象形成某種道德情操，不必限定於若干題材，所以文學作品有喜怒、亦可有哀樂，有溫柔敦厚、亦可有激刺怨悱，有月露風雲花鳥蟲魚之詠、亦可有疾惡思古指事陳情之作，不必刻意去輕視或避忌所謂的變風變雅，而鉤出視之爲別道。

（二）道德修養是文學創作的本源與性情層級的判準

基於這種見解，一方面，梨洲便特別推崇遺民的血淚之作，蓋其迫於世變，所眞心流露出之一份忠愛家國的道德情操，反而特別剴切濃烈。例如他說：

> 夫文章，天地之元氣也。元氣之在平時，昆侖旁薄，和聲順氣，發自廊廟，而耎泆於幽遐，無所見奇。逮夫厄運危時，天地閉塞，元氣鼓盪而出，擁勇鬱遏，坌憤激訐，而後至文生焉。故文章之盛，莫盛於亡宋之日，而皋羽其尤也。然而世之知之者鮮矣。（《吾悔集・卷一・謝皋羽年譜遊錄注序》，《全集》冊 10，頁 32）

又說：

> 余觀當今之作家，有喜平淡而出之率易，有喜艷麗而出之委曲，有獨創以爲高，有妮古以爲非法，非不各持一說，以爭鳴於天下。然而傍惶塵垢，象沒深泥，眾情交集，豈能孤行一己之情乎？夫此戚然孤露之天眞，并底不能沈，日月不能老，乃從來之元氣也。元氣不寄於眾而寄於獨，不寄於繁華而寄於岑寂，蓋知之者鮮矣。（《南雷文定五集・卷一・呂勝千詩集題辭》，《全集》冊 10，頁 103）

在這裏即認爲文章乃「天地之元氣」，元氣太平時和順、亂世時鼓盪，故文章太平時無奇、至亂世時始佳，而「文章之盛」，便「莫盛於亡宋之日」，當國家危亡之際，忠臣義士的憤激之作即是「至文」。我們知道所謂的「元氣」，據前節討論史學時所述，係指維繫人類歷史文化的道德情操，因此梨洲這一看法，固然只是他個人遭逢明亡而來的偏好，未必符合文學事實，但是其以元氣的隱顯來評價文學作品，顯然是看重文學所體現的對這份道德精神的眞情堅持。亦即太平治世裏文明昌盛，道德精神的重要意義反而因習以爲常而難以察覺，一旦國亡世亂，則人人投機變節、各趨前程，道德普遍不彰，故少數正義之士的苦心標舉，其撐持社會的作用與價值遂對比鮮明而特別醒目，故謂元氣乃「不寄於眾而寄於獨，不寄於繁華而寄於岑寂」，而表現此「戚

然孤露之天眞」的作品當然在文學史上就具有十分重要的意義了。〔註94〕

　　另一方面，既然眞正的文學應由性情而來，以體現道德情操，則文學的基礎本源便是一道德問題，而不當求諸文學的自身。所以梨洲又說：

> 錢漢臣學爲古文詞……然漢臣求之于予，不若求之其家先生之爲愈也。所謂古文者，非辭翰之所得專也。一規一矩，一折一旋，天下之至文生焉，其又何假于辭翰乎？且人非流俗之人，而後其文非流俗之文，使廬舍血肉之氣充滿胸中，徒以句字擬其形容，紙墨有靈，不受汝欺也。今先生以貴公子而代父當室，所以加禮于三黨者，往往爲人所難，非即其溫厚之文乎？世人杯酒殷勤，索報江湖，先生輩從，郡縣相望，裹足不往，三十年之貧老諸生，奉身若處子，非即其小心之文乎？忠介之難，幾不能有其百口，先生獨身當之，無使滋蔓，非即其放膽之文乎？漢臣欽承庭詔，先河後海，由是而發爲文章，豈復影響剿說者所可幾及乎？故曰不若求之其家先生之爲愈也。（《南雷文案外集‧錢屺軒先生七十壽序》，《全集》冊10，頁653～654）

〔註94〕　許多學者如馮契《中國古代哲學的邏輯發展》頁1044～1045、朱義祿《逝去的啓蒙》頁297～302等，認爲梨洲重視並期望壯美的風雷之文，以形著存在感受而刮磨斯世之耳目，是豪傑精神的呼喚，思對中國社會有個劇烈的震動；而陳良運：《中國詩學批評史》（南昌：江西人民出版社，2001年），頁508～511亦謂梨洲要求詩具有永恒性意義，要表現永恒的人性，而其實質則是以民族氣節的愛國精神爲人類普遍的感情。其實梨洲固然激賞此型作品，但未必不肯定其他內容、風格的作品，（比如朱則杰：《清詩史》（江蘇：江蘇古籍出版社，1992年），頁130～131即謂梨洲詩論與詩作主空靈、善寫景），故梨洲在此應非提倡某種文學的最高典範，而是欲表達其重視文學中應具的崇高道德情操。另外，陳旻志：《殘霞與心焚的夜燈如舊》（台北：萬卷樓圖書公司，2002年）承黃保眞等《中國文學理論史（明清鴉片戰爭前時期）》頁112～143之說法，而更擴大謂梨洲文史志業係以其文學思想爲軸心所開出，藉由陰陽二氣運作的元氣觀，取象於《周易》風雷之變易生物的原則，一方面演繹爲千變萬化的文學現象，一方面又復歸於文道合一，將文章與人格，視爲元氣道體的形著。此種說法，似乎過度看重《周易》對梨洲文論的影響、啓發，事實上，梨洲文論中言及《周易》、元氣、風雷諸名詞並不是很多見，也多不具根本的觀念性，大多用於言及遺民之作，顯然較宜視爲一種文學性的修辭用語，藉以形容遺民內心情緒的鬱過，故不太需過分誇大其理論作用；且梨洲的天地一氣並非陰陽化生的宇宙論思維，其文學亦非全盤思想的核心，是故與其以陰陽二氣解說梨洲文論及全部思想，倒不如求諸道德心之性理來得更爲正確。

此處逕將道德行爲的表現即視爲極致的文章，不須以訴諸文字形式的篇章才算文學，而認爲學文者當由道德踐履下手，使心中無有廬舍血肉的物欲充斥，而後發爲文章，始非世俗膚淺無實之作。這種主張，實際上即因文學的道德性限定所致，故唯有作者先對道德有眞心實感，具足道德情操的性情，始能有理想的文學表現。

既然如此，梨洲便說：

> 余觀古文，自唐以後爲一大變。唐以前字華，唐以後字質；唐以前句短，唐以後句長；唐以前如高山深谷，唐以後如平原曠野；蓋畫然若界限矣。然而文之美惡不與焉，其所變者詞而已。其所不可變者，雖千古如一日也。得其所不可變者，唐以前可也，唐以後亦可也。不得其所不可變，而以唐之前後較其優劣，則終於憒憒耳。有明一代之文，論之者有二：以謂其初沿宋元之餘習，北地一變而始復於古；以謂明文盛於前，自北地至王、李而法始亡。其有爲之調人者，則以爲兩派不妨並存。嗟乎！此皆以唐之前後較其優劣者也。……自此意不明，末學無知之徒，入者主之，出者奴之，入者附之，出者汙之。不求古文原本之所在，相與爲膚淺之歸而已矣。庚戌冬盡，雨雪餘十日而不止，四野凶荒，景象慘澹，聊取平日之文自娛，因爲選定……遂題曰《庚戌集》。又余生於庚戌，其干支爲再遇也。念六十年來所成何事，區區無用之空言，即能得千古之所不變者已非始願。吾聞先聖以庚戌生，其後朱子亦以庚戌生，論者因謂朱子發明先聖之道，似非偶然。余獨何人，以此名集，所以誌吾愧也。(《南雷文案·卷一·庚戌集自序》，《全集》冊 10，頁 8～9)

這篇序文認爲文學重其根本之精神內容而允許形式的多樣性，不應以形式爲評定優劣的標準，故明代文壇復古派與唐宋派的相爭，只在文學形式上各自堅執，並不正確。而須特別注意的是其以如朱子發明先聖孔子之道爲最大心願，暗示此乃「千古之所不變者」的「古文原本之所在」，亦即以理學家所標榜的道德性命之學才是超越於形式之上的文學眞正源頭。梨洲又說：

> 至文不過家書寫，藝苑還從理學求。(《南雷詩曆·卷三·與唐翼修廣文論文》，《全集》冊 11，頁 309)

他認爲好的作品即是將人類普遍的道德情感予以充分體現所成，更進而明白標舉文學須由理學而來。此蓋緣其文學係本於道德性情，而理學一向是傳統

上發掘道德此一事物之底蘊的學問，欲深化道德情感以建立道德情操，藉由理學的訓練自屬當然。所以梨洲又認為理學大家都是一流的文學家，他說：

> 宋景濂論文，謂漢唐二三儒者，其於文或得皮膚骨骼，獨宋室學統數先生，得文之精髓，而為六經孔孟之文。先生論文，謂學統數先生於天人性命、經制度數之說，固窮其源而抉其幽，誠非漢唐儒者之文所及；若就文章之能事，而衡之以質文終始之變，則漢唐儒者蓋有專長以相勝。其為論不同如此。余近讀宋元文集數百家，則兩說似乎有所未盡。夫考亭、象山、伯恭、鶴山、西山、勉齋、魯齋、仁山、靜修、草廬，非所謂承學統者耶？以文而論之，則皆有《史》、《漢》之精神，包舉其內。其他歐、蘇以下，王介甫、劉貢父之經義，陳同甫之事功，陳君舉、唐說齋之典制，其文如江河，大小畢舉，皆學海之川流也。其所謂文章家者，宋初之盛，柳仲塗、穆伯長、蘇子美、尹師魯、石守道淵源最遠，非汎然成家者也。蘇門之盛，淩屬見於筆墨者，皆經術之波瀾也。晚宋二派，江左為葉水心，江右為劉須溪。宗葉者以秀峻為揣摩，宗劉者以清梗為句讀，莫非微言大義之散殊……由此而言，則承學統者，未有不善於文，彼文之行遠者，未有不本於學，明矣。降而失傳，言理學者，懼辭工而勝理，則必直致近譬；言文章者，以修詞為務，則寧失諸理。而曰理學興而文藝絕，嗚呼！亦冤矣。（《南雷文定後集·卷一·沈昭子耿巖草序》，《全集》冊10，頁55～56）

此處沈昭子以為理學家們固然於義理有所深造，但在文學成就上則非其專長，這樣的論點其實是比較合乎事實真相的，蓋純文學誠自有其形式特質與獨立價值，不必定以經史義理為其思想內容，而真正能徹底發揮文學特色窮其能事者，亦往往不是理學家所能勝任。然而梨洲卻不同意，他認為文學與理學二者不悖，凡是傳承道統的理學大家「未有不善於文」，乃至於一般受人矚目而提及的文學有成者，「未有不本於學」，皆由對義理之學具有局部認識，受其沾溉而始得如此。

梨洲又說：

> 科舉盛而學術衰。昔之為時文者，莫不假道於《左》、《史》、《語》、《策》、《性理》、《通鑑》，既已搬涉運劑於比偶之間，其餘力所沾溉，雖不足以希作者，而出言尚有根柢，其古文固時文之餘也。今之為

時文者，無不望其速成，其肯枉費時日於載籍乎？故以時文爲牆壁，
驟而學步古文，胸中茫無所主，勢必以偷竊爲工夫，浮詞爲堂奧，
蓋時文之力不足以及之也……風氣每變而愈下……緣飾於應酬者，
則又高自標致，分門別戶。纔學把筆，不曰吾由何、李以溯秦漢者
也，則曰吾由二川以入歐、曾者也，黨朱、陸，爭薛、王，世眼易
欺，罵詈相高……此如奴僕掛名於高門巨室之尺籍，其錢刀阡陌之
數，府藏筐篋所在，一切不曾經目，但虛張其喜怒，以哃喝夫田驦
纖子，高門巨室顧未嘗知有此奴僕也……余嘗謂文非學者所務，學
者固未有不能文者。今見其脫略門面，與歐、曾、《史》、《漢》不相
似，便謂之不文，此正不可與於斯文者也。濂溪、洛下、紫陽、象
山、江門、姚江諸君子之文，方可與歐、曾、《史》、《漢》並垂天壤
耳。蓋不以文爲學，而後其文始至焉。當何、李爲詞章之學，姚江
與之更唱迭和，既而棄去。何、李而下，嘆惜其不成，即知之者亦
謂其不欲以文人自命耳，豈知姚江之深於爲文者乎？使其逐何、李
而學，充其所至，不過如何、李之文而止。今姚江之文果何如，豈
何、李之所敢望耶？……但使讀書窮經，人人可以自見。高門巨室，
終不庇汝。(《南雷文案・卷二・李杲堂文鈔序》，《全集》冊 10，頁
25～27)

此言明代文學不振之因：一是士人爲應付科舉故不究心於經史載籍、二是復
古派與唐宋派妄分門戶而相爭，進而提出唯有致力於讀書窮經，自然發而能
文，自可成家，不必依傍他人。其中有關「個性與創造」的義蘊留待下一小
節再論，此處須先注意的是「文非學者所務，學者固未有不能文者」、「不以
文爲學，而後其文始至焉」、周程朱陸理學家之文與歐曾史漢並垂天壤一類的
觀點。平心而論，這一見解並不符合文學事實，梨洲之所以如此斷定理學家
的文學成就反而高出於普通的文學家，實係其心中所認許的文學並非一般意
義的純文學，而是文學必出於性情、必以道性情所致。

　　於是梨洲又進而強調對人類道德心性的深入認識乃是創作文學的根本前
提，他說：

詩以道性情，夫人而能言之。然自古以來，詩之美者多矣，而知性
者何其少也。蓋有一時之性情，有萬古之性情。夫吳歈越唱，怨女
逐臣，觸景感物，言乎其所不得不言，此一時之性情也；孔子刪之，

以合乎興觀群怨、思無邪之旨，此萬古之性情也。吾人誦法孔子，苟其言詩，亦必當以孔子之性情為性情，如徒逐逐於怨女逐臣，逮其天機之自露，則一偏一曲，其為性情亦末矣。故言詩者，不可以不知性。夫性豈易知也，先儒之言性者，大略以鏡為喻，百色妖露，鏡體澄然，其澄然不動者為性，此以空寂言性。而吾人應物處事，如此則安，不如此則不安，若是乎有物於中，此安不安之處，乃是性也。鏡是無情之物，不可為喻。又以人物同出一原，天之生物有參差，則惡亦不可不謂之性，遂以疑物者疑及於人。夫人與萬物並立於天地，亦與萬物各受一性，如薑桂之性辛，稼穡之性甘，鳥之性飛，獸之性走，或寒或熱，或有毒無毒，古今之言性者，未有及於本草者也。故萬物有萬性，類同則性同，人之性則為不忍，亦猶萬物所賦之專一也。物尚不與物同，而況同人於物乎？程子言性即理也，差為近之。然當其澄然在中，滿腔子皆惻隱之心，無有條理可見，感之而為四端，方可言理，理即率性之為道也，寧可竟指道為性乎？晦翁以為天以陰陽五行化生萬物，而理亦賦焉，亦是兼人物而言。夫使物而率其性，則為觸為嚙為蠢為婪，萬有不齊，亦可謂之道乎？故自性說不明，後之為詩者，不過一人偶露之性情。彼知性者，則吳楚之色澤，中原之風骨，燕趙之悲歌慷慨，盈天地間，皆惻隱之流動也，而況於所自作之詩乎？秣陵馬雪航……請序其詩，余讀之，清裁駿發，牘映篇流……其為人，以心之安不安者定其出處，其得於性情者深矣。（《南雷文定四集‧卷一‧馬雪航詩序》，《全集》冊 10，頁 91～92）

在這裏梨洲大段地申說其心性理論，文中以為人性係指人類這一物種所獨有而異於他物之道德心，並不泛及生物所同具的共性；人性並非空寂無情如鏡之物，而是能在應物處事之當下，即令人有安或不安的道德活動。這些說法我們在第二章裏業已說明，無庸再贅，此處須予討論的是他區分性情有一時與萬古之差異的說法。依梨洲之意，一般人觸景感物、天機偶露者，乃是一偏一曲的個人「一時之性情」，而為性情之末；唯有達到孔子興觀群怨、思無邪之旨者，才是「萬古之性情」，亦即才是人類種性的普遍道德情感之高度發揚。一時的性情實即前文所謂的「不及情之情」，萬古的性情則是前文「情至之情」的深化與廣化，嚴格地說，兩種情也不是本質上的絕對有異，而是質

量上純厚與否的不同。這裏頭梨洲本人前後的用語並不甚精確、一致，但其大旨尚可得見。倘若明白地說，應當是：一時的性情乃主體在生活情境裏，其道德感情在「習心幻結」之中，因某種情境的誘導而「俄頃銷亡」式的偶然發露，故本身有所夾雜、來源並不穩固，尚未達到純粹的情操層次，這就是「不及情之情」、「不至之情」，比如「常人未嘗不有月露風雲花鳥之詠」、「勞苦倦極，未嘗不呼天也；疾痛慘怛，未嘗不呼父母也」之類即屬之，它們不是不好、不是不真，只是以高標準來看，「未可便謂之情也」；而如果主體在某一特殊情境中、對某一特定對象所偶然發露的道德情感，因著某種主觀與客觀的緣故，得到磨練與強化，則其此份道德情感遂貫注著自覺的堅持，而變化為較純全深摯的情操，這就是「情至之情」，比如本身的愛國心受到亡國之激而有遺民血淚之作、原本的貞烈女子因丈夫的不能相守而有思婦淒怨之篇，諸如此類「怨女逐臣，觸景感物，言乎其所不得不言」的「情至之語」，便是梨洲《明文案》的選取對象。顯然地，這種「不至之情」和「情至之情」只是程度上的差別而已，皆有特定的主客或時空局限，故可謂皆出於「一時之性情」，雖然我們應當加以肯定，但肯定之餘，畢竟不能以此為究竟。就好比道德修養者在明白「四端在生活情境中石火電光地發露皆無異於道德根源，赤子之心已自彌綸天地」的本體義之後，即當落實「偶露之道德發用並不足恃，必加存養之功，性分量始盡，才有境界可言」的工夫義一樣；文學家在具備「一時之性情」後，更當契入這催動一時性情的源頭，認識人心的道德根源，而後其道德情操才能再深化、再廣化，進入「萬古之性情」的心靈境界，以超越特定的主體與情境局限。也就是唯有讓自己的心智能主動地、清晰地、牢固地通同於道德源頭，則其道德感情才能真正與理智、意志系統化而普化為對一切人事物的道德情操，如此其創作才是清晰意識下的創作，也才能隨地湧出、充滿豐富性與變化性，而篇篇皆是一出於思無邪的至情至性，同時兼具興觀群怨的普遍價值，不再出現「一人之情有至有不至」，只有「一二情至之語」的現象。所以正如心性論中的本體義與工夫義兩相不悖而缺一不可，文學上梨洲亦要肯定忠臣孝子、思婦勞人的情感蘊結，但又說要洞悉人的道德心性，深求於「心之安不安者」，不可徒逐於怨女逐臣的性情之末。顯然地，梨洲的萬古性情說，意在對作者提出終極性的指示，以澄清文學的本源，其「自古以來，詩之美者多矣，而知性者何其少也」之慨，意義頗長。他要求作者對道德根源充分認識而體現於一切活動中，使感情成為自

覺的道德呈顯，而非任其在人生境遇裏偶然根觸時，才局部短暫地、盲動地發露。如此則一切作品率此性而自爲各種條理，不論其形式、內容、風格如何，「皆惻隱之流動」，皆屬普遍人性的道德情操之發揚。

由上所述，可知梨洲以道德情操爲性情的觀點，將文學回歸於道德，並不是要窄化文學，不是說一切創作只能刻板地以歌詠道德爲內容，而是以最廣泛的道德關懷去涵攝各種的文學現象，排除其間虛僞邪惡的不入流作品，端正並提升整體的境界，成就其價值與意義。其以道德乃文學的本源所在，暗示著文學有其自身局限，亦即文學無力解決文學情感的價值問題，從這點來看，可以說文學乃是盲目的，因此人須自覺地以道德爲文學活動的指引、創作的保障。對此梨洲說：

> 古之詩也，以之從政，天下之器也；今之詩也，自鳴不平，一身之事也。黍離降爲國風，一時之變也；天下降爲一身，古今之變也。(《南雷文定四集・卷三・董巽子墓誌銘》，《全集》冊 10，頁 477）

又說：

> 夫人生天地之間，天道之顯晦，人事之治否，世變之汙隆，物理之盛衰，吾與之推盪磨厲於其中，必有不得其平者，故昌黎言物不得其平則鳴，此詩之原本也。幽人離婦，羈臣孤客，私爲一人之怨憤，深一情以拒眾情，其詞亦能造於微。至於學道之君子，其淒楚蘊結，往往出於窮餓愁思一身之外，則其不平愈甚，詩直寄焉而已。吾於吾友人遠見之……人遠之所以爲詩者，似別有難寫之情，不欲以快心出之。其所歷之江山，必低徊於折戟沉沙之處；其所詢之故老，必比昵於吞聲失職之人。詩中憂愁怨抑之氣，如聽連昌宮側老人、津陽門俚叟語，不自覺其隕涕也。嗟乎！人遠悲天憫人之懷，豈爲一己之不遇乎！(《南雷文定四集・卷三・朱人遠墓誌銘》，《全集》冊 10，頁 470～471）

此處認爲文學之情，必須更深更廣，不得只局限於一己不平之私情，由此「深一情以拒眾情」而來的情操，所寫出的作品雖亦有其佳妙之處，但是「學道之君子」，其情操更在此外，視野與心胸早已跨出自我的格局，而有著對天下家國、歷史文化的悲天憫人之深情。由此可見梨洲辨別情感的境界高下，各種情感雖無對錯好壞，但其中所蘊涵價值生命的廣度與深度則有不同，故文學須主於情，且主於眞情、主於深情，更須主於意義高廣遠大且清晰自覺之

道德情操。

至此我們可以發現，文學回歸於道德本源後，其發展的最終目的歸宿，自必也是道德關懷的普現。可是如此一來，文學自身的殊性豈非消失隱沒於道德之中，然而文學與道德畢竟是人間的兩種事物，就算有極密切的關聯，也還是應有其各自的殊性可言才是，這個問題即是下文討論的重心。

三、融鑄個性學力的「文道」觀

我們知道梨洲的文學所承載的是道德情操特化來的歷史情感。因此以道德為文學的源頭即十分適當，蓋歷史情感仍是來自道德心之故。但是若亦以道德為文學的發展方向，則似嫌太過籠統。假如要清楚地說明文學的發展，則應回到歷史情感上來看。歷史情感係為歷史意識的基石，是故歷史情感終須表現為推動建構新歷史的自覺行動，這就顯示承載歷史情感的文學亦是歸趨於歷史文化的開創，而正在開創歷史文化之中，文學便作為人類歷史文化裏的一項成果，遂得以建立其自身內在的特殊規範，保有其之所以成其為文學的殊性地位。以下即析言之。

（一）「道本文末、文道是一」：文學是歷史文化活動的一部分

關於文學的作用與目的，梨洲認為「文」應與「道」合一。他曾自述說：

> 弱冠弄柔翰，經史無根柢；勉為場屋學，亦復趨靡靡；業既不專精，所以兩墮矣。自從喪亂來，讀書瀑布底……其間亦自思，詞章鄙事耳；蟻蠭處甕中，詎知九萬里？凡生所結集，難圖八識薗；因文以見道，或者其庶幾。（《南雷詩曆·卷三·答陳介眉太史五十韻》，《全集》冊11，頁302～303）

此以文學並非人生的極致，心力不應僅局限於其中，而當根柢於經史、「因文以見道」，否則無異甕中蟻蠭，不知更高廣的生命境界，而一生的積習薰染，將使八識田中為之葛藤纏繞。梨洲為高元發的文集寫序時又說：

> 古人以辭之清濁為健弱，意之深淺為厚薄，勦襲陳言，可謂之健乎？遊談無根，可謂之厚乎？……甬上諸君子皆原本經術，出為文章，彬彬然有作者之風者不下六七人……元發學文二十年，而身困獄吏，寄食他人，茫然於世故之江河，反不如場屋架綴經義之士取寵譁世，將無古文一道，徒為觀美之具，無稗實用……雖然，詩書所載，何莫非文也？伊、傅、周、召、孔、孟，豈真虛費心力如昭明

耶？元發當患難貧賤之中，亦思平生誦讀無一足恃，可以知文之所
在矣。盍與六七君子者求而得之？（《南雷文案・卷一・高元發三稿
類存序》，《全集》冊 10，頁 1～2）

他在這裏提出「原本經術，出爲文章」的觀點，認爲文學並非「虛費心力」
的「觀美之具」，而「無稗實用」，如標榜精心構思、辭采文華之純文學概念
的《昭明文選》之類；而應是伊、傅、周、召、孔、孟的《詩》《書》之文，
具有道德的人文化成作用。梨洲又說：

周元公曰：「文所以載道也。」今人無道可載，徒欲激昂於篇章字句
之間，組織紉綴以求勝，是空無一物而飾其舟車也，故雖大輅稜艎，
終爲虛器而已矣。況其無眞實之功，求鹵莽之效，不異結柳作車，
縛草爲船耳。吾友陳葵獻，汲古窮經……未嘗以古文自命，然其筆
授之章，論學之書，春容典雅，辭氣和平，無訓詁鬭飣之習。余曰：
「此眞古文也。應酬之中，豈有古文哉！」今年秋月，與余同寓吳
山，至廣化寺……一滴泉聽雨，雲居坐月，余間有吟咏，墨痕未燥，
而葵獻排韻鬭險，俄頃成章，牢籠景物，刻畫悲歡，視雕肝琢腎日
鍛月鍊者，無以加焉。習葵獻者，以爲葵獻破荒作詩，何工之如是？
余曰：「曾是有狶頓、師史之貨，而憂其不能轉轂運權乎？」……司
馬子長之文章，得之山川，子長讀書十年之後，方可言此。今葵獻
讀書，年過子長，從此而後，方知六經非几案間物耳。（《南雷文案・
卷二・陳葵獻偶刻詩文序》，《全集》冊 10，頁 28～29）

這裏雖同意「文以載道」的說法，但究其實質，並非將文學視爲表達道德或經
術的工具。否則猶如舟車之載運貨物，我們便可以質疑舟車與貨物畢竟是二種
不同的東西，而擁有資本與產品亦未必即能行銷利市，類似陳葵獻汲古窮經即
善於詩文的例子，將不必然成立；且既稱美陳氏「排韻鬭險，俄頃成章，牢籠
景物，刻畫悲歡」，則顯屬敘景言情的文學性內容，而非專寫經術義理。倘若排
除過譽陳氏的考量，則梨洲確實認爲「窮經讀書、致力學問即自然能寫出文學
佳作」，因此唯一合理的解釋，便是須有道本文末、文道是一的基本前提。

觀梨洲又說：

茅鹿門云：「八大家而下，予於本朝獨愛王文成公……公固百世殊絕
人物，區區文章之工與否所不暇論。予特揭於此，以見本朝一代之人
豪，而後世之品文者，當自有定議云。」按鹿門此論，知言之選也。

予謂有明之文統……至陽明而中興，爲之一振。第自宋以來，文與道
分爲二，故陽明之門人不欲奉其師爲文人，遂使此論不明，可爲太息
者也。(《明文海評語彙輯・卷五十》，《全集》册 11，頁 98～99)

此可見其眞正的主張乃是文道不分，同時惋惜這個傳統後世不復，又肯定陽明
的事功成就。總上諸文所言，梨洲認爲文學不是一門獨立自足的學問，而須出
自經術，終以見道；經術也好，見道也罷，又都以「實用」、直上「九萬里」的
「一代之人豪」來說明，則其顯然將文學的作用與目的指向有益社會人群生活
的營造，期使文學能建立「文統」，亦即文學自身的歷史性傳承。﹝註95﹞我們如
果再結合前文所述之梨洲以文學承載歷史情感而興發歷史意識並回歸道德情操
而普泛關懷的觀點，則知此種將文學歸結爲「道」當中的一環，道實即維繫歷
史文化的道德情操與繼承此情操的歷史意識，而文學則是此種情操與意識下的
建構活動，其本身即是保存歷史、創造文化之整體行動的部分，故文學與之合
而不分，且又隸屬其間，因此終謂文道是一、文末道本。

（二）以個性化的文學創作豐贍文化的成果

　　既然文學的終趨是歷史文化的一種建構，則必要求「繼往」與「開來」
兩個層面，否則不足以成爲相貫性的歷史文化建構。而要繼往又要開來，則
須具備對已有成果的認識與個人獨發的新創意，這就涉及「學力」與「個性」
的問題。

　　我們先討論個性的部分。關於這一方面，梨洲《南雷詩曆・題辭》中宣
說的「夫詩之道甚大，一人之性情，天下之治亂，皆所藏納。古今志士學人
之心思願力，千變萬化，各有至處，不必出於一途。今於上下數千年之中，
而必欲一之以唐；於唐數百年之中，必欲一之以盛唐。盛唐之詩，豈其不佳？
然盛唐之平奇濃淡，亦未嘗歸一，將又何適所從耶」，即已有所點明；而其〈南
雷文定凡例四則〉中提出文章須自得自信，亦復此意。兩者蓋皆具有兼容並
蓄以形成長遠歷史、宏富文化的意思，所以力主眞實的、變化的個人性創造，
不宜模仿求同、限以一格，以期貢獻新血於其間。

﹝註95﹞ 史洪川：〈承學統者未有不善於文——關於黃宗羲文統思想〉，《河南理工大學
　　　　學報（社會科學版）》2005 年第 1 期，頁 66～68 指出陽明在明代學統中確有
　　　　不可替代的地位，但梨洲推許陽明在文統中的地位卻有勉強之處，這是梨洲
　　　　以學統承繼者自居並積極建立的新文統。史氏之見極是，梨洲的文統不是單
　　　　純的純文學藝術傳統，而是結合歷史意識與道德情操之下的新文學觀點。

對此梨洲又說：

> 汪栗亭《黃山續志》告成，屬余序之……有言《黃山志》定本，栗
> 亭既與纂修，三十六峰，寫貌曲盡，寧留餘地，以俟後人？余謂不
> 然。山川有定形而無定情，朝暮之變，不知凡幾。才人文士之胸懷，
> 正復汲之無盡，後人之所見，未必前人之所有。……吾知一續再續，
> 猶不足以盡黃山也。（《南雷文定四集・卷一・黃山續志序》，《全集》
> 冊 10，頁 81～82）

此處以黃山為例，謂人類所生存的自然環境不變，但人類胸懷自有取之不竭的
創造力富源，當能別出心裁、一續再續，足以不斷地展開更新與創造。又說：

> 詩之為道，從性情而出。性情之中，海涵地負，古人不能盡其變化，
> 學者無從窺其隅轍。此處受病，則注目抽心，無非絕港。而徒聲響
> 字腳之假借，曰此為風雅正宗，曰此為一支半解，非愚則妄矣。（《南
> 雷文定後集・卷一・寒邨詩稿序》，《全集》冊 10，頁 53）

此可見文學創作中取之不盡的創造力富源乃是人心之性情。蓋人心的道德情
操本即維繫歷史文化於不墜者，且又對萬物關懷無限而時時出之，故欲從事
建構歷史文化的文學活動者，藉以貞定其方向並取為資糧乃是必要與必然。
所以梨洲又說：

> 詩也者，聯屬天地萬物而暢吾之精神意志者也。俗人率抄販模擬，
> 與天地萬物不相關涉，豈可為詩？彼才力工夫者，皆性情所出，肝
> 鬲骨髓無不清淨，咕吟謦欬無不高雅，何嘗有二？……世人多喜雷
> 同，束書不觀，未嘗見大家源流之論，作半吞半吐之語，庶幾蘊藉，
> 以為風雅正宗，不亦冤乎？近來點者，取宋元詩餘，抄撮其靈秀之
> 句，改頭換面以為詩，見者嗟其嫵媚，遂成風氣，此又在元遺山所
> 謂薔薇無力之下矣。昔人云：「吾輩詩文無別法，但最忌思路太熟耳。」
> 思路太熟則必雷同。右軍萬字各異，杜少陵千首詩無一相同，是兩
> 公者，非特他人路徑不由，即自己思路，亦必滅竈而更燃也。（《南
> 雷文定四集・卷一・陸鉁俟詩序》，《全集》冊 10，頁 86～87）

此序前半說詩「聯屬天地萬物而暢吾之精神意志」，以文學乃人與天地萬物相
關涉的活動，故須「才力工夫者，皆性情所出」，始能內心清淨、外現高雅而
內外一致。蓋道德的關懷使主體能夠真心與事物同體共感，而後此情操始可
作為撐持歷史文化的骨幹，故體現歷史情感的文學，其作家的個人天分與技

巧磨練皆須出自性情。序文後半則基於性情作爲天分與學養的根本，強調創新不已，杜絕一切模仿沿襲的情形，不僅是不與人雷同，而且亦應不與自己曾有者重複。

梨洲又加以解釋說：

古人不言詩而有詩，今人多言詩而無詩。其故何也？其所求之者非也。上者求之於景，其次求之於古，又其次求之於好尚。以花鳥爲骨，烟月爲精神，詩思得之灞橋驢背，此求之於景者也。贈別必欲如蘇、李，酬答必欲如元、白，遊山必欲如謝，飲酒必欲如陶，憂悲必欲如杜，閒適必欲如李，此求之於古者也。世以開元、大歷之格繩作者，則迎之而爲浮響；世以公安、竟陵爲解脫，則迎之而爲率易、爲混淪，此求之於一時之好尚者也。夫以己之性情，顧使之耳目口鼻皆非我有，徒爲殉物之具，寧復有詩乎？吾友金介山之詩清冷竟體，姿韻欲絕……讀之者知其爲介山之人，知其爲介山之詩而已。昔人不欲作唐以後一語，吾謂介山直不欲作明以前一語也。

（《南雷文定四集·卷一·金介山詩序》，《全集》冊10，頁87～88）

此謂當以自己的性情爲詩歌創作的來源，使作品一如其人，充分表現本身與所處時空互動下的個人特色，不必一味以觀摩景物、追步古人及附和時代潮流來產生文學的靈感，否則作品的實質「皆非我有」，「徒爲殉物之具」而已。

又說：

古今之稱詩者，多於麻竹，然而傳至於今者寡矣；傳至於今，而爲人所嗟嘆而不能已者，益又寡矣。此無他，則爲人爲己之分也。蓋三百篇大抵出於放臣、怨女、懷沙、恤緯之口，直達其悲壯怨譎之氣，初未嘗有古人之家數存於胸中，以爲如是可以悅人，如是可以傳遠也。夫亦如飄虛之風，鳴秋之蛩，百物之相軋相應而成聲耳。顧今之爲詩者，才入雅道，便涉藝門。浮雲白日，摘爲古選；青枝黃鳥，拈爲六朝。紛紜膠輵，自錮其靈明，無非欲示人以可悅耳。不知昔人之所以上下於千古者，用以自冶其性情，非用以取法於章句也。姜白石云：「異時泛閱眾作，病其駁也，專志於魯直。居數年，一語噤不敢吐，始大悟學即病，顧不若無所學之爲得。」夫無所學則爲己矣。吾友姜友棠之爲詩也，自出機軸，其窮愁感慨，若閒雲之卷舒，怒蟄之澎湃，不知其然而然，以成其爲友棠之詩而已……

其於時風眾勢，有所不計也。(《南雷文定四集‧卷一‧姜友棠詩序》，
《全集》冊 10，頁 88～89)

這裏區別「爲己」與「爲人」的根本差異，以詩須爲抒發自己感情而作，乃
是自出機軸、自然而出、無所學的，不得自錮其靈明、規模前代典範而不敢
有所出入，不是爲取悅他人、迎合時尙、博取遠傳的名聲而寫；所謂上下千
古泛閱眾作的學養積累，係藉以陶冶一己的性情，並非欲備取材模擬之需。
以上諸文，可謂其「才力工夫者，皆性情所出」一語的註腳。

　　同樣地，梨洲又對詩詣不高但始終吟詠自娛的毛雷龍讚美說：

觀當世詩家，纔能斷句分章，即爭唐爭宋，情性理義之具，譁爲訟
媒，以視君高吟長嘯，筆硯爾汝，以自適其清苦，此眞詩之情也，
他又何論哉！(《南雷文定後集‧卷四‧淇仙毛君墓誌銘》，《全集》
冊 10，頁 449)

在此即特別看重文學的自適其個人眞情，許爲「眞詩」，而不以明朝文壇上標
榜主唐或主宋卻不見個性的大流派充之；又謂靳熊封說：

百年之中，詩凡三變，有北地、歷下之唐，以聲調爲鼓吹；有公安、
竟陵之唐，以淺率幽深爲秘笈；有虞山之唐，以排比爲波瀾：雖各
有所得，而欲使天下之精神，聚之於一塗，是使詐僞百出，止留其
膚受耳。使君未嘗循一家之門戶，時而律呂相宣……時而言近旨
遠……時而行空角險……其精神所注，如決水於江河淮海，衝砥柱、
絕呂梁，因其所遇而變生焉。方今禮樂將興，其作爲雅頌以鳴一代
之盛者，舍使君其誰適歟？(《南雷文定後集‧卷一‧靳熊封詩序》，
《全集》冊 10，頁 59)

此則稱譽不循門戶而獨特表現一己精神在其所處時空之眞實感動的作品，當
中反對詐僞膚受的內容，而期許「因其所遇而變生」以「鳴一代之盛」，則可
見出梨洲欲藉個人的殊性以標立其時代的特色、從而納入人類文化之豐富性
的用意。梨洲又說：

慨自唐以前，爲詩者極其性分所至，銖心劌腸，畢一生之力，春蘭
秋菊，各自成家，以聽後世之品藻。如鍾嶸之《詩品》，辨體明宗，
固未嘗墨守一家以爲準的也。至於有宋，折衷之學始大盛。江西……
永嘉……晚唐……崑體……入主出奴，謠詠繁興，莫不以爲折衷群
言。然良金華玉，並行而不悖，必欲銖兩以定其價，爲之去取，恐

山川之靈氣，割裂於市師之手矣。退山言作詩者，固當出之以性情，
尤當擴之以才識，涵濡蘊蓄，更當俟之以火候，三者不至，不可以
言詩……其於古今作者，有品藻而無折衷，蓋不欲定於一家以隘詩
路也。(《南雷文定三集‧卷一‧錢退山詩文序》，《全集》冊 10，頁
65～66)

又說：

范道原……以已刻未刻詩稿待余評定……今展卷讀之……不必問其
作何家數，固是詩道中之當行也……今人好議論前人，《四書》纔畢，
即辨朱陸異同；今古未分，即爭漢宋優劣。至於言詩，則主奴唐宋，
演之而爲北地、太倉、竟陵、公安。攻北地、太倉者，亦曾有北地、
太倉之學問乎？攻竟陵、公安者，亦曾有竟陵、公安之才情乎？拈
韻把筆，胸中空無一物，而此數者名目，擾擾盤結，不可但已，究
之出其所作，好醜仍是其人本色，未能於數目中有所增加也……則
知相詆無有已時，豈如里婦市兒之罵，以先息爲屈乎？道原主持風
雅，但勸世人各做自己詩，切勿替他人爭短爭長，則詩道其昌矣。(《南
雷文定三集‧卷一‧范道原詩序》，《全集》冊 10，頁 66～67)

這裏推崇錢退山與范道原的詩論，言下之意即認爲文學須自行創作，各自展
現作者的特殊風貌，體現創作主體的鮮明個性，不必堅持或服從於某種文學
批評取向以隘路徑，唯有各自成家、並行而不悖，始能昌盛詩道。此種「各
做自己詩」、「以聽後世之品藻」的態度，顯然一方面寓有一種自得自信的觀
點，亦即對一己之所獨創具有一份自信的肯定，一方面則更由之導向兼容並
蓄以建設眾人文化成果的思想，所以才要強調胸中有物，表現自己獨具的特
殊所有，期能「於數目中有所增加」。所以梨洲說：

夫文章不論何代，取而讀之，其中另有出色，尋常經營所不到者，
必傳文也。徒工詞語，嚼蠟了無餘味者，必不可傳者也。昌黎「惟
陳言之務去」，士衡「怵他人之我先」，亦謂學淺意短，伸紙搖筆，
定有庸眾人思路共集之處。故唯深湛之思，貫穿之學，而後可以去
之怵之。(《南雷文案外集‧壽李杲堂五十序》，《全集》冊 10，頁 657)

此即強調作品內容須有突越他人的創見才得具「必傳」的價值，可見梨洲將
文學活動歸趨爲一文化傳承及創造的活動。而於茲重視力學與深思，以力求
另出新意，發人所未發，而避免與他人成說雷同無別，這就顯示若要胸中有

物，不能完全只求諸己心，在深思之餘，仍須有貫穿之學，亦即學問識見乃不可或缺者。

（三）以學力的積累掌握文學的藝術特殊性

關於學力方面，梨洲說：

> 應酬之下，本無所謂文章，而黠者妄談家數，曰吾本王、李，風雅之正宗也；曰吾師歐、曾，古文之正路也。究其技倆，不過以勦襲之字句，飾時文之音節耳。王、李云不讀唐以後書，若人亦曾讀唐以前書耶？歐、曾謂學文之要在志道窮經者，若人亦知經之與歐、曾，其相似在何等乎？故其持論雖異，其下筆則唯之與諾也。有如假潘水爲鼎實，別器而薦之，曰此殽烝也，曰此折俎也，吟唱雖異，其爲潘水則同也。（《南雷文案·卷十·七怪》，《全集》冊 10，頁 632）

此處在反對明代復古派與唐宋派模擬他人、標榜門戶之餘，又認爲這些盲目的追隨者根本不曾仔細研究過其所推崇的對象，率皆不讀書而無實學，僅附會皮毛，故究此二派作品的實質，不過只是包裝有異，內容仍是同樣的膚淺。又說：

> 今之爲詩者，曰必爲唐、必爲宋，規規焉俛首蹜步，至不敢易一辭、出一語，縱使似之，亦不足貴。於是識者以爲有所學即病，不若無所學之爲得也。雖然，學之至而後可無所學，以無所學爲學，將使魏、晉、三唐之爲高山大川者，不幾蕩爲丘陵糞壤乎？故程不識之治兵也，正部曲行伍，營陳擊刁斗，軍不得自便，敵不敢犯；李廣行無部曲，行陣人人自便，不擊刁斗自衛，敵卒犯之，無以禁。即學詩者之明驗矣。先生之詩，以工夫勝，古今諸家，揣摩略盡，而後歸之自然，故平易之中，法度歷然，猶不識之治兵也。不求與古人合而不能不合，不求與古人異而不能不異，謂之有所學可也，謂之無所學亦可也。（《南雷文定四集·卷一·曹實庵先生詩序》，《全集》冊 10，頁 84）

此則進一步說明文學固須貴獨創、反模擬，以表現無所學的一己殊性，但亦必「學之至而後可無所學」、「古今諸家，揣摩略盡，而後歸之自然」，先經一學習階段，吸取歷代前人之成果，探究工夫法度的奧妙，而後始得自成變化，決不可眞地「以無所學爲學」。又說：

> 文章之道，非可一蹴而至者。苟好之，則必聚天下之書而讀之，必

求天下之師友而講之，必聚一生之精力而為之，其文有不工者乎？

（《南雷文定五集・卷一・戴西洮詩文題辭》，《全集》冊 10，頁 102）

這裏即明言文學須藉讀書、師友之助，專精致力一生而後始克工。又說：

> 馬君義雲詩……未經南方作家之手，雖刻而不敢自信，故欲明府懸
> 之國門，別其粉墨……夫人而能為詩，則自信其詩，於是僻固狹陋
> 之病盤結胞胎，即使陶、謝詔之於前，李、杜、王、孟鞭之於後，
> 不欲盼其帷席，是安得有詩乎？且君……乃以通方之見，架學區中，
> 飛才匃外，即此不敢自信之心，便自詩家三昧也。昔誠齋自序，始
> 學江西，既學後山五字律，既又學半山老人，晚乃學唐人絕句，後
> 官荊溪，忽若有悟，遂謝去前學，而後渙然自得。夫誠齋之所以累
> 變者，亦不敢自信之心為之也。今君之所成就……已足脂粉藝文，
> 而猶不自信如此，則此後寧復可量耶？（《南雷文定三集・卷一・安
> 邑馬義雲詩序》，《全集》冊 10，頁 69～70）

梨洲於此又標舉「不敢自信」之觀念，要求學者不自滿而虛心受教。可知梨洲一方面強調自得自信以免喪失鮮明個性，一方面又說不可自信而排斥他人以致僻固狹陋，此二者乃相輔相成，即在肯定自我性情的前提下，同時又能欣賞、吸取他人的長處，從而變化突破，終於自成一家，而後自己又成為後人品藻的對象、取益的資源。

顯然地，梨洲這一強調個性與學力的文論即是歸趨於兼容並蓄以建構文學的傳統。而梨洲之所以重視學力，主要有三考量：一是內容上的資取，二是內心上的陶冶，三是形式上的乞靈。

關於內容上的資取，梨洲說：

> 昌黎「陳言之務去」，所謂陳言者，每一題必有庸人思路共集之處纏
> 繞筆端，剝去一層，方有至理可言。猶如玉在璞中，鑿開頑璞，方
> 始見玉，不可認璞為玉也。不知者求之字句之間，則必如〈曹成王
> 碑〉乃謂之去陳言，豈文從字順者，為昌黎之所不能去乎！（〈論文
> 管見〉，《全集》冊 2，頁 270）

此言「務去陳言」是指有新內容之創新發明，不是指遣詞造句上改求怪僻之新異形式。又說：

> 言之不文，不能行遠。今人所習，大概世俗之調，無異吏胥之案牘，
> 旗亭之日歷。即有議論敍事，敝車羸馬，終非鹵中物。學文者熟讀

三史八家，將平日一副家儅盡行籍沒，重新積聚，竹頭木屑，常談
委事，無不有來歷，而後方可下筆。(〈論文管見〉，《全集》冊 2，
頁 270)

此則言須讀三史八家，有學問積累，始可有異於老生常談的作品。結合這兩
段文字來看，可知避免庸人思路、世俗之調而提出新內容的方法是仰賴學問。
所以梨洲又說：

昔之為詩者，一生經史子集之學，盡注於詩。夫經史子集，何與於
詩？然必如此而後工。(《南雷文定三集‧卷一‧馬虞卿制義序》，《全
集》冊 10，頁 71)

讀書當從《六經》，而後《史》、《漢》，而後韓歐諸大家。浸灌之久，
由是而發為詩文，始為正路，舍是則旁蹊曲徑矣……文雖小伎，必
由道而後至。(《南雷文案‧卷七‧高旦中墓誌銘》，《全集》冊 10，
頁 314～315)

此皆強調文學之基礎訓練在於廣博地讀書，有了內在的學問知識而後表現為
詩文創作，才能有好成績，倘若只從文學本身的技藝層面著眼，則成就未免
有限。而前引《南雷詩曆‧題辭》中亦說詩人「若只從大家之詩，章參句鍊，
而不通經史百家，終於僻固而狹陋」，蓋因見識不廣、所知扁薄，則下筆自無
新見解可以引人深思、解答問題，終只能提供讀者一點文學的興味罷了。唯
有「深於經術，而取材於諸子百家」，才能「質而不枯，博而不雜」，達到具
有個人風貌特色的成就，從而改變明代文壇的模擬積弊。〔註96〕因此梨洲分
別對侯方域、李東陽、鍾惺批評說：

得歐陽之波瀾感慨，惜不多讀書，未能充其所至。(《明文授讀評語
彙輯‧卷三十七》，《全集》冊 11，頁 186)

西涯文氣秀美，東里之後不得不以正統歸之。第其力量稍薄，蓋其
工夫專在詞章，於經術疏也。學者於此盡心焉，則知學文之法矣。(《明
文海評語彙輯‧卷六十六》，《全集》冊 11，頁 103)

其文好為清轉，以糾結見長，而無經術本領，求新求異，反墮時文
蹊徑。(《明文授讀評語彙輯‧卷三十七》，《全集》冊 11，頁 186)

這裏都在說明文學須有讀書的根柢，否則雖有文學上波瀾、秀美、清轉的形

〔註96〕關於此點及引語，詳見《南雷文定三集‧卷一‧鄭禹梅刻稿序》(《全集》冊
10 頁 62～63)。

式技藝，但終究不免內容薄弱的缺憾。

其次，關於內心上的陶冶，梨洲曾說「昔人之所以上下於千古者，用以自冶其性情」，即已點出治學有益於端正主體心術，養成其道德情操。他又曾對官撫辰批評說：

> 文有奇氣而學無原本，故不免好為大言欺人。(《明文授讀評語彙輯‧卷三十七》，《全集》冊 11，頁 187)

又謂茅坤說：

> 觀荊川與鹿門論文書，底蘊已自和盤托出，而鹿門一生僅得其轉折波瀾而已，所謂精神不可磨滅者，未之有得。緣鹿門但學文章，於經史之功甚疏，故只小小結果。(《南雷文案‧卷四‧答張爾公論茅鹿門批評八家書》，《全集》冊 10，頁 172～173)

> 只六股便無限轉折，荊川底蘊已自和盤托出。而鹿門一生，但得其繩墨轉折而已，所謂「精神不可磨滅者」終不得也。緣鹿門溺於富貴，未嘗苦心學道，故只小小結果，孤負荊川如此！(《明文海評語彙輯‧卷一百五十三》，《全集》冊 11，頁 118)

此言文學須以修養為本，免去大言欺人、溺於富貴的不道德心態，而胸中一段不可磨滅的真精神乃苦心學道、學有本原後始有，因此須賴經史之功、經術本領的陶冶浸灌，久之始得潛移默化其心智，這也是為何前文梨洲要以研讀經史典籍為詩文「正路」而謂「文雖小伎，必由道而後至」的另一層緣故。然而經史百家之學術思想固然有助於開拓知識視野、砥礪品性，從而極有利於文學的創作，但是其間之關聯未必如此確然不易。觀梨洲分別對錢福、彭華、桑悅批評說：

> 為人風流跌宕，其文反覺沾滯，與之相反，何也？(《明文授讀評語彙輯‧卷十一》，《全集》冊 11，頁 160)

> 其文嚴整峭厲，然為人傾險，不足取也。(《明文海評語彙輯‧卷一百七十五，《全集》冊 11，頁 121》

> 先生不剿襲古文，而自能為古文，可謂大作手矣。但怪其留心經學，不能有所獨得，而沿習先儒成說，隨其腳下盤旋，何也？(《明文授讀評語彙輯‧卷二十七》，《全集》冊 11，頁 175)

其實這三個例子正暴露出文品與人品可能並不一致的現象、經學與文學乃分屬不同學門領域的事實，從而動搖梨洲「有經術與修養即自有好文章」的理

論效力，是故身為一個文學理論家，正當於此致思以修正理論，然而梨洲並未如此，只是輕輕帶過而未予深究，或者直截斷然地將其驅逐於討論範圍之外。這裏正見梨洲文論並未能充分掌握人之性格、專長與興趣的多層面貌及文學自身的特殊規律，但是這種偏頗與忽視卻顯示出其以道德來論文學的根本立場，即：不承認文學可在道德之外自為一獨立客體，而必須劃入治世用世的歷史文化建構之中。因此在其思想中，強調經史之學對文學的根本貞定作用，即屬當然的結果。

雖然如此，但是梨洲也不是完全未注意到文學自身特殊之形式技巧已構成一門專業的事實。關於形式上的乞靈，梨洲在評論袁中道時說：

> 珂雪之文，隨地湧出，意之所至，無不之焉。馮具區云：「文章須如寫家書一般。」此言是之而非也。顧視寫家書者之為何人：若學力充足，信筆滿盈，此是一樣寫法；若空疏之人，又是一樣寫法，豈可比而同之乎？珂雪之才更進之以學力，始可言耳！（《明文授讀評語彙輯·卷二十七》，《全集》冊 11，頁 175）

我們對照梨洲自己說過「至文不過家書寫」的話，即知此處所要強調的是藉助學力以表現其性情，讓作品在形式上能進入藝術的高明層次，才稱得上是文學創作。梨洲又說：

> 文必本之六經，始有根本。唯劉向、曾鞏多引經語。至於韓、歐，融聖人之意而出之，不必用經，自然經術之文也。近見巨子，動將經文填塞，以希經術，去之遠矣。（〈論文管見〉，《全集》冊 2，頁 271）

此言文學作品本於六經，並不是要直接抄引經文，而是主體的思維見識與作品的精神旨趣能承繼六經之典範，融會其意以重新運用於創作。此一主張可約略見出梨洲重視文字上的表達技巧。因此前文梨洲雖曾以凡理學精湛有得者皆有佳文，[註97]但畢竟又說：

> 宋文之衰，則是程朱以下門人蹈襲粗淺語錄，真嚼蠟矣。（《明文海評語彙輯·卷九十》，《全集》冊 11，頁 107）

> 濂、洛崛起之後，諸儒寄身儲胥虎落之內者，余讀其文集，不出道

〔註97〕除了前文所引之例以外，其他諸如分別推崇王宗沐、薛甲、羅洪先、李承芳潛心理學，而善用道學語，其文自然轉折可觀，詳見《明文海評語彙輯·卷一百五十四》及《明文授讀評語彙輯》卷七、卷二十六、卷四十（《全集》冊 11 頁 118～119、156、、172、188）。

德性命，然所言皆土梗耳，高張凡近，爭匹游、夏，如此者十之八九，可不謂黃茅白葦乎？（《南雷文定三集·卷一·鄭禹梅刻稿序》，《全集》冊 10，頁 62）

又對孔天胤〈重刻唐詩紀事序〉與彭時〈楊文定公詩集序〉分別評論說：

意未嘗不是，而遣詞則拙。（《明文海評語彙輯·卷二百十七》，《全集》冊 11，頁 128）

平平直序，不失歐、曾規矩，然其流必至於靡靡。（同上，卷二百六十，頁 131）

從這些批評裏，可知文學不能只注意內容的思想性，尚須講求形式的藝術性。梨洲又評論說：

（莊昶）先生形容道理，多見之詩……唐之白樂天喜談禪，其見之詩者，以禪言禪，無不可厭。先生之談道，多在風雲月露、傍花隨柳之間，而意象躍如，加於樂天一等。錢牧齋反謂其多用道語入詩，是不知定山。（《明儒學案·諸儒學案上三》，《全集》冊 8，頁 376）

（張詡）從學白沙，故文多論學，而絕無庸腐之習。余閱宋文，凡論學者類不脫「庸腐」二字，故文章以道學語為諱，如東所又何患焉！（《明文授讀評語彙輯·卷四十八》，《全集》冊 11，頁 194～195）

（萬廷言）眞情妙悟在筆墨之外，講學之文至此方為不腐。（《明文海評語彙輯·卷二百六十九》，《全集》冊 11，頁 132）

此處認為討論學術、義理與修養的講學之文，不是不能套用理學詞語，而是應別出心裁，不直接、不庸腐地說理，須重視表達技巧，藉意象以生動化，取得意在言外、餘韻無窮的文學效果，如此則枯燥呆板的講學之文亦可成為佳作。顯然地，梨洲並不將經學或理學逕與文學劃上等號，使得文學淪為某種宣傳工具，在其心中文學終究還是具有某種程度的獨立性，不得與其他學門相混無別。

除了議論之篇什以外，梨洲又言及抒情之作亦是不宜直致，而須能有曲折之迴蕩，比如對張寧〈愁陰賦〉稱讚說：

張寧……景泰甲戌進士……其文感慨曲折，有一唱三歎之致。是時風氣樸略，文多直致，公秀出其間。使皆如是，何、李亦豈敢言變哉！（《明文海評語彙輯·卷八》，《全集》冊 11，頁 93）

梨洲又謂敘事文說：

> 敘事須有風韻,不可擔板。今人見此,以爲小説家伎倆。不觀《晉
> 書》、《南北史》列傳,每寫一二無關係之事,使其人之精神生動,
> 此煩上三毫也。史遷〈伯夷〉、〈孟子〉、〈屈賈〉等傳,俱以風韻勝,
> 其填《尚書》、《國策》者,稍覺擔板矣。(〈論文管見〉,《全集》册
> 2,頁 271)

此以爲敘事須有技巧,藉由其他人物或事件以間接突顯主題,始有變化之趣
而不板滯。他曾讚美徐渭〈贈吳宣府序〉「不叙其在朝功績,而叙一瑣事以形
之。所謂閒中著眼,勝俗筆千萬矣」,讚美侯方域〈馬伶傳〉「描寫曲盡,在
無關係之中寫出極有關係」等等。〔註 98〕梨洲不只在散文方面注重技巧,關
於韻文亦曾說:

> 詩降而爲詞,詞降而爲曲,非曲易於詞、詞易於詩也。其間各有本
> 色,假借不得。近見爲詩者襲詞之嫵媚,爲詞者侵曲之輕佻,徒爲
> 作家之所俘剪耳。余外舅葉六桐先生工於填詞,嘗言:「語入要緊處,
> 不可著一毫脂粉,越俗、越家常,越警醒。若於此一惡縮打扮,便
> 涉分該婆婆,猶作新婦少年,正不入老眼也⋯⋯」。(《南雷雜著稿·
> 胡子藏院本序》,《全集》册 11,頁 62)

此言詩、詞、曲各有本色,可見其深知各文類有其自身的形式特質,故有各
自所宜之技巧與風格,不可混同。此外,梨洲甚至亦有類似純文學的觀念,
他曾謂翁月倩之詩說:

> 先生之詩,於牢籠今古、排比諷諭,非其所長;而雕刻雲煙,搜抉花
> 鳥,時以一聯半句奪人目色,故流連於杯酒片景,終身以之。古來論
> 詩有二:有文人之詩、有詩人之詩。文人由學力所成,詩人從煅煉而
> 得。大篇麗句,矜奇鬪險,使僻固而狹陋者,茫然張口。至若空梁春
> 草,意所不停,正復讀書萬卷,豈能採拾,此先生之詩所以可貴也。
>
> (《南雷文案·卷一·後葦碧軒詩序》,《全集》册 10,頁 7)

這裏即肯定一種無關於學問積累而僅憑作者靈感巧思之「雕刻雲煙,搜抉花鳥,
時以一聯半句奪人目色」的純文學作品。事實上,梨洲好文,嘗言「言之不文,
不能行遠,夫無言則已,既已有言,則未有不雅馴者也」,〔註99〕顯見其對文學

〔註98〕二引語分別見於《明文海評語彙輯》卷二百八十二及卷四百十九(《全集》册
　　　　11 頁 133、146)。
〔註99〕引語見《南雷文定後集·卷一·山翁禪師文集序》(《全集》册 10 頁 54)。

之美觀頗有自覺的要求，故每有品評文章之語，如謂王漸逵〈關清遠峽江道碑記〉「以瑣碎見奇」、林俊〈陳梅峰墓銘〉「句多禿筆，未免晦澀之病」、顧起元「其文好用排調，下者入於事類賦，修詞之過，反多俗筆」、徐芳「小說家手段，能以趣勝，其合處不減東坡小品」、楊士奇「平遠縈紆之致多，而波瀾澎湃之觀少」……，〔註100〕類似此等評語甚多，凡此可見他對文學的技藝頗有興趣，亦能探討文學自身的形式特質，這點頗異於傳統理學家不好弄文、以免玩物喪志的作風。因此對於文學的殊性，他要求全盤地予以探討：

> 作文雖不貴模倣，然要使古今體式無不備于胸中，始不爲大題目所壓倒。有如女紅之花樣，成都之錦自與三村之越異其機軸。今人見歐、曾一二轉折，自詫能文。余嘗見小兒摶泥爲炘，擊之石上，鏗然有聲，泥多者聲宏，若以一丸爲之，總使能響，其聲幾何？此古人所以讀萬卷也。（〈論文管見〉，《全集》冊2，頁271）

此言文學創作固貴自出新意而不模倣，然要多讀書有學問根柢，「使古今體式無不備于胸中」，亦即藉由學力蓄養以認識文學的古今傳統，對各種文學的形式風貌了然於胸，充分掌握文學這一事物的特質規律，始可變化出之，不能僅憑一時的小慧、偶然的創意，否則縱使偶有佳篇，亦終不能成就重量級的鉅作。以上可見梨洲確認文學的藝術專門性，並試圖透過學力而使作者能具備此一不可或缺的文學要素。

（四）由「性情」而「文道」而「詩史」的文學形上學

另外，我們還可附帶一談的是，既然梨洲能認識到文學的獨特性，不將之約化爲載道的工具，那麼其「詩史」的觀念是否混同文學與史學的義界呢？其實梨洲於二者乃是嚴加分別的，他曾說：

> 余嘗與門士論史，切不可有班、馬之敍事於胸中而擬議之：故事本常也，而參合於奇節；情本平也，而附離於感憤。第就世間之人情物理，飢食渴飲，暝雨晴曦，宛轉關生，便開眾妙。事以徵實爲貴，言以原情爲定，寧爲斷爛之朝報，無爲陵駕之古文，史學其過半矣。（《南雷文定五集·卷一·曹氏家錄續略序》，《全集》冊10，頁100）

這裏明言史學應力求徵實原情以複現人事物的眞相，寧可犧牲表述的文學

〔註100〕此數條分別見《明文海評語彙輯》卷三百八十二、四百四十，及《明文授讀評語彙輯》卷九、十、二十五，收於《全集》冊11，頁144、148、157、158、171。

性，不似文學要求情節生動、情感波折而刻意在寫作技巧上下工夫，二者的根本性質自是不同。梨洲既深知文學與史學的分際，則其「詩史」的觀念，決非在於混淆二者，倡導以詩爲史或以史爲詩。其心中的史學著作乃是以客觀史實爲主，而文學則是對此史實之歷史情感的承載，非僅以文學作爲史料之紀錄方式，所以「詩史」基本上仍是「詩」、不是「史」，仍是文學、不是史學，否則廣義而言，一切人爲制作皆是歷史見證，足堪成爲史料來源，即以詩歌而言，縱使非標榜詩史、非干涉歷史者，亦可於中考見詩人或時代之種種，則其效果豈非亦等同於詩史之作？

　　是故詩史的重要本質，不當僅在於其直接錄及史事人物而已，而當更注意及其文學性的殊異處，即其乃是承載作者之歷史感情並藉由獨特的藝術形式與技巧而起到興發讀者之作用的文學作品。顯然地，作者一己的歷史感情不宜混入客觀正式的歷史記述中，是故著作史書不得以文學創作爲之。同時，一己主觀的歷史感情，其內容與價值往往原本多只對當事人自身始有意義，故帶有極大的殊異性、限制性，初實未必具有普世同懷的特色，可是依梨洲所言，詩史所反映者非僅個人私情，而是有著人人皆同此心腸性情的基礎源頭，故知梨洲意欲作者本著此一道德心的眞情至性，將各自對所遭際的具體事物的一己感觸，自覺地意識到其間在人群相繼的生命之流中的歷史性，使之提升到普世意義的層面，從而得以藉由這樣各自殊異的內容，共譜一文化氛圍、共成一歷史資產。此外，要求作者的道德眞情不過只提供了作品內容的普世性，至於此內容是否眞能感染他人與後人使其與作者一體同現，則又須有適當形式的包裝始可，唯有擁有世代相續的讀者群，該作品才眞能成爲文化氛圍裏的一項歷史資產。因此，梨洲要一方面強調文學不能只是文學，而揭示文學整體的共同根源精神，使得文學不得孤立，以通向、匯入歷史性與道德性；一方面又強調文學必須是文學，而探究文學內部獨特的藝術殊性，要在傳統成就的基礎上更新創作，樹立一己的本色，以充填、實成人類歷史及道德的眞正內容。如此一來，梨洲「詩史」觀念實是將文學與史學、個人與群體，既予以兩相貫通不分裂，又確立各自的殊別不相代，而總歸趨於一大文明的建構。簡言之，宏大的歷史文明是由無數的個人成就，點滴積累所成，而個人的成就則在歷史文明的脈絡中，獲得其永恆的地位、普遍的意義；至於當中之所以起到連結文學與史學、個人與人群作用的關鍵，則是我人心中的道德心性。

　　至此，我們不妨再將以上各大觀念間的關係稍加做個整體性的說明。梨洲的詩史觀乃是說作品承載的具現，性情觀是說作者創作的本源，文道觀則是說寫作範式的歸趨。文學係作者與環境互動下之主體情志的體現，但是此一情志未必是真誠的、純全的，未必是善的、美的，未必是廣厚的、普遍的，而可能是虛偽的、偏執的、膚淺的、邪欲的、醜陋的、私己的，這不當的情志於己於人的生命格調皆是一種蒙蔽的現象，其所體現而成的作品乃是主體盲動的反應結果，皆實無保留並推介給大眾與後世的正面價值，因此梨洲要先對此情志予以根本性的貞定，而倡性情之說。由性情的本源所來的是一貫注理智與意志的系統化道德感情，亦即道德性的情操，但是此情操原導向於廣泛的道德關懷，並非文學的作品，故必須經由歷史建構的歸趨來範鑄其形式，亦即藉由作者本身歷史意識的貫注與導引，才能對他自己在所處特殊時空中對某情境下的特殊道德情操，自覺地將之連繫到一歷史文化的網絡裏而試圖接續爲一整體。至此道德情操才能轉成歷史情感，同時在接續古今人己的過程中，便對原先的道德情操予以檢擇刪汰，萃取其足以呈顯一己存在之個性者，運用特殊的藝術形式加以記錄保留下來，以興發他人而作爲人類歷史文化之部分。因此在這個接續的活動中間，顯然要求對自己殊性所在的認識與傳統既有成果的熟諳，亦即體認到文學已在歷史文化中成爲一個特殊領域的專業而加以探究，如此一方面文學異於世間其他事物之自身內在的殊性規律，（諸如其形式、技巧、風格種種與所能體現之內容間的相關特性之類），於焉建立而得其安頓，而另一方面所謂的個性之創造新意也才有其落實的可能。一旦經由歷史意識的轉化與接續，道德情操與其所涉及之人事環境終能成爲承載歷史感情的文學內容物件，而此等內容物件所呈現之文學作品便取得其在人間的地位：一方面標明其在文學界內部中的意義，一方面顯示其對外在世界所構成的歷史文化的價值，至此亦即是歷史意識歸趨的具體實現。

　　總而言之，由性情觀的本源所提供的富源活力出發，在文道觀的型塑下，成就了詩史觀的實際作品，並標誌著文學的獨立於人類世界中，於是我們也可以用「詩史觀」一詞來方便地概括其全部的文學思想。同時，顯然其欲將文學這一事物收束到道德的前提下，由之劃入一由道德所貞定成就的歷史文化建構活動內，使文學創作真正獲得具有清晰自覺的指引與人間永恆的地位。因此我們可以發現，在梨洲的文學思想之中，最根本的關鍵乃是人心的道德，由道德心才能形成撐持歷史文化的道德性情與特化出建構歷史文化的

意識，而道德性情提供足以延續、增益及翻新歷史文化成果的文學內容，歷史意識則確保範鑄此文學內容以成為具體文學作品的可能。

最後，我們用一段梨洲的話來做為本節的結束。他說：

> 文之美惡，視道合離；文以載道，猶為二之。聚之以學，經史子集；
> 行之以法，章句呼吸。無情之辭，外強中乾；其神不傳，優孟衣冠。
> 五者不備，不可為文。（《吾悔集・卷四・李杲堂先生墓誌銘》，《全集》冊 10，頁 401）

這裏標舉「道、學、法、情、神」五者為文學的要素，而謂文與道必須完全地同體同質，所謂「文以載道」猶是不究竟的不當分裂。此語可以做為梨洲文學思想的總結，即：以道德義理為根本指引，具備豐富的學問，掌握文學的形式規律，體現主體感情，傳遞作者精神以興發讀者，五者結合始為理想的作品，而這五者俱在其性情觀、文道觀、詩史觀的範圍中。對梨洲來說，文學內容是現實的，形式是藝術的，精神意趣則是義理的，三者兼備才是理想的文學，而現實內容與藝術形式係在義理精神的引導之下來講求，亦即文學有自身的獨立客觀性，但獨立客觀性終必回歸於道德的前提、歷史的歸趨下才得以成立。是故梨洲此一「詩史觀」的文學思想，可謂在人類社會已發生文學現象之後，認真思考文學發展的方向，欲令其為文化建構的一環，並非泛泛之言。其所致意的焦點，乃是一個對文學所明認或默認之預設的反省，涉及了文學背後的根本目的之問題、文學之最高意義與價值的建立之問題，而非只就文學之本身範圍而環繞澄清文學之審美本質、創作手法、詮釋方式、象徵符碼之類的表淺問題，兩者的層次自是不同，後者可說是個文學問題，前者則是個文學哲學、文學形上學的問題。因此其雖仍沿用「詩史」一詞，但實則已將傳統上詩史一詞所謂「詩歌中善於敘述時事而以比興寄託來深寓《春秋》褒貶之意」的核心意義，做出質的跨躍與提升，成為其文學思想的個人特色所在，而有突越前代牢籠之處。〔註 101〕

〔註 101〕綜合龔鵬程《詩史本色與妙悟》頁 19～91、陳文華：《杜甫傳記唐宋資料考辨》（台北：文史哲出版社，1987 年），頁 241～259、楊松年：〈杜詩為詩史說析評〉，《古典文學》第七集（台北：學生書局，1985 年 8 月初版）、劉真倫：〈詩史詮義〉，《大陸雜誌》1995 年 6 月第 90 卷第 6 期，頁 46～48、蔡師振念：〈杜詩在唐代的接受效果及影響〉，《第四屆兩岸中山大學中國文學學術研討會論文集》（高雄：中山大學中文系，2000 年），頁 4－1～4－37 等的研究，詩史的觀念歷來十分分歧，但以善於敘述時事，寓《春秋》褒貶之法，二說最為普及、影響最大，而至明代中葉以降已認清詩歌感情興發的審美本質，詩歌具有獨立

第四節　科學思想

梨洲曾自稱：

> 予注律呂、象數、周髀、曆算、勾股、開方、地理之書，頗得前人
> 所未發，顧視兒曹，無可授之者，慨然興嘆。（《南雷文案·卷六·
> 亡兒阿壽壙誌》，《全集》冊 10，頁 509）

此足見其治學之廣，而這一類的學術比較近於今日科學與技術的領域，雖未
必皆爲今日嚴格意義之科學，但當中通具理性唯實的態度，故本節遂予以概
括而標目爲「科學」，來展開討論。主要的焦點將放在梨洲研治此類學術的基
本依據、指導精神如何，而不擬細述其具體見解的成果得失。

一、以實證的態度研究自然世界

（一）廓清象數學中宇宙論式的主觀玄想

梨洲認爲自然世界本身有其客觀的存在與活動規則，人類若欲眞正理
解，則需藉由徵實的求證方法，而不能只憑主觀的推衍想像。

我們先看他對象數的考辨。這方面主要集中於《易學象數論》，梨洲曾謂

生命，不得視爲政教及歷史的附庸，故對混淆抒情與敘述的詩史觀提出質疑；
然而到了清初，如梨洲，反倒提出詩中有史、以詩證史的說法，前此詩史僅爲
專稱，特指杜甫而言，至此，詩史則是表明詩的一種性質，爲可替代、補充、
發明、印證歷史的創作，故開出了詩史的新意義，此乃體現抒情與敘事互相穿
透的詩歌表達方式，以之透顯作者的歷史批判和文化理想的價值觀念，即在作
品中即詩即史，以歷史文化之精神，對時代有所紀錄與裁斷，彰示最眞實的歷
史，類似《春秋》褒貶史事而示義理之所歸，含有濃厚的主觀價值判斷；然而，
此雖是由明末「因反省詩歌之表達方式，強調比興手法，而否定詩史」中，重
新由講究比興寄託而得到詩與史間的關聯，但基本上不離詩與史互爲表裏的觀
念，因之在此種觀念指引下的詩歌創作及詮釋，反易造成刻意比附、妄臆詩旨
的現象，及以詩證史、以史證詩的循環論證。本文認爲這樣的說法對澄清詩史
觀的演變極具貢獻，但對梨洲所言尚未中肯、並未全面檢視梨洲全部的文學主
張，梨洲的詩史觀並不是在說明某種類型的詩歌之性質，而標榜爲詩歌中最具
有意義及價值的作品。梨洲實知文學的藝術、美學本質，未曾抹減詩與史在文
類上的基本不同，但此一本質的終極歸趨，（亦即文學作爲宇宙間的存在物之
一，其在人類生命中的定位當係如何），卻不能僅由此本質之中來解答，而須
翻至上層，尋求價值的最高統一根源，故其將之匯入歷史與道德，此正梨洲思
想睿智所在。因此，梨洲的詩史觀，固是一種價值觀念，但此價值觀是站在文
學之外對文學整體的宏觀大反省，不是落在眾多類型的詩歌中間，去品評何詩
較有價值的文學批評。是故其說意在包涵一切文學、兼攝眾體，而其本人的詩
作，亦罕有傾向諷諭手法的傳統典型詩史之作。

此書寫作之目的說：

> 夫《易》者，範圍天地之書也。廣大無所不備，故九流百家之學皆
> 可竄入焉。自九流百家借之以行其說，而於《易》之本意反晦矣。《漢
> 儒林傳》：「孔子六傳至菑川田何，《易》道大興。」吾不知田何之說
> 何如也。降而焦、京，世應、飛伏、動爻、互體、五行、納甲之變
> 無不具者。吾讀李鼎祚《易解》，一時諸儒之說，蕪穢康莊，使觀象
> 玩占之理，盡入於淫瞽方技之流，可不悲夫！有魏王輔嗣，出而注
> 《易》……其廓清之功不可泯也。然而魏伯陽之《參同契》，陳希夷
> 之《圖》、《書》……未嘗不以別傳私之。逮伊川作《易傳》，收其昆
> 侖旁薄者……《易》道於是而大定矣。其時康節……創爲〈河圖〉
> 先天之說，是亦不過一家之學耳。晦庵作《本義》，加之於開卷，讀
> 《易》者從之。後世頒之學官，初猶兼《易傳》並行，久而止行《本
> 義》，於是經生學士信以爲羲、文、周、孔其道不同。所謂象數者，
> 又語焉而不詳，將夫子之韋編三絕者，須求之賣醬箍桶之徒，而《易》
> 學之榛蕪，蓋仍如京、焦之時矣。自科舉之學一定，世不敢復議，
> 稍有出入其說者，即以穿鑿誣之。夫所謂穿鑿者，必其與聖經不合
> 者也。摘發傳注之訛，復還經文之舊，不可謂之穿鑿也……世儒過
> 視象數，以爲絕學，故爲所欺。余一一疏通之，知其於《易》本了
> 無干涉，而後反求之《程傳》，或亦廓清之一端也。（《易學象數論‧
> 自序》，《全集》冊 9，頁 1～2）

粗觀此序，或許容易認爲此書目的在駁斥象數之非，而欲反之於義理，推尊程
頤《易傳》之說。然而此書並非欲專以義理說《易》而盡棄象數，觀梨洲又說：

> 聖人以象示人，有八卦之象、六畫之象、象形之象、爻位之象、反
> 對之象、方位之象、互體之象，七者備而象窮矣。後儒之爲僞象者，
> 納甲也、動爻也、卦變也、先天也，四者雜而七者晦矣。吾觀聖人
> 之〈繫辭〉，六爻必有總象，以爲之綱紀，而後一爻有一爻之分象，
> 以爲之脈絡。學《易》者詳分象而略總象，則象先之旨亦晦矣。劉
> 長民《鉤深索隱圖》每談總象，又雜四者而爲言，以是不免穿鑿附
> 會之病。義故別著之，以爲象學。（《易學象數論‧卷三‧原象》，《全
> 集》冊 9，頁 104）

而汪瑞齡〈易學象數論序〉也說得很清楚：

《易》之有象數，《易》之所以成《易》也。〈大傳〉曰：「易者，象也。」又曰：「聖人立象以盡意。」其所以包羅天地，揆敍萬類，廣大悉備者，舍象何由見易乎？本象以出數，亦因數以定象，故曰：「極其數，遂定天下之象。」象數於《易》，所云水之源、木之本也。然而漢儒以降，異說紛綸……《易》本自有象數，而特非京、焦輩所云云……姚江梨洲夫子……慨乎象數之正統久為閏位之所淹沒也，作論辨之。（《全集》冊9，頁279）

是則此書的主旨首重於恢復《周易》象數的本來面目，掃除一切衍生依附的假象數，〔註102〕企圖「把易學從神秘主義中解放出來，恢復其『範圍天地』即宏觀地認識世界的本來面貌」。〔註103〕

既然如此，又要如何才能還原真相呢？梨洲又說：

五經傳註，唯《易》為最多。然自秦漢以來，分為二途，有義理之學，有象數之學……互相出入，義理與象數終不能歸一。蓋《易》非空言也，聖人以之救天下萬世者也。大化流行，有一定之運，如黃河之水，自崑崙而積石而底柱而九河而入海，盈科而進，脈絡井然。三百八十四爻皆一治一亂之脈絡，陰陽倚伏，可以摹捉，而後

〔註102〕朱伯崑《易學哲學史》第四卷頁261～277指出梨洲此作乃清初經典復原運動中的一環，係從文獻考證和文字訓詁方面抨擊圖書之學和邵雍一派的象數之學，主要代表人物除了梨洲外，又有黃宗炎、毛奇齡、李塨、胡渭，而梨洲對象數之學的批評，正是從歷史學家的立場出發，其方法是考其源流，論證象數之學非《周易》經傳的本來面貌。關於此點，又可參考鄭吉雄：《易圖象與易詮釋》（台北：喜瑪拉雅基金會，2002年），頁83～123指出梨洲乃清初回歸經典而清除道教產物之儒學純淨化的第一階段過程中較為精深細密者。另外，又許多學者如余英時〈清代思想史的一個新解釋〉（《歷史與思想》頁146）、司徒琳〈黃宗羲《象數論》與清初官方易學的變化〉（收於吳光主編《黃梨洲三百年祭》頁55～73）等等，又以為《易學象數論》表面出於歷史興趣，暗地則在攻擊朱子，與朱子學爭政治正統地位，係不滿清廷的易學取向之作，而之所以遲至晚年才刊刻，主要是不想破壞和葉方藹、徐乾學兄弟、許三禮、陳彥升、朱朝瑛等人的友好關係，蓋此諸人或近於康熙帝左右而弘揚朱子易學，或為其父之友黃道周的學生而近於邵雍易說。按此說係由外在政治文化的角度來觀察思想的作用，頗可提供另外的認識，但不論梨洲是否真有此種用意，僅直接由此書之內容來看，清除假象數實為書中之主題，而梨洲本人不論攻朱或申王，在思想的內在本身上，皆是為求申明己之所得所見，故本文於此外緣問題不擬深究。

〔註103〕此引語見吳光〈黃宗羲遺著考（五）〉，《全集》冊9頁560。

聖人得施其苞桑拔茅之術以差等百王。故象數之變遷爲經，人事之從違爲緯，義理即在其中。一部《二十一史》，是三百八十四爻流行之迹也。……嗟乎！天以日月星辰爲言語文字，詔告天下萬世；聖人寫天象以爲象數，不過人事之張本，其爲象數也，盡之於三百八十四爻。今舍三百八十四爻之人事，而別爲圖書卦變於外，若聖人有所未盡者，是作《易》者，猶之爲鑿悅刀筆之務也，而盛衰之理，反求之鳥鳴風角矣。象數晦而人事荒……余嘗著《易學象數論》，以糾謬言象數者。（《南雷文定五集·卷一·畫川先生易俟序》，《全集》冊10，頁97～98）

此處認爲：（1）宇宙依照客觀一定的規律而運行；（2）人類社會的狀態亦承此規律，故認識此規律而應用之，可以救濟人事的運作；（3）聖人以象數表示此規律，作爲人事發展的範本藍圖；（4）將象數與人事的實際現象互相參考對照，可以找到人事應然的律則，即「義理」；（5）象數已盡在《周易》卦爻文本之中，非別有圖書占卜種種後世所起的僞象數。由其中可知象數的根本在於宇宙的事實規律及《周易》卦爻文本，從這兩個方面下手，即可還原象數的眞相，廓清謬誤的迷霧，這便是《易學象數論》中的主要作法。

但是即使如此，因人類對宇宙規律的認識受限於所處時代的知識水平，且《周易》卦爻文本又具廣大的詮釋空間，故梨洲雖然能對《周易》之性質有所澄清，從而在易學史上具有重大意義與影響，但卻並非在每一象數問題的具體見解及理由上，皆至爲精當充分而無懈可擊。〔註104〕另外，在上面引

〔註104〕如全祖望《鮚埼亭集·外編》卷二十七〈黃梨洲易學象數論書後〉謂：「其談總象，予頗多以爲不然者，則別見於予說《易》之書」，而《四庫全書總目》卷六對《易學象數論》之提要云：「本宋薛季宣之說，以〈河圖〉爲即後世圖經，〈洛書〉爲即後之地志，〈顧命〉之河圖即今之黃冊，則未免主持太過，至於矯枉過直」，又朱伯崑《易學哲學史》第四卷頁268、274亦謂梨洲考據也有其漏洞，關鍵在於未能擺脫孔子作傳的傳統觀念，又雖反對宋易圖書先天之學的取象說，但梨洲以其七種象，去解釋各卦的卦爻辭，同樣流於支離。據此，則梨洲象數之具體主張容有值得商榷的空間。其實，《周易》本源自上古占卜文化，故具廣大之詮釋空間，所以在詮釋時仁者見仁，知者見知，乃是常見之現象。姑舉數例，以見一斑。如《易學象數論》卷一〈八卦方位〉中認爲朱子不當以西方乃蕭殺之氣而疑〈說卦〉「兌，正秋也，萬物之所說也」之語，蓋萬物告成於秋，如何不說？其實朱黃二人所言同屬秋天的特質，二者皆言之成理，未必梨洲方是。又如卷二〈蓍法一〉中反對孔穎達以揲蓍之餘策來決定爻之陰陽老少，而主張應據正策來決定，其實就49策之蓍法而

文中所應特別注意的，則是反映出梨洲懷有探究客觀宇宙與人文世界運作規律的強烈興趣，〔註105〕亦即在肯定（或者說是預設）宇宙與人文乃是具有規律存在的前提下，予以觀察歸納，以認識人文世界所應服膺的「義理」，達到「救天下萬世」的目的。這種立基於客觀事實以建立應然律則的思想，便使科學帶有某種人文精神的性質，亦即以人類的立場來從事科學研究，並以科學的結果來幫助人文世界，因此既保留科學的客觀獨立地位，而又確保科學研究動機與成果的意義性與價值性。當然在這裏梨洲仍舊受限於尊崇聖經的傳統氛圍，肯定《周易》象數的地位價值，並以爲三百八十四爻中確實體現宇宙及人文的規律，這固然有礙於眞正科學探討的純粹性，但是終未遮蔽存在於其整體思想中人文性質的科學傾向。關於科學之目的性，我們將留待下一小節再作細討，此刻所欲討論的重點倒不在此，而是在於揭示梨洲此一廓清僞象數的作法中所涵具的科學特質。

　　首先，我們發現梨洲必以能否合於文本作爲論斷象數眞僞的依據，反對憑空的自成其說，故云：「苟非證之經文而見其違背，未嘗可以臆棄」、「必求其合于古，以辨象學之訛」。〔註106〕如其據〈說卦〉以論邵雍「先天方位」之不當；據〈序卦〉以言卦變；據《左傳》以言互卦之必有，而言後世諸家之互卦說皆不當；據《左傳》以論揲蓍所占得之卦，當依何爻以斷吉凶；據《國語》之冷州鳩七律對以言古傳六壬之占法；據《乾鑿度》之鄭玄注以定古傳太一運行九宮之次第……。〔註107〕又梨洲雖不信各種假象數之學，但卻肯下工夫去考訂其

言，不論依正策或依餘策，占卜的結果皆相同。又如卷三〈原象〉中主張「井卦」取象於井田之制，而非井泉，將「井谷射鮒」釋爲田間溝洫水深而有魚可射，固頗爲順暢，但對「舊井无禽」則解爲鳥雀不集於荒田，於義亦頗牽強；而另一矛盾的例子則是卷三〈原象〉主張乾坤二卦之龍乃天上東方蒼龍七星，非謂動物異獸，但在《南雷文定四集・卷二・姚沉記》（《全集》冊10頁 135）卻以「龍戰於野」乃是蛟龍。凡此，可見若欲對梨洲象數之具體主張進行充分討論，則所涉頗爲煩瑣，須另文爲之。

〔註105〕梨洲曾自述其喜好研究象數：「某好象數之學，其始學之也無從叩問，心火上炎，頭目爲腫……」，見《南雷文案・卷六・王仲撝墓表》（《全集》冊10頁259）。

〔註106〕二引語分別見《易學象數論・卷二・互卦》（《全集》冊9頁84）及《四庫全書總目》卷六對《易學象數論》之提要。

〔註107〕分別詳見《易學象數論》卷一〈先天圖二〉；卷二〈卦變（一）（二）（三）〉、〈互卦〉、〈占法〉；卷六〈六壬二〉、〈答王仲撝問冷州鳩七律對〉、〈太一二〉。（《全集》冊9頁18～20、54～62、83～85、100～103、217～218、235～247、249～250。）

內容，如推求揚雄《太玄》及關子明《洞極眞經》之著法、疏解後世相傳之六
壬的占卜方法條例，〔註108〕而在疏解邵雍《皇極經世》之元會運世年月日時如
何與卦爻搭配之後說：「康節當時有數鈐，私相授受，後之爲學者多失其傳，余
爲考定如此……於其易明者且然，況科條煩碎，孰肯究心於此乎？」〔註109〕凡
此，在在流露推尋事實、還原眞相的興趣與用心，除可見出梨洲重視文獻證據，
實爲清代考據風氣之先聲外，更顯示其客觀徵實的理智精神。

其次，梨洲的理智精神除了反映在重視文獻之上，更表現在明辨象數學
與宇宙之科學事實的不同性質上。比如對遁甲之術批評說：

> 其術之自以爲精者，在超神、接氣、置閏之間……是欲與曆法相符。
> 某則以爲自亂其術者，此也。……《甲》之所重者在二至，置閏歸餘
> 於其前，半年之中，必有超神，超神之後，必且置閏，閏閏之局，必
> 侵二至，是二至必不能正其始也。順者反逆，逆者反順，使其吉凶星
> 煞無驗則可，不然，則避其所當趨，趨其所當避矣。某故以爲自亂其
> 術也。(《易學象數論・卷六・遁甲》，《全集》冊9，頁262～263)

按遁甲之占卜法，乃模仿眞實曆法而虛設一其自以爲有吉凶預示意義的曆
法，占卜時大致以當天的時日干支，依其自創之超神、接氣、置閏的規則，
推導出一能合乎其假想曆法之節氣的標記干支，將此二組干支各自分類並分
配於太乙運行之九宮中，而各自對應到某星宿及其代表之吉凶諸意義，由於
此二組干支不同，其間有所轉移，故其對應之星宿吉凶亦具轉移現象，吾人
即可由星宿與吉凶之轉移中，觀出所占卜之事的吉凶變化。〔註110〕因此梨洲
即指其假想曆法實不合於自然現象，倘依其自定之規則去運算又終將導至否
定其所自定之規則的前提，根本不足以成爲一套自圓其說的曆法，其法既完
全與自然界相悖又自相盾糾結，則豈能構成一套預示人事吉凶的清晰律則。
梨洲在論太一之術時又進一步說：

> 《太一》，緯書也，蓋倣《易》、曆而作……占家以爲聖書，私相傳
> 習。然其間經緯渾淆，行度無稽……今姑置三基、五福、大遊其所
> 指之恍惚者，如四神之三十六、天皇帝符之二十、昂星之十二年一

〔註108〕分別詳見《易學象數論》卷四〈太玄著法〉、〈洞極二〉及卷六〈六壬起例〉
（《全集》冊9頁127～138、161～163、219～235）。
〔註109〕見《易學象數論・卷六・皇極二》（《全集》冊9頁176）。
〔註110〕以上述遁甲之法，詳見《易學象數論・卷六・遁甲》（《全集》冊9頁262～
269）。

周，朱雀、箕、畢之九年一周，皆的然違天者也。此皆以歲計言之，
降而爲月日時，其不相應更不必論。或曰：「假星名以寓術，不必核
其果否也。」若是則某不知之矣。(《易學象數論‧卷六‧太一一》，
《全集》冊9，頁247~249)

這裏即申明神祕的象數占卜異質於眞實的天文科學。按太一之占卜法，基本
上以某些星宿在吾人進行占卜之時，其於周天運行所處的位置，將這些位置
分別相應於某些數字(如根據太一星的運行狀況，可將周天分成九宮，即九
個部分，分別以八卦方位標示，並依運行次第而賦予每一方位一個數字)，而
可得出若干組數字，再由數字進行運作(如搭配《易》卦之某卦某爻)，以得
出所占卜之事的吉凶。故可知太一之占法乃涉及天文、曆法之部分現象，而
比附於數字與《周易》。因此梨洲即斥其所說之「三基、五福、大遊」等等奇
異的星宿並非已知之天文星宿，而所已知之「四神、天皇、帝符、昴、朱雀、
箕、畢」星宿的實際運行狀況又根本與太一占術所假定的情形不同，其不合
天文事實至爲明顯，是故唯一合理的解釋，便是此一占卜法所依據的天文曆
法實與天文學無干，不過是假寓天文學之術語名詞而已。這就充分指出象數
占卜術與自然科學兩者乃是本質上的差異，分屬不同性質的學問。梨洲既有
此認識，於是即評斷司馬光的《潛虛》說：

《玄》以準《易》，《虛》以準《玄》，亦猶文章遞相模倣，無關大道。
論者至謂：「由《虛》以曉《玄》，由《玄》以究《易》，斯無躐等之
患。」使有人言曰：「由〈三都〉以曉〈兩京〉，由〈劇秦〉以究〈封
禪〉」，當無信者，不知何以異於是？(《易學象數論‧卷四‧潛虛》，
《全集》冊9，頁155)

於此即破斥世人顛倒的作法，竟不知象數學本身乃是無關事實的一套假想邏
輯，其間諸說的關係，不過是彼此模仿添附，實不具備層層地逼近或系統地
解釋事實眞相的嚴格意義。梨洲又本此觀念以批評邵雍的《皇極經世》說：

《皇極》之數，一元十二會爲三百六十運，一會三十運爲三百六十世，
一運十二世爲三百六十年，一世三十年爲三百六十月，一年十二月爲
三百六十日，一月三十日爲三百六十時，一日十二時爲三百六十分，
一時三十分爲三百六十秒。蓋自大以至於小，總不出十二與三十之反
覆相承而已……然推求其說，多有可疑……今以康節之術按之於
曆……在一年爲三百六十日……既不可施之曆矣，乃於二氣相接之

際，各增一日以爲閏，以準一年三百八十四日之數，可謂巧矣。然三百八十四日，有閏之歲也。閏雖每歲有之，亦必積之三歲兩歲而後滿於朔實，故有三百八十四日之歲。若一歲之閏策只四萬八千六百，今概之三百八十四日，是歲歲有閏月也，豈可通乎？……康節必欲以十二與三十整齊之，其奇零豈可抹殺乎？……康節之爲此書，其意總括古今之曆學盡歸於《易》，奈《易》之於曆本不相通，硬相牽合，所以其說愈煩，其法愈巧，終成一部鶻突曆書而不可用也。（《易學象數論·卷五·皇極一》，《全集》冊9，頁172～173）

此處明白指出《周易》與天文學本不相通，邵雍卻不知此二學的異質性，竟欲貫串比附，遂造出一部年年皆爲閏年的糊塗曆書，絲毫不具實用價值。梨洲又論斷揚雄的《太玄》說：

揚子雲《太玄》以兩贊當一日，七百二十九贊以當一歲三百六十四日半，於歲法三百六十有五日四分日之一，尚不及四分日之三也。立踦贏二贊以補之，例以兩贊一日，則過四分日之一矣。故蘇明允謂四分而加一，是四歲而加一日，千載之後，恐大冬之爲大夏也……子雲准曆以作《玄》，苟不相似，則又何以爲書？是故子雲之短，不在局曆以失《玄》，在不能牽《玄》以入曆也。曆以一定之法，禦其至變，而後可以傳之久遠。苟不得其至變，即不可謂之定法也。（《易學象數論·卷四·太玄》，《全集》冊9，頁125～126）

此亦以《太玄》之失不在局限於曆法一事上，而在於不合曆法，蓋其本意在據曆而作《太玄》，但卻導致每四年多出一日的嚴重誤差。值得注意的是，當中提到曆法乃具固定之法則且可以推測後世天文現象的變化，屬於象數學的《太玄》則不具此預測事實之效力，因此其法則不得稱爲「定法」。而梨洲又說：

天一至地十之數，儒者必欲言「聖人則之以畫卦」，崔憬曰……劉長民曰……朱子曰……同此一數，而三家所指不同如此……天下之物，一人以爲然，千萬人以爲然，其爲物也不遠矣；一人可指之爲此，又一人可指之爲彼，其爲物也無定名矣。故以天地之數配八卦者，皆非定名也。（《易學象數論·卷一·圖書五》，《全集》冊9，頁9～10）

此言以數字與方位搭配八卦乃任意之行爲，其間之搭配並無絕對必然的關係，是以三家之說不同，故屬「無定名」之物，而異於人人皆同意之具有事

實基礎之物。顯然地，這種「以一定之法，禦其至變，而後可以傳之久遠」的「定法」觀念與「一人以爲然，千萬人以爲然」的「定名」觀念，即已大致上粗略地把握到科學法則的特點：一方面是理論命題體系的建立，一方要有系統的實驗來驗證這些理論命題。〔註 111〕梨洲又進而申明此義，如在〈答忍菴宗兄書〉中謂邵雍《易》學說：

> 宗兄又云：「邵子之節節相生，皆自然之法。」弟以爲此邵子之自然，非《易》道之自然也。……先師謂之死法，以其不合於理也。古人借數以明理，違理之數，將焉用之。（《南雷文定五集・卷一》，《全集》冊 10，頁 218～219）

又在批評喻春山以十二辟卦分配律管長短及晝夜長短，結果明顯違背音樂與天文的事實時曾說：

> 舍明明可據之天象，附會漢儒所不敢附會者，亦心勞而術拙矣。（《南雷文案・卷四・答范國雯問喻春山律曆》，《全集》冊 10，頁 184）

他在這裏辨明理智上的推衍固然可以自成一邏輯系統，但未必與自然界之事實相應，故失去應用價值，而謂爲勞心之死法，其中「借數以明理，違理之數，將焉用之」一語，即強調科學的不能脫離事實，說明了科學工具與科學事實的關係：吾人之目的乃在於發展並運用可以解釋、預測、操控事實的理論與工具，而非馳騁玄思去自製一完全獨立的虛想模型。此猶如我們亦可重新強定許多基本公設，如 1+1=1 之類，而自行推衍出一套新代數系統，該系統固可於理智上自成其首尾一致之邏輯，但卻無法對人類生活有作用，不能驗證或預測自然界普遍事實，終只是一場智力遊戲而已。

　　總結以上梨洲對象數學的批評，我們知道所謂的「象數之學」，是對《周易》的一種詮釋進路，其旨在對客觀世界的認識形成一個完整的圖式結構，「象」是認知經驗的形象化和象徵化，「數」則是形象和象徵符號的關係化及在時空位置上的的排列化、應用化，而在象數的關係基礎上，所呈顯的意義凝化爲概念，並將這些意義和概念發揮爲命題及判斷，使得易象、易數、易義整體化和思辨化，而由原初的原始巫術蛻變爲縝密的哲學系統，其中氣、陰陽、五行一類則是此象數圖式結構中最基本的理念模塊。〔註 112〕顯然地，

〔註 111〕此處所提之科學研究的兩個特點，詳見沈清松：《物理之後──形上學的發展》（台北：牛頓出版公司，1991 年），頁 44～45。

〔註 112〕此處論象數的哲學基本性質，見倪南：〈易道象數之維的圖式結構〉，《孔子研

這種完整的圖式結構，乃是混合部分自然事實的觀察結果，加上思維上的主觀推衍，所形成的一種宇宙論式思想。〔註113〕大多數的宇宙論者，多植基於各種具體大自然的知識，而添補上一大段純粹的演繹思維，加以組合成整體系統，企圖形成一個明確的世界觀，以了解大自然的終究秘密，然而正因其所仰賴的自然知識或先於科學、或僅限皮毛，以致太不確切、足夠，故其演繹便淪爲不可靠的主觀推測，中國傳統的象數學亦復如此。前文在第二章第一節時曾說過梨洲理氣觀並不是一種宇宙論的建構，而此處梨洲的破斥易學假象數，則更表現其對宇宙論興趣缺缺的態度。〔註114〕梨洲能夠清楚意識到宇宙論和自然科學兩種學問的異質性，確實在古人中誠爲不易。〔註115〕因爲古人往往不能分清在象數學中同時並存著合乎自然事實的部分與宇宙論式哲學玄想的部分，而將其間的自然事實無限擴大以完全合理化其宇宙論玄想，甚或進而再轉以其自認爲合理的宇宙論企圖去解釋或操縱自然。因此宏觀人類文明發展的共同歷程，象數學可以說是一種僞科學或者說是科學的前身，在肯定客觀自然世界中存在著某種神秘的最高理序下，企圖以有限的知識與理智的推衍，形成一套普遍性的、一致性的、機械性的定理規則，去對人類所生存的一切時空、所涉及的一切事物、所擁有的一切活動和成果，不論是自然的或人文的，皆進行全面的分類與綜合，提出當時人類知識水平可以接受的解釋、預測與處置方式，雖其反映出尋求規則的思維與努力、代表人類求知的終極想望，但畢竟粗糙，因而在科學眞正獨立而有其自身的理論基礎及嚴密方法之後，象數學便不可能主導或改變科學的研究，從而再也無力從根本上去貢獻有關大自然的科學新知給人們。此點在科學尚未昌明的帝制中

究》2004 年第 3 期，頁 48。

〔註113〕 崔大華：〈《易傳》的宇宙圖景與三個理論層面〉，《中州學刊》1994 年第 1 期，頁 71～72 指出《易傳》的宇宙圖景內容大體上爲宇宙的本源、萬物的生成與變化、宇宙的構成或結構三點。

〔註114〕 張新智：〈試論黃宗羲易學象數論的得失〉，《孔孟月刊》1997 年 10 月第 36卷第 2 期，頁 33～38 認爲梨洲對京房納甲說與邵雍先天圖的破斥只是自限於源流與眞僞等外圍性問題，而不能深入發掘其中的思想精義與價值，蓋京邵原非解釋《周易》經傳而作，而是一套創發的新易學體系，表達其對宇宙生成律則的看法，這是梨洲基於深切的維護正統使命故有失公允。按張氏所指出梨洲未能深析京邵思想的現象，與其說是出於衛道，似不如說是梨洲思想原即不契於宇宙論式的思維。

〔註115〕 朱伯崑《易學哲學史》第四卷頁 273 已指出梨洲否認《周易》與曆法有必然的關聯，可謂發前人之所未發。

國，一般人固然難有這種認識，而即使在科技當道的今日，許多《周易》的研究者似乎還不能充分意識到此二者的本質差距，﹝註116﹞更遑論民間尚多侈言迷信的江湖術士。由此觀之，《易學象數論》就其能在破斥象數的不合理中而令人認識到知識的若干科學特質而言，這一本經學著作亦可視為「是在《周易》研究中廓清象數問題上偽科學迷霧的自然科學著作」，﹝註117﹞同時更代表著梨洲徵實的理智精神。

（二）對自然現象客觀規律的素樸探測

梨洲既能辨別玄想式的主觀推演與由自然事實的客觀規律二者的不同，而反對哲學式的宇宙論建構，便對各種自然現象改採以較具科學性的觀察與解釋。

﹝註116﹞ 如唐明邦：〈易學傳統中的象數思維模式〉，《中國哲學史研究》1989 年第 4 期，頁 72 謂象數思維和科學有著密切關係，決不可忽視，應以之建立有中國特色的現代思維方式；南懷瑾、徐芹庭：《周易今註今譯》（台北：商務印書館，1995 年），其〈敘言〉頁 11 中亦認為若潛心研究象數易學，配合科學思想的方法，必有更新的發現，替中國文化的前途開發更大的光芒，而突破古人，由人事吉凶的判斷，擴充到天文、地理與萬物的境界；而薄忠信：〈陰陽探微〉，《錦州師院學報（哲社版）》1992 年第 3 期，頁 54 認為陰陽論和現代物理學走在同一條道路上，比如物質在原子層次上具有波與粒子的兩重性。類似這類思維，似仍近於一種企圖綜合科學的宇宙論式玄想。事實上，在科學日益進展的今天，人類已漸明白自身的無知，不欲對全面性的宇宙通則進行過早的大膽推測，反而是將各學門予以逐步細分，落實到局部現象與事物的微觀研究，而將普遍定理留待日後的積累、整合。另外，象數易學和科學根本上已自不同，實際上不能亦不必相合，此點可以舉例子來說。在清末以來，由於中國的積弱與西方的衝擊，起先在中國不少知識分子對中國自身的批判與否定、西方學界對歐洲文明的自大與對東方的無知之下，遂將中國傳統的一切予以輕視，後來在雙方更深入的彼此了解後，漸對中國自有的科技文明予以發掘，（如李約瑟著、陳立夫主譯：《中國之科學與文明》（台北：商務印書館，1971）），這自然是正確的作法。然而遂也出現一種錯誤的論調，即在肯定中國的貢獻之中過度誇張其對現代科學的價值，比如侈言萊布尼茲的數學二進制和《周易》先天圖的的六十四卦次序圖式之間的關聯。其實，現代科學知識的產生，與中國傳統技術的發明，在動機目的、理論基礎、研究方法、所開展的規模體系及具體結論成果等等上，即使當中有若干局部的表象雷同，但實皆是二個不同性質的事物。在進行前者的探究中，或許研究者自身可以從後者的紀錄中得到某種靈感或啟發、問題的發現、資料的幫助、乃至於支持與感動，但構成其整個過程的本質要素，實與之無關，即使沒有《周易》，萊氏或他人應仍能本質地建構此一數學。

﹝註117﹞ 此引語見吳光〈黃宗羲遺著考（五）〉，《全集》冊 9，頁 559。

　　比如他曾對音樂的律呂相生現象加以實地試驗，又以天文知識解釋海鹽
鷹窠頂日月同升之奇觀的成因，以海市蜃樓之現象並非肇因於蜃的吐氣而是
海上游氣游塵的變化。〔註118〕其他又如說：

> 文殊亭……亭下臨幽谷，遊者祈請佛燈以為故事，東坡〈五詠〉之
> 聖燈巖即此也。言佛光者既謬，東坡……則以為丹光。朱子……則
> 以為寶光。王廷珪……則又兼佛光、寶光而言之。然予家姚江，鳳
> 山之上，每交春夏，物候勃鬱無風，下視平野，燈火匝地，閃爍往
> 來，鐘聲一動，則忽然斂滅，風土謂之神燈。問之習於盧山者，聖
> 燈之見，亦多得於勃鬱之時……蓋草木水土皆有光華，非勃鬱則氣
> 不聚，目光與眾光高下相等，則為眾光所奪，亦不可見，故須憑高
> 視之。聖燈巖下，群山包裹如深井，其氣易聚，故為遊者之所常遇，
> 晝則為野馬，夜則為聖燈，同此物也。（《匡盧遊錄》，《全集》冊2，
> 頁486～487）

此以盧山聖燈巖之「佛光」乃山谷地勢積聚草木水土之濕氣所形成的自然反
光現象，類似於餘姚鳳山的情形，並非是什麼奇異的神跡。又如不信佛教之
舍利子，而說：

> 庚戌十一月……宿阿育王寺，丙寅請觀舍利……余讀宋景濂〈阿育
> 王寺碑〉，言舍利歷代之神異詳矣。自是以後，稱其神異者，陸光祖、
> 郭子章先後詣明州頂禮，述其所見，然而不知其偽也。……阿育王
> 舍利不特偽造，即其偽造者亦不一人一事……景濂碑中之神異，亦
> 不過世俗自欺欺人之說……或曰：「是在觀者之誠否？即如碑言，松
> 枝放光，何關舍利。」曰：不關舍利，是名妄見。豈可以所見之妄，
> 而謂舍利之靈乎？憶余丙寅冬日，書窗油盞燈注，時吐青珠，細於

〔註118〕梨洲《南雷文案・卷四・答范國雯問喻春山律曆》（《全集》冊10頁182）說：
「豈律呂之長短，只佐紙上閒譚，無與於聲音之用也」，而《吾悔集・卷二・
張仁菴古本大學說序》（《全集》冊10頁39）則說他和友人「閒談律呂，因
取餘杭竹管肉好停勻者，斷之為十二律及四清聲，製作精妙，武塘魏子一、
吳門薄子珏方講此學，見之推服」。今其集中亦散見有關律呂相生之類的若干
討論，詳見《孟子師說》卷一「雪宮」章、卷四「離婁」章（《全集》冊1
頁53、88～89），及《南雷文案・卷四・答劉伯繩問律呂》（《全集》冊10頁
166～169）等等。而鷹窠頂與海蜃之事，則分別詳見《南雷文案》卷二〈海
鹽鷹窠頂觀日月並升記〉、卷十〈海市賦〉（《全集》冊10頁108～109、615
～617）。

芥子，堅不可破，竟夕可得圭撮，如是者月餘，或謂此草舍利也。
嗟乎！即舍利亦復何奇，而況於偽為者乎？彼沾沾其神異者，可謂
大惑不解矣。(《南雷文案・卷二・阿育王寺舍利記》，《全集》冊 10，
頁 106～107)

梨洲於此文中敘述阿育王寺舍利偽造之過程（引文中予以刪節未具引），認
為即使是真舍利亦不過是一自然事物，如同燈芯燃燒後的殘渣般，並無奇
特，〔註 119〕又反對唯有虔誠觀看者始有神異之感應，而說「不關舍利，是
名妄見」。這些觀點頗有類比各種相似現象而加以歸納的精神，並區別物質
本身的素樸狀態與人類主觀意識的扭曲，以澄清真相，確保認識的客觀性。
梨洲又曾對餘姚烏山胡氏所養之牛產下一狼項馬足、麕身牛尾、遍體肉麟的
「麒麟」一事件評論說：

> 夫窮理者必原其始，在物者必有其因。深山大澤，龍蛇是屯；風雨
> 晦冥，下與物親；馮馬龍駒，馮牛麒麟；是皆龍鍾，故戛出乎見聞。
> 維茲烏山，當海之濱；春郊風暖，陌上草薰；或降或飲，濕耳千群；
> 遇靈物之蜿蜒，覺和氣之絪縕。逮其生也，張烟霧於海際，耀光景
> 於良辰；世方以為怪，實不異馬牛虎鹿之胎娠；麟見之明年，蛟蜃
> 之出以千計，蓋可以驗龍之所臻。或者不推物理之自然，而唯陳言
> 之是循；則祥不祥之辯，徒為聱說之紛紜也。(《南雷文定四集・卷
> 二・獲麟賦》，《全集》冊 10，頁 621)

他認為麒麟不過是山澤的蛟龍在水氣豐沛的季節裏托生於牛身，乃是動物界
的自然現象，並無干於災祥。雖然這種看法不盡能符合自然事實，（其實此
「麒麟」殆為一畸型突變之牛，並非什麼仁獸靈物與牛雜交的結果），但是
當中的「窮理者必原其始，在物者必有其因」、「推物理之自然」諸語，確實
初步呈露一徵實求真的素樸科學精神，凡事必尋合理的推測或解釋，釐清事
物發生的原因，掌握自然現象背後的客觀規律，而不輕易接受傳統既有的迷
信成說。

〔註 119〕《南雷詩曆・卷二・平陽寺觀舍利》（《全集》冊 11 頁 295）亦說：「平陽茶
話後，登樓觀舍利……此名為瑟瑟，注自白居易。將無以寶石，而為舍利偽？
抑亦舍利者，原與瑟瑟類？請張不可知，考索姑且置。即如阿育王，銅塔慈
聖賜；塔中方籩盛，籩中金鐘寄；故故為遮闌，無非眩人視；遂有庸妄人，
哆口所見異。吾友寒泉子，不作此兒戲；腐草化為螢，老蚌明珠媚；何況於
人身，總是尋常事」。

總上所述，可知梨洲認為自然世界乃是具有一定的客觀規律與因果關係，必須亦必可「實證」之，凡事應當講求事實的證據，不得混以主觀的玄想。因此接下來我們應當再看看梨洲對事物所抱持的這一實證態度，又將欲何為。

二、講求人文世界中的實用成效

（一）探究客觀知識以裨益人文運作

梨洲對自然世界的實證態度，最終的目的，仍是歸向裨益於人文世界的運作，並非僅欲以之探求純粹客觀的知識來滿足求知的渴望。這點我們在上文〈畫川先生易俟序〉裏「救天下萬世」之論已可約略見著。

事實上，梨洲對偽象數的批判中往往貫注人文精神與道德關懷，比如他說：

> 胡仲子列十二運，推明皇帝王霸之升降……三代亡而秦始立也，入萃上；漢之亡入復上；唐之亡入謙上；宋之亡入姤上；皆為外極之限。其有然不然者，將以不然者廢其然與？……前四運，皇帝王伯當之。仲子言猶春之有夏，秋之有冬。康節亦以春夏秋冬配皇帝王霸。春夏既為秋冬，秋冬必復春夏，天運自然，則前四運之為皇帝王霸，後運繼之，亦復當然。今四運之後，兩運過中，非惟不能復皇帝，即所謂霸者，亦不可得。將秋冬之後，更有別運，天人之際，一往不返者，何耶？仲子曰：「時未臻乎革，仲尼不能有為。仲尼沒，今二千年猶未臻乎革也。」革在十二運之終，十二運告終，始復其常。前為四運，後為八運，參差多寡，無迺懸絕。以仲子之言為是耶？孟子所謂一治一亂者正相反。以仲子之言為非耶？前之二千餘年者既如斯，後之四千八百年寧可必乎？倘若以漢唐宋之小治，衡之三代而上，是謂褻天，此又某之所不敢也。（《易學象數論·卷六·衡運》，《全集》冊9，頁269～270）

此係對元末明初胡翰〈衡運論〉的象數式歷史觀表示質疑。按依胡翰之說，歷史乃十二運共 11520 年之周期循環，其一周期間之政治興衰狀況分別可對應到《周易》某卦某爻的時位，即 64 卦 384 爻之每陽爻、陰爻分別主導（或代表）某 36 年、某 24 年間的政治狀況。而我們所身處的這一周期，其前四運為上古政治理想的時代，分別可以春夏秋多或「皇、帝、王、霸」來代表其

間漸趨漸下的演變，而第四運之末期，即是周亡秦興之際，從此便是政治不理想的時代。至於梨洲所值的明末清初則在第六運之中，須再經約四千八百年後，來到第十二運最後的革卦之時，才會再進入另一新周期而重現皇帝王霸的太平盛世。〔註120〕梨洲對此說並不以爲然，認爲除了存在「有然不然者」之不合歷史事實的情形外，前四運既有春夏秋冬般的演變，何以漫長的後八運卻只是一成不變的亂世？而重要的是，此處梨洲堅持「若以漢唐宋之小治，衡之三代而上，是謂褻天」，即從周末到明亡的二千餘年間，並無崇高政治理念的落實，並感慨「前之二千餘年者既如斯，後之四千八百年寧可必乎」，則對未來聖明之世的代興充滿不確定感。這就突顯出對歷史事實的講求及現況發展的關懷，不欲逕將社會的未來全然訴諸於一成不變的既定規律，而心安理得，竟放棄了人類本身的主動性。梨洲又對《乾鑿度》批評說：

> 其言自相違背，不審於理。一軌七百六十年，所謂聖人、庸人、君子、小人者，一君當之乎？統一軌之君以當之乎？乾爲庸人而三十二世，遯爲君子而一世，則是有天下者可一委之運數，而人事不修也。即位之年必欲當軌之初，從古來有七百餘年不易姓者乎？帝王之治天下，允執其中，寧因消息所直，而過剛過柔以迎卦氣乎？水旱兵飢，十年內外不能不遇，而以六百年、七百年爲期，是亂日少而治日多也。小道可觀，致遠恐泥，其斯之謂與！（《易學象數論·卷四·乾坤鑿度》，《全集》冊9，頁142～143）

按《乾鑿度》以爲天地間每31920年爲一大循環，大循環中每760年爲一單位，稱爲「一軌」，每一軌相當於十二消息卦之一卦，故每12軌又成爲一小循環，一大循環中即有3.5個小循環，而每軌依其所值十二辟卦之卦氣消息，可推知該軌時期之在位國君德性的善惡（如爲聖人、君子、庸人或小人）、國祚的長短、天災人禍的狀況等等。〔註121〕因此可知此爲一歷史循環命定論，乃建構宇宙論之思維，而梨洲即指斥其不合人類社會治亂的事實，且將導致一切推委於運數的後果，缺乏人爲的能動性，捨棄了人事修治的努力。據此可見梨洲在反對機械式之歷史循環思想的同時，更揭示了政治理念與歷史承擔的精神。

〔註120〕以上胡翰之說，詳見《易學象數論·卷六·胡仲子翰衡運論》（《全集》冊9頁270～277）。
〔註121〕以上述《乾鑿度》世軌之術，詳見《易學象數論》卷四〈乾坤鑿度一〉、〈乾坤鑿度三〉（《全集》冊9頁138～140、141～143）。

　　除此之外，梨洲不反對象數而只是反對假象數，蓋欲由眞象數中「觀象玩占」以體會或印證道德義理，才是吾人研習《周易》之眞正目的。因此在詮釋《周易》諸卦之取象時，便間有義理之發揮。比如對「噬嗑卦」說：

> 噬嗑有圜土之象……在圜土之中，宜以困苦象之，而二、三、四、五皆言飲食，何也？《周禮》曰：「以圜土聚教罷民。」先王之設刑官，所以輔教官之不逮，非欲以斬刈之也。以燕享祭祀之心，革縲絏桎梏之事。（《易學象數論·卷三·原象》，《全集》冊9，頁110）

此見其藉監禁刑罰之事而申揚教育感化的道德關懷。又如釋「咸卦」時說：

> 自有此身，不能離感應，僞往則僞來，誠往則誠來，思慮纔動，肺肝已見，無一而非感也。人惟求感人，不求自感。逆詐、億不信，見有人已，故有往來；不逆詐、不億不信，不信者吾亦信之，往來之路窮，斯之爲眞感。君子以虛受人，心尚爲下，而況於口舌乎？（同上，頁114）

此則闡明反求諸己、誠中形外之修養的首要性。又如釋「恆卦」時說：

> 蘇子瞻曰：「自其變者而觀之，則天地曾不能以一瞬；自其不變者而觀之，則物與我皆無盡也。」人但知男女飲食之爲恆事，盡力與造化相搏。造化以至變者爲恆，人以其求恆者受變。苟知乾坤成毀，不離俄頃，則恆久之道得矣。（同上，頁114）

這裏認爲吾人不能僅以追求內心常在之情欲的滿足爲職志，更須知吾人生存之天地正賴文明之不墜而始有意義與價值，故讓價值不斷地持久彰顯，才是人生眞正永恆的奮鬥目標。又如釋「損卦」與「益卦」時說：

> 聖人逆知後世剝下奉上，民不聊生，不授田養民，則上無益下之道矣。民買田以自養，又復重稅，驅而納之溝壑，使下損無可損，而後之俗儒猶曰「十一而稅，先王之制也」，是上之於下，非「益之」，乃「擊之」也。（同上，頁116～117）

此處則謂政治當以養民育民爲目的，而非損下以益上，只服務於當權者。又如釋「蹇卦」與「旅卦」時說：

> 世道之壞，起於人心。當蹇難之時，機械爭勝，天下皆往而不來，靡然降服。唯「君子反身修德」，固守名教，有干城之象，亦如燕盡降齊城，獨莒、即墨不肯下耳。（同上，頁115～116）

> 人生何在非逆旅，豈能久居？聖人以「焚巢」示象。「瑣瑣」者，世

人經營求望之心，爭城受禪，皆瑣瑣也。「焚巢」、「喪牛」，運數之
在天者也。中四爻之得失，何足芥蒂乎？（同上，頁121）

於茲則暗喻明亡時的抗清志士乃綱常所繫，而鄙斥受清廷引誘的變節者，以
及應當不計朝代更迭的運數，圖求更遠大的文化永續價值。諸如此類，其所
論說之義理大抵不出前文各節所討論的範圍，故不再細析與徵引。而我們於
此則可見梨洲對象數學的探究，乃歸趨於道德義理，寓現實問題的思考於經
典註釋之中，充分流露其人文理念的精神。

另外，在科學性質的學門方面，梨洲有一關於地理學的著作《今水經》，
其序頗能代表實證以實用的取向，該文說：

> 古者儒墨諸家，其所著書，大者以治天下，小者以為民用，蓋未有
> 空言無事實者也。後世流為詞章之學，始修飾字句，流連光景，高
> 文巨冊，徒充汙惑之聲而已。由是而讀古人之書，亦不究其原委，
> 割裂以為詞章之用，作者之意如彼，讀者之意如是，其傳者，非其
> 所以傳者也。先王體國經野，凡封內之山川，其離合向背，延袤道
> 里，莫不講求。《水經》之作，亦〈禹貢〉之遺意也。酈善長注之，
> 補其所未備，可謂有功於是書矣。然開章「河水」二字，注以數千
> 言，援引釋氏無稽，於事實何當？已失作者之意。余越人也，以越
> 水證之：以曹娥江為浦陽江、以姚江為大江之奇分、苕水出山陰縣、
> 具區在餘姚縣、沔水至餘姚入海，皆錯誤之大者。以是而繫百三十
> 有七水，能必其不似與？……余讀《水經注》，參考之以諸圖志，多
> 不相合。是書不異汲冢斷簡，空言而無事實，其所以作者之意，豈
> 如是哉！乃不襲前作，條貫諸水，名之曰《今水經》，窮源按脈，庶
> 免空言。（《今水經·序》，《全集》冊2，頁505～506）

序中可見此書旨在糾正歷來對中國河川源流的錯誤記載，改採用「窮源按脈，
庶免空言」之方式，或證之以實際觀察結果，或廣泛參考諸圖志之紀錄，以
求事實而切於治世民用。當然梨洲立意甚善，方法亦可取，但是此書的具體
成績並不理想，比如《四庫全書總目·卷七十五》已說：

> 其所說諸水，用今道不用故道，用今地名不用古地名，創例本皆有
> 法，而表不用旁行斜上之體，但直下書之「某入海」、「某入某」、「某
> 又入某」，頗不便檢尋。又渭入河，漳、清、汧、涇、沮入渭，洛入
> 河，瀍、澗、伊入洛之類，皆分條；淇、漳、汶、濟、桑入衛，清

入淇，沙、易入溽，溫、義入易，洋入桑之類，又合條，則排纂之
未善也。其書作於明末，西嘉峪、東山海、北喜峯、古北、居庸，
皆不能踰越一步。宗羲生於餘姚，又未親歷北方，故河源尚剿《元
史》之說，而灤河之類亦沿《明一統志》之舊，松花、黑龍、鴨綠、
混同諸江，尤傳聞彷彿，不盡可據。我朝幅員廣博，古所稱絕域皆
入版圖，得以驗傳聞之眞妄，欽定《西域圖志》、《河源紀略》諸書，
勘驗精詳，昭示萬代。儒生一隅之見，付之覆瓿可矣。

此即指出對於未曾身歷的河川沿襲舊文獻的錯誤成說，而體例上有不一致及
不易檢索的缺失，因此在清代已不具實用價值。〔註122〕雖然如此，當中卻可
見梨洲能重視一般儒者較少致力的地理學，而事必徵實，反對空言無用，倡
導經世致用的用心及行動。此外，在這本全然客觀記敘河川走向的書中，卻
有一處言及人事，即是：

甲子門水，自長樂經海豐縣東南，入于海。（宋端宗浮海駐于此。）

（《今水經》，《全集》冊2，頁543）

此條加注宋端宗帝昰事，於全書體例未免無謂，但似乎透露梨洲藉此以寓亡
國之念的用意。因此《今水經》表面上雖只是客觀的自然紀錄，但是目的仍
然指向經世致用與重視國家興亡的人文精神，而這一取向即確保或者限定了
科學性質的實證研究之動機與成果的意義性和價值性。

（二）建立科技知識的研發傳統

既然客觀實證是歸趨於人文世界的實用，梨洲便又進而欲將此一實證的
態度，形成一套具有傳承與發展的作法，以充分落實人文的實用精神。

關於此點，梨洲說：

有明曆學，亡於曆官，顧士大夫有深明其說者，不特童軒、邢雲路
爲然。有宋明臣，多不識曆法，朱子與蔡季通極喜數學，乃其所言
者，影響之理，不可施之實用。康節作《皇極書》，死板排定，亦是

〔註122〕另一個類此的例子是其《深衣考》對深衣之形制加以考證，雖然亦是採用「以
錢尺較今車工所用之尺，去二寸，則合錢尺」的徵實方法，但其結果並不合
理，《四庫全書總目》卷二十一評此書說：「其說大抵排斥前人，務生新義……
考深衣之裳十二幅，前後各六，自漢唐諸儒沿爲定說，宗羲忽改創四幅之圖，
殊爲臆撰。其釋『袵當旁』也……益踵孔疏而加誤矣。其釋『續袵』也……
猶爲穿鑿。其釋『袂圓以應規』也……又不知宗羲何所據也？宗羲經學淹貫，
著述多有可傳，而此書則變亂舊詁，多所乖謬」。

緯書末流。袛有一沈括號爲博洽，而《春秋》日食三十六，又爲衛
樸所欺。有明眞度越之矣。(《南雷文定後集‧卷一‧答萬貞一論明
史曆志書》，《全集》冊 10，頁 206)

此處以明代士人的天文知識水平超越宋代，可見其對科學之時代進步性有所
認識，不泥古、不尊古，一以合乎天象事實、可以運用爲斷，破斥主觀的臆
測推演。而且這種進步性梨洲又欲使之發皇張大，他說：

元之《授時》，當載其作法根本，令後人尋繹端緒，無所藉於立成，
始爲完書。顧乃不然。讀其曆志，又須尋其崇門之書而後能知曆，
是則曆志無當於曆也。……某意欲將作表之法載於志中，使推者不
必見表，而自能成表，則尤爲盡善也。(《南雷文定後集‧卷一‧答
萬貞一論明史曆志書》，《全集》冊 10，頁 206)

又在其《西曆假如》中推算萬曆二十四年丙申八月朔日食時說：

以上依海岱薛鳳祚本。著其所查表名及數目舛錯，爲之更定，使人
人可知，無藏頭露尾之習。(《曆學假如‧卷一‧交食》，《全集》冊
9，頁 323)

而其友姜希轍亦云：

揚子雲曰：「通天地人曰儒。」後之儒者懲玩物喪志之害，於是孤守
此心，一切開物成務之學，面牆不理。此吾夫子所謂小人儒也。……
即如律曆一家，三代以來，儒者鮮有不通其說，至宋而失其傳……
其間稍有究心於其學者，又往往私爲獨得，名之絕學。近代荊川能
窺郭守敬之秘，其學得之山陰周雲淵，而荊川於雲淵曾不道及，豈
諱其從入耶？抑竟欲以絕學自任乎？邢雲路《律曆考》出布衣魏文
魁之手，而雲路掩之以爲己有，然考中所載曆議又竊之雲淵而不留
其姓名。……大抵著書傳之天下後世，惟恐人之不知。獨曆書之傳
惟恐人之知，未有不藏郤金鍼者也。以是儒者概不知曆……故歷代
之律曆志，盡爲啞鐘矣。余友黃梨洲先生，所謂通天地人之儒也……
其發明曆學十餘種，間以示余。余取其《假如》刻之，梨洲亦頗吝
惜。余曰：「聖人之學，如日行天，人人可見。凡藏頭露尾私相受授
者，皆曲學耳。夫以儒者所不知，及知而不以示人者，使人人可以
知之，豈非千古一快哉！」梨洲曰：「諾。」(《曆學假如‧序》，《全
集》冊 9，頁 283～284)

梨洲認為單純記載曆法推算與天文觀測的結果並不足夠，尚須清楚說明該曆法如何得此結果的方法及此方法所依據的道理，使所有研讀之人皆不僅能知其然且能知其所以然，而可自行推算，以改變歷來將天文曆算之學矜為不傳之秘而故意隱晦其言不使人解的陋習。這就顯示他普及科學知識以提升整體科技水平的用心。

本此用心，他在《明夷待訪錄》中主張學校教學應包括科技實用知識並重視培育此種人才，而自己在浙江甬上創辦書院時即落實此種教育內容，又極力去表彰有科學貢獻的人物。〔註123〕而梨洲又說：

> 句股之學，其精為容圓、測圓、割圓，皆周公、商高之遺術，六藝之一也。自後學者不講，方伎家遂私之，溪流逆上，古塚書傳，緣飾以為神人授受，吾儒一切冒之以理，反為所笑……珠失深淵，罔象得之。于是西洋改容圓為矩度、測圓為八線、割圓為三角，吾中土人讓之為獨絕，聞之為違天，皆不知二五之為十者也。……陳言揚因余一言發藥，退而述為句股書……余昔屏窮壑，雙瀑當窗，夜半猿啼倀嘯，布算簌簌，自歎真為癡絕。及至學成，屠龍之伎，不但無所用，且無可與語者，漫不加理。今因言揚，遂當復完前書，盡以相授，言揚引而伸之，亦使西人歸我汶陽之田也。嗚呼！此特六藝中一事，先王之道，其久而不歸者，復何限哉！（《吾悔集・卷二・叙陳言揚句股述》，《全集》冊10，頁35〜36）

此種西學乃中學固已有之、西學源出中國的說法，實不合乎歷史事實，在明末清初之際對西學的態度雖未必比他人來得正確，〔註124〕但當中並不排斥西方知識，能承認其進步、領先，知其與中國傳統不過是術語上的差異，兩者皆是解

〔註123〕此點詳見李明友《一本萬殊——黃宗羲的哲學與哲學史觀》頁175〜181，並可參考方祖猷《清初浙東學派論叢》頁30、70。

〔註124〕方豪：《中西交通史》（台北：中國文化大學出版部，1983年），下冊頁743〜746指出明末清初國人在西洋數學初傳時之態度有四派：一謂西算不如中算；二謂中西算學，初無二致；三謂中西法優劣互見，各有所長；四謂西洋數學我國古已有之，係由中國所傳去，而為中國之旁支，然中國本身反而淺為涉獵，未能盡其變，致使西術得出而爭勝。據此可知，梨洲所言自屬第四派中人。而王揚宗：〈「西學中源」說在明清之際的由來及其演變〉，《大陸雜誌》1995年6月第90卷第6期，頁39〜45對西學源出中國之說頗有深入的觀察，指出梨洲並非此說的首倡者，且此說在明清不同時期、不同主張者的身上，其具體用意亦非全同。

答同樣性質的問題，故致力於會通中西科學，其心態亦誠爲極開放、遠大，決非故步自封、迂腐自大之流，竟偏激地、盲目地推尊中國的成就而淪爲文化上的保守主義者。〔註125〕且又不只局限於數學一例，而是倡導應將整個先王六藝之道重新恢復起來，將重視事實科學的精神與具體已有的知識成果，廣爲教育、傳承，儼然具有對傳統社會忽視、扼殺自然科學的惋惜，和使中國自然科學發展起來以與西方一較長短的願景。

於是可知，梨洲重視科學的實用性，並欲使之形成一種文化傳統，以期人們對此一客觀的知識技術之研究能夠自覺地不斷持續，這實是極有利於科學本身的獨立成爲一門系統知識，從而使之能比較健全地在中國社會裏生根與發展。但是我們也不應看到「布算籤籤」、「屠龍之伎」一類的自白即過度相信梨洲本人的科學成就，〔註126〕並過分誇大其打造科學文化的作用。蓋一味地重視實用與否，反而主導並限制了知識的探討，一旦缺乏純粹好奇求知

〔註125〕此點，梨洲《南雷詩曆·卷三·贈百歲翁陳賡卿》（《全集》冊11頁293）中說：「西人湯若望，曆算稱開闢；爲吾發其凡，由此識阡陌。」據此可知梨洲曾受學於西人且相當尊重西學的地位。而全祖望《鮚埼亭集·外編》卷二十九〈殘明東江丙戌曆書跋〉說：「黃氏最精曆學，會通中西」，又《鮚埼亭集》卷十一〈梨洲先生神道碑文〉說：「其後梅徵君文鼎本《周髀》言曆，世驚以爲不傳之秘，而不知公實開之」，而吳光〈黃宗羲遺著考（五）〉（《全集》冊9頁570）亦謂：「其成就雖比不上清代曆算大師王錫闡、梅文鼎，但無疑可列入清代曆算學先驅之列」，凡此諸評皆說明了梨洲對當時科學界的正面影響。

〔註126〕梨洲關於此領域的著作多達十七種，可惜大多已經亡佚，但就今所可見者來看，其天文學曆法學方面，所論不外於推算節氣及朔弦望的時日、日月及行星運行所在位置、日蝕及月蝕的時間（詳見《曆學假如》、《授時曆故》二書，收於《全集》冊9頁283～480）；至於數學方面，則爲討論古代算盤與進位法、圓柱體體積與其底面圓周直徑的關係、平方根的近似值求法、直角三角形之相似……之類（分別詳見〈答錢牧齋先生流變三疊問〉、〈答劉伯宗問朱子壺說書〉、〈答萬充宗雜問〉諸文，收於《全集》冊10頁163～165、175～176、195～197；及《孟子師說》卷四「離婁」章、《明儒學案·三原學案》論韓邦奇之部分，收於《全集》冊1頁87～88、冊7頁183～184）。其間所論應非突越前人的新知識，且存在著若干的錯誤。比如論鄉射侯制反對劉公是之說，以爲射位在堂上，故干侯不會遮住參侯之鵠，其實劉說在數學上才是正確的。依梨洲所說的參侯之制，參侯鵠高當在 19.12~23.78 尺間，然而由相似之直角三角形邊長等比例的關係，可求得即使人站在堂上，參鵠亦至少須高 21.28 尺，否則將有部分之鵠遭到遮蔽。（此例詳見《撰杖集·答萬充宗雜問》，《全集》冊10頁195～197）。又如楊小明〈黃宗羲的科學成就及其影響〉（收於吳光主編《黃梨洲三百年祭》頁183）指出梨洲推算崇禎己巳年與庚子歲天正冬至爲癸亥申初三刻與丙寅寅初一刻一十分，但事實上應是癸未未初一刻五分二十九秒與甲午子正後三刻十三分二十秒。

的動機，根本上便無法使知識獲得獨立自足的地位，始終只是一項滿足某一特定時空人們現實需求的附庸或工具，其本身內在的價值與意義終不能建立，於是科學將無法眞正生根而自成其發展系統。〔註127〕雖然如此，梨洲的用心基本上確是值得充分肯定的。

梨洲既以自然世界有其客觀理序而當實證求之，並欲在行動上推展爲科學文化以利人文世界的實用，遂進而更在理論上加以論說自然與人文兩個世界的相同一致性，以做爲此行動乃確然無疑的基礎保證。關於此點，下文即予以逐層析言。

三、自然世界與人文世界的同一

（一）「同氣觀」對人文精神「眞實性」與「有待性」的論證

梨洲將人文與自然等同齊一的觀點，集中地表現在有關卜葬及生命問題的言論中。他說：

> 或問趙東山《葬書問對》……問者曰：「鬼陰之說非乎？程子言父祖子孫同氣，彼安則此安，彼危則此危，亦其理也。」對曰：「唯唯否否。夫子孫者，父祖之分身也。吳綱之貌，四百年尚類長沙；蕭穎士之狀，七世猶似鄱陽。故嚙指心痛，呼吸相通，夫人皆然。後世至性汩沒，墮地以來，日遠日疎，貨財婚宦，經營異意，名爲父祖，實則路人，勉強名義，便是階庭玉樹，彼生前之氣已不相同，而能同之於死後乎？子孫猶屬二身，人之爪髮，托處一身，隨氣生長，剪爪斷髮，痛痒不及，則是氣離血肉，不能周流。至於手足指鼻，血肉所成，而折臂刖足萬指劓鼻，一謝當身，即同木石，枯骸活骨，

〔註127〕關於此點，我們可以看一個例子。何丙郁與何冠彪：《中國科技史概論》（台北：木鐸出版社，1983年），頁143指出西方自科學革命後，天文學和占星術已經分了家，但中國天文學和占星術始終保持密切的關係，因此當西方天文學在十七世紀傳到中國，便深受天人感應思想影響的學者批評。如戴名世《南山文集·卷四·中西經星同異考序》說：「其（西方天文學）說不主於占驗，以爲天象之變異，皆出於數之一定，而於人事無與焉。君子譏其邪妄爲已甚矣。」戴名世的說話，反映出中國傳統天文學和現代天文學的分歧。占星術是希望通過天象的觀察來了解天數、氣數、和曆數，以便能夠預知自己及朝廷的命運，從而做一些趨吉避凶的工作。我們由以上何氏所舉之事例，當可知倘以實證實用、經世致用、關涉人事的觀念爲前提，仍未免尚對科學之性質不明瞭，從而缺乏成立現代科學的本質基礎。

不相干涉。死者之形骸，即是折臂刖足毀指劓鼻也。在生前其氣不
能通一身，在死後其氣能通子孫之各身乎？昔范縝作《神滅論》，謂
神即形也，形即神也，形存則神存，形謝則神滅；難之者謂神與形
殊，生則合爲一體，死則離爲二物：二說雖異，然要不敢以死者之
骨骼爲有靈也。後來，儒者言斷無以既盡之氣，爲將來之氣者，即
神滅之說也；釋氏所言人死爲鬼，鬼復爲人者，即神不滅之論也：
古今賢聖之論鬼神生死，千言萬語，總不出此二家。而鬼蔭之說，
是於二家之外鑿空言死者之骨骼，能爲禍福窮通，乃是形不滅也，
其可通乎？是以古之先王，懸棺之後，迎主於廟，聚其魂魄，以墓
中枯骸無所憑依也。其祭祀也，三日齋，七日戒，求諸陽，求諸陰，
徬徨悽愴，猶不能必祖考精神之聚否。今富貴利達之私，充滿方寸，
叩無知之骸骨，欲其流通潤澤，是神不如形，孝子不如俗子也。」
（《撰杖集・讀葬書問對》，《全集》冊 10，頁 640～641）

這裏反對「鬼蔭」之說，即反對祖先骨骸具有影響後代子孫禍福的特異能力，
認爲死人的骨骸不過如同生人剪落的指甲毛髮或斷手斷腳之類，僅成了一種
無知無覺、無生命現象、無靈性的自然物質，與活人不再相涉。同時又認爲
人另有別於形骸的魂魄部分，此一部分則可在肉體死亡後繼續存在，但是其
與活著的後代子孫之連結並不是必然的、強烈的、緊密的，而是有賴於在世
時父祖子孫之間即能相親相愛、體貼共處，且在死後須有虔敬哀傷的心理與
儀式，始得有連結之可能性，而且僅是可能，尚非必定。梨洲接著又說：

問者曰：「若是，而葬又何必論形氣乎？」曰：「不然。布席畫階，
亦有方位；筮賓求日，豈因利益？況乎永托親骸，而使五患相侵，
坐不正席，於心安乎？程子所謂彼安則此安，彼危則此危者，據子
孫之心而爲言也。豈在禍福乎？」……問者曰：「地苟不吉，遷之可
乎？」曰：「不可。焚屍之慘，夫人知之。入土之屍，棺朽骨散，拾
而置之小槽，其慘不異於焚如也。何如安於故土，免戮屍之虐乎？
即不吉亦不可遷也。」問者曰：「形氣既吉，則鬼蔭在其中，又何必
外之也。」對曰：「鬼蔭之說不破，則算計卜度之心起，受蔭之遲速，
房分之偏枯，富貴貧賤，各有附會，形氣之下，勢不得不雜以五行
衰旺生剋，心愈貪而愈昏，說愈多而愈亂，於是可葬之地少矣。誠
知鬼蔭之謬，則大山長谷迴溪伏嶺之中，其高平深厚之地，何在無

之，便是第一等吉壤。精微之論，不能出此，雖有曾、楊、廖、賴，
亦無所用，無俟乎深求遠索，無可奈何而歸之天命也。」問者曰：「古
人凡事筮日，東山斥方位而並斥時日，何也？」對曰：「古之筮日，
非生剋衝合之謂也。時則皆以質明，唯昏禮用夜，有定期也。〈曾子
問〉：『見星而行者，唯罪人與奔父母之喪者』，葬以日中可知，不然
謂之疷恚。下壙而以宵中，今日擇時之害也。風和日出，便於將事，
謂之吉日，風雨即是凶日，筮者筮此也。今之葬者，不以雨止，擇
日之害也，故東山之見卓矣。」（同上，頁641～643）

此處即承骨骸無神靈的論點，進而不採信葬地風水、揀骨改葬、擇日諸種堪
輿之說，蓋屍骨既已不能為福為禍，則寶地吉日自然無所用處。然而梨洲在
此一反迷信的主張中，在實證之外，又明顯流露人文理性與道德情感的取向。
比如其謂山水之間高平深厚處即屬吉地、天氣良好而方便舉儀式即屬良辰，
便是人文的理性態度；而其謂不忍親人骨骸遭受形同戮屍的遷葬、選擇適當
的葬地葬禮子孫始能有已妥善安頓父祖的安心，則是訴諸人類的道德情感的
表現，猶如孟子謂不願看到狐狸蠅蚋傷害父母屍體之意。〔註128〕因此可知梨
洲在否定鬼蔭之說的思想中，一方面以自然的證據來破斥骨骸作祟為福、風
水擇日的荒謬，一方面則強調道德與親情才是連結父與子的兩代人、生與死
的兩世界間的紐帶，而這兩個方面都是建立在「同氣」的基礎之上。亦即梨
洲所強調者乃是在風水鬼蔭的想法裏，所潛藏著的是當事人求取個人富貴利
達的算計卜度之心，而不是真心對祖先父母的孝思關懷，這樣將導致倫理道
德的親情基礎潛寓著受到破壞的危險，故必詳為之指斥以杜塞其源，改代以
倫理親情。至於其中立論所涉及之「氣」的觀念，則提供了親子間形體遺傳
的相似與心靈感應的基礎，使得親情與道德能夠確實不虛而有作用於世間，
不致於架空，只成為一己精神上的價值選擇而已；同時，親情與道德亦在氣
的觀念下，二者同一無別。

關於此義，更可詳見於其對「魂魄」的觀點中。梨洲說：

人身止有魂魄二者而已……所謂精氣即魄也，神與意與志皆魂之所

〔註128〕《孟子‧滕文公上》：「上世嘗有不葬其親者，其親死，則舉而委之於壑。他
日過之，狐狸食之，蠅蚋姑嘬之，其顙有泚，睨而不視。夫泚也，非為人泚，
中心達於面目。蓋歸反虆梩而掩之。掩之誠是也，則孝子仁人之掩其親，亦
必有道矣。」

為也。魂魄如何分別？曰：昭昭靈靈者是魂，運動作為者是魄；魄
依形而立，魂無形可見。故虎死眼光入地，掘之有物如石，謂之「虎
威」。自縊之人，其下亦有如石者，猶星隕為石，皆魄也。凡戰場之
燐火，陰雨之哭聲，一切為癘者，皆魄之為也，魂無與焉。譬之於
燭，其炷是形，其焰是魄，其光明是魂。……人之生，先有魄而後
有魂也。及其死也，有魂先去而魄尚存者，今巫祝家死後避衰之說
是也。有魄已落而魂尚未去者，如楚穆王弒成王，謚之曰「靈」，不
瞑，曰「成」，乃瞑。（《破邪論・魂魄》，《全集》冊 1，頁 196）

他認為人的組成有形、魄、魂三部分，魄乃形體的精氣而使形體得以運動作
為，其性質較接近於物質之類，得以變化為諸種靈異現象，至於魂則另是無
形的精神意志，讓人有靈覺的能力、念慮與意識。顯然地，這種魂與梨洲所
謂的心性密切相關。梨洲這一說法，與古代的魂魄觀念相似，但他又接著說：

然則釋氏投胎託生之說有之乎？曰：有之而不盡然也。史傳如羊叔
子識環之事甚多，故不可謂之無。或者稟得氣厚，或者培養功深，
或專心致志，透過生死；凶暴之徒，性與人殊，投入異類，亦或有
之。此在億兆分之中，有此一分，其餘皆隨氣而散，散有遲速，總
之不能留也。釋氏執其一端以概萬理，以為無始以來，此魂常聚，
輪迴六道，展轉無已。若是則盛衰消息聚散有無成虧之理，一切可
以抹卻矣。試觀天下之人，尸居餘氣，精神矇懂，即其生時，魂已
欲散，焉能死後而復聚乎？且六合之內，種類不同，似人非人，地
氣隔絕，禽蟲之中，牛象蟻虱，大小懸殊，有魄無魂，何所憑以為
輪迴乎？然則儒者謂「聖賢愚凡，無有不散之氣，同歸於盡」者，
然乎否耶？曰：亦非也。吾謂有聚必散者，為愚凡而言也。聖賢之
精神，長留天地，寧有散理？先儒言：「何曾見堯舜做鬼來，決其必
散」，堯舜之鬼，綱維天地，豈待其現形人世，而後謂之鬼乎？「文
王陟降，在帝左右」，豈無是事，而詩人億度言之耶？周公之〈金縢〉，
傅說之箕尾，明以告人，凡後世之志士仁人，其過化之地，必有所
存之神，猶能以仁風篤烈，拔下民之塌茸，固非依草附木之精魂可
以誣也。死而不亡，豈不信乎？或疑普天之下，無有不祭其祖先者，
而謂凡愚之魂盡散，則祭乃虛拘乎？曰：凡愚之魂散矣，而有子孫
者，便是他未盡之氣。儒者謂「子孫盡其誠意，感他魂之來格」，亦

非也。他何曾有魂在天地間？其魂即在子孫思慕之中。此以後天追
合先天，然亦甚難。故必三日齋，七日戒，陽厭陰厭，又立尸以生
氣迎之，庶幾其一綫之氣。若非孝子慈孫，則亦同一散盡也。（同上，
頁 196～197）

此處即謂精神性的魂乃是氣，人死後魂即分散，不再能成為個人的主體意識
而以之繼續轉世，且魂亦非其他低等動物所得具，因此佛教六道輪迴的說法
乃是謬誤；不過正因為魂的精神性質，是故在某些特殊的情形下，比如該人
專心致志、刻意鍛鍊、性格特殊之類，形成強大的精神型態，便得以加強魂
的凝聚，造成穿透生死而不分散的可能，然而這種情形十分罕見，當中尤為
特殊的則是聖賢與孝子的狀況。聖賢的精神長留天地，永遠綱維人世，持續
教化著人類行為，其魂從未分散消失；至於孝子慈孫則竭盡其誠意思慕之所
極，亦勉強得以維繫其祖先父母亡後之魂氣免於散盡。以上各種亡魂不散的
例子，都有一共同特點，即是：強大的精神力量所致，而且皆是真實存在的
現象。梨洲的這一觀點頗為特殊。一般我們說古人的精神長存於後人的心中，
令萬世景仰追隨，故可說其人雖死而不亡，此「不亡」乃是由感動的心態與
社會影響的立場而來的修辭性用法，並非該人「真地活著」，然而梨洲卻認為
聖賢依其本身行為及祖先憑藉子孫念力，所造成的死而不亡卻是「真地不
亡」，其人格主體真實地以某種形式存在於宇宙之間，所謂「在帝左右」、「一
綫之氣」之類，決非僅只存於人心的想像之中。

　　然則何以精神力量能致魂氣不散呢？這一點可以再看梨洲對於「地獄」
的說法。他說：

地獄之說，儒者所不道。然《廣記》、《夷堅》諸書，載之甚煩，疑若
有其事者。蓋幽明一理，無所統屬，則依草附木之魂，將散於天地。
冥吏不可無也，然當其任者，亦必好生如皋陶，使陽世不得其平者，
於此無不平焉。陽世之吏，因乎天下之治亂，亂日常多，治日常少，
故不肖之吏常多，亦其勢然也。冥吏為上帝所命，吾知其必無不肖者
矣。乃吾觀為地獄之說者，其置刑有碓、磨、鋸、鑿、銅柱、鐵牀、
刀山、雪窖、蛇虎、糞穢，慘毒萬狀，目所不忍見，耳所不忍聞。是
必索元禮、來俊臣之徒，性與人殊者，始能勝其任。吾不意天帝所任
治獄之吏，乃如唐之武后也。且陽世之刑，止有笞、杖、徒、流、絞、
斬，已不勝其紛紜上下，若地獄言而信，則故鬼新鬼，大亂於冥冥之

中矣。陽世之愛惡攻取方謝，而冥地之機械變詐復生，夫子所謂鬲如
罣如而願息者，殆有甚焉。或曰：「地獄之慘形，所以禁陽世之爲非
者也。上帝設此末命，使亂臣賊子知得容於陽世者終不容於陰府，以
補名教之所不及，不亦可乎？」余曰：不然。大奸大惡，非可以刑懼
者也。地獄之說，相傳已久，而亂臣賊子未嘗不接跡於世，徒使虔婆
頂老，凜其纖介之惡，而又以奉佛消之，於世又何益乎？夫人之爲惡，
陰也；刑獄之事，亦陰也。以陰止陰，則洹結而不可解，唯陽和之氣，
足以化之。天上地下，無一非生氣之充滿，使有陰慘之象，滯於一隅，
則天地不能合德矣。故知地獄爲佛氏之私言，非大道之通論也。然則
大奸大惡，將何所懲創乎？曰：苟其人之行事，載之於史，傳之於後，
使千載而下，人人欲加刃其頸，賤之爲禽獸，是亦足矣。孟氏所謂「亂
臣賊子懼」，不須以地獄蛇足於其後也。（《破邪論‧地獄》，《全集》
冊1，頁198～199）

梨洲不相信別有酷刑地獄以懲罰陽世惡人的宗教說法，其所持理由即因宇宙
間「無一非生氣之充滿」，以陰慘酷刑非但不足以禁非懲惡，反而導致機械變
詐叢生，空令無知愚民畏懼而已，若果有地獄則亦必仁慈好生始可化惡，而
人間只須確立褒善貶惡的歷史批評傳統即可。在這樣的說法裏，似乎只突顯
出人文道德的取向，但是其「生氣」之觀念實亦不容忽略。依梨洲之意，天
地間只此一生氣流行，凡悖此生氣者（如陰間煉獄之類）則決不可能成爲存
在的事物，非僅因其不合乎人心的想望而已，因此我們可以推知聖賢的道德
及孝子的思慕，正因與此生氣的生生之仁相感合德，故其人所展現的精神力
量得以通同於宇宙生氣，從而遍在充滿，使其人格魂氣得存不散。在前文第
二章中，我們知道氣是事物存在與活動之事實的事實性，其與事實同調一致，
梨洲認爲人與物的氣不同，人乃分享普遍事實性的精華部分而爲其殊相事實
性，物則爲粗糙之氣，因此這種死而不亡的說法，即是點出人類在宇宙中的
首出地位。蓋萬物的生命雖短，但因能共構宇宙的豐滿性而在宇宙中各有其
價值與意義，故亦得其不朽之地位，但此不朽是就宇宙整體而言，事實上該
物早已消失；至於人雖亦屬萬物之一，是有限暫態之氣，但此氣當中卻具宇
宙之氣的精華，亦即人類殊相事實的道德心性實際上就是宇宙氣理之神髓精
萃的所在，與生生之本義直接印契，所以人類雖不得如宇宙般生天生地、成
就萬物，但卻可與宇宙相通相同，不只如萬物在宇宙整體上而言有不朽，並

且在該人的實際生命上來看亦有不朽的永恆存在，不斷持續地綱維人世、感召子孫，而類似於宇宙性的氣的作用。值得注意的是，這種永恆的存在只限於魂的部分，並不包括形與魄，故永恆的魂不是一種物質性的東西，而是一種精神性的存在，其雖非物質而無形體，但卻是實有實存的。這就又具有強調、重視人的精神作為的意思。是故梨洲又說：

> （劉元卿）言天地之間，無往非神，神凝則生，雖形質藐然，而其所以生者已具；神盡則死，雖形體如故，而其所以生者已亡；然而統體之神則萬古長存，原不斷滅，各具之殘魂舊魄，竟歸烏有。此即張橫渠「水漚聚散」之說。核而論之，統體之神與各具之神，一而已矣，舍各具之外，無所謂統體也。其生生不息，自一本而萬殊者，寧有聚散之可言？夫苟了當其生生不息之原，自然與乾元合體；醉生夢死，即其生時，神已不存，況死而能不散乎？故佛氏之必有輪迴，與儒者之賢愚同盡，皆不可言於天人之際者也。（《明儒學案·江右王門學案六》，《全集》冊 7，頁 577）

此即反對任何人死了皆有下一階段的生命或者皆同朽盡滅而無別，而認為宇宙的乾元本體使得萬物生生共存而具存於萬物各自的神魂中，賢人的品行能了當完成此本體，故神魂與本體合體而永無變異聚散；愚人則渾渾噩噩地過日子，其本體神魂早已不在其身，故死則散滅。

至此我們可以總結梨洲的意思，其意即謂：人的精神性部分（即魂）乃是具有宇宙客觀事實性基礎（即氣）的，其活動不只是人心當中一廂情願的現象，而竟截然與大自然了不相涉；同時，宇宙的客觀事實基礎，乃是精神屬性的，宇宙運作的根本與人心的感情道德，二者相同；是以由人心的感情道德則可以突破人身的有限，達致宇宙性的存在，然此突破卻有待於人的自覺發揮其精神性與否。換句話說，梨洲認為人的道德意志、價值根源、精神抉擇、意義賦予，並不單是人類自我主觀的心態取向，而是宇宙事實真相即是如此，因此一方面可以確定價值的事實性，同時又須強調事實的價值性。所以梨洲說：

> 父子一氣，子分父之身而為身。故孝子雖異身，而能日近其氣，久之無不通矣；不孝之子，分身而後，日遠日疏，久之而氣不相似矣。（《明夷待訪錄·原臣》，《全集》冊 1，頁 5）

> 父母全而生之，原不僅在形體。聞道，則可以全歸矣。（《宋元學案·

明道學案上》，《全集》冊 3，頁 676）

> 人子於父母原是一人之身，既分以後，血脈未嘗不貫通，故嚙指心痛，滴血沁骨。吳綱之類長沙，蕭穎士之肖鄱陽，未嘗有間也。不孝之子，志氣乖戾，日遠日疏，較是非於屬毛，分一身爲燕越，則路人而已矣。……父母生我，將此降衷之理，完全付我。墮地以後，愛惡情僞，百端交攻，我不能守，便至喪敗。故須血戰孤城，待得夕死，交割還與父母，始謂之全歸，不特身體髮膚，受之父母而已也。……一生之力，無一毫不爲父母用，其事君事長，皆事父母所不可缺之事……養志者，父之有子，原欲使其繼我之志，我之所未盡而子盡之，我之所未爲而子爲之，以是樂有子也。蓋身有限而志無窮……凡人能使其父之志流長不盡者，皆子之事也，不能繼志，便是死親矣。（《孟子師說・卷四》，《全集》冊 1，頁 97～98）

這裏即謂子女分享父母的事實性而導引出自身的事實性，彼此之間的形體與生命、倫理親情與道德皆在一氣之中，形體與生命既是氣之眞實，親情與倫理道德亦是，並非懸空虛物；但同時若不自覺持續貫注倫理親情與道德，則此氣所成之內容實質不能完全保固，終將變異離散；是故所謂孝子的全歸即須包含由父母所遺傳來的肉體與精神兩部分，唯有將精神性的道德種性、意願志業加以承續發揚，才是父母生命的「不死」。由此可見，梨洲藉由氣之事實性的觀念，不只使人的肉體，且使人的精神皆成爲不虛的事實，更進而特別看重精神的事實，欲使之達到通同宇宙的本態，成爲永恆的事實。

梨洲此類的想法，同樣地表現於對「命運」的看法中。他說：

> 古人之原命，王魯齋言：「以日計時，得命十有二；次其六十之十二，得命七百二十；計之以月，又六十其七百二十，得命四萬三千二百；又概以歲，六十其月，則得命二百五十有九萬二千矣。夫以古今之遠，四海之廣，人生林林總總，過者化，來者續，乃俱囿於二百五十有九萬二千命之中，何其術之窮也！」宋景濂言：「天下之廣，兆民之眾，一日之內，未必止生一十二人，同時生者不少，何吉凶之不同耶？」……以余所見，鄉曲往往有之，則干支之不足言命也審矣。顧大賢如張橫渠、眞西山、文文山，特喜談星曆之學，以推驗事變，豈其見不及此？善言天者，徵之人事；善言人者，原之天命。天與人同，即爲合德；知過再犯，即爲轉趾；聞言不信，

> 即為孤神；財用不儉，即為耗宿；此以人合天者也。日月之交食，
> 星辰之凌犯，丙丁之鑒，陽九百六之厄，君子以恐懼修省，此以天
> 合人者。天不能以一定之數，制人事之萬變。星翁末學，掃除其萬
> 變者，而拘攣於墮地之俄頃；若學者見其不信，并俄頃而去之，則
> 天以空券枉矢，如周赧、曹髦之在上耳，毋謂俄頃固天之八柄也。
> （《南雷文定後集‧卷三‧封庶常桓墅陳府君墓誌銘》，《全集》冊
> 10，頁 430～431）

在這裏則明白揭示生辰干支根本不足以言命運，古往今來那麼多人的遭際豈只是有限的八字組合而已。但是也不是說天與人完全無關，一味地抹殺天的主宰性或人的主動性都是失於片面，正確的觀點應是「善言天者，徵之人事；善言人者，原之天命」，一方面以吉凶命數取決於自身的行為，一方面以外在環境的變化消息作為人事善惡的預警，兩相結合下，遂將不可知的天意與命運全收攝為道德人文的範疇。顯然地，在梨洲「命運」觀中所強調的天人相合，其實是一方面闡揚人之能動性，一方面肯定天的事實性，認為兩者並不矛盾，皆不得偏廢而又終同歸為道德價值的實踐。因此可知，在客觀事實的基礎上，人的精神性價值自覺便是真實不虛的事實，而透過精神價值之積極地充分展現，即可使價值與事實由潛寓的一體同在成為外顯的一體同在，這便是梨洲在鬼蔭卜葬、魂魄存散、命祿八字種種議題中所持的一貫思想立場。

（二）「同氣觀」中主觀成見類比的迷誤

然而在上述梨洲指明精神價值的事實性之思想中，不少說法頗有問題，比如「魄入地為石」、「金膝箕尾」之例未必成立，對輪迴地獄的反對亦失於片面而未正視業力緣起的佛教根本，因此不宜過分誇述梨洲人文理性態度中的科學趨向。

事實上，梨洲雖然有時對習俗迷信加以破斥，如認為姚江春社賽神，並非真有神佛，〔註129〕但另一方面卻又對靈蹟奇聞並不排斥。如其《思舊錄》中的記載錢謙益病革，請道士作法，燒紙而「九十」二字不燬，竟乃「卒」字之預示；又載抗清明將章欽臣，其妻金夫人見獲不降，遭磔而行刑者暴死

〔註129〕其言云：「伊黔首之無知，唯禍福之是仰；咸歌舞以接神，杳風雲以肸蠁」，「此不過傖父之春遊」，即以地方習俗活動視之，而不取其間對民眾可能涵具的宗教信仰意義。詳見《南雷文定後集‧卷四‧姚江春社賦》（《全集》冊 10 頁 617～619）。

等等。〔註130〕又如《黃氏家錄》中在記其族祖黃堂背棄婚約而遭女子自縊索命之事後評說：「然則小說家所言韋皋之事，果不可謂之無邪」。〔註131〕而其《四明山志》即收錄不少有關四明山之異事，如：

> 梨洲山，晉孫興公與兄承公同遊於此，得梨數枚，人跡杳然，疑爲仙真所遺，故名其地曰梨洲。興公〈天台賦〉曰：「涉海則有方丈、蓬萊，登陸則有天台、四明，皆玄聖之所遊化，靈仙之所窟宅也。」是蓋身逢玄怪，非虛言也。（《四明山志・卷一》，《全集》冊2，頁300）

又如：

> 鎮亭山……有石門洞，亦名天師洞，唐葉天師講《度人經》，有龐眉梨杖者日至。詰之，鎮亭山龍王也。時值久旱，天師屬其爲計。是夕，平地忽涌清渠。其靈驗若此。有龍窩，石龍所經由，嘗顯迹象。（《四明山志・卷一》，《全集》冊2，頁316）

又如：

> 章全素，南昌人，從吳郡蔣生於四明山，傭作甚愆，時蒙笞罵。蔣生學鍊丹，每茸鑪鼎，饗薪鼓鞴，積十年而不成。一日，全素指石硯而謂蔣生曰：「先生好仙術，亦能化此硯爲金乎？」蔣生慚而復罵之曰：「汝傭，安知餘事！」全素曰：「某或能之。」蔣生叱其誕妄而退。明日，蔣生出外歸，則全素已卒。蔣生掩其尸於簣，爲之具棺。及發簣，尸失所在，已視其石硯，化爲黃金，光彩爛然。蔣生始懊恨，竟死於四明山中。（《四明山志・卷三》，《全集》冊2，頁372～373）

梨洲蒐載類此神物仙人之事，恐怕多是基於文學趣味而未必出於信以爲眞，但是亦顯示其非絕無鬼怪之觀念，而他甚至亦認爲海上有龍目如炬、山川之神靈乃實有不虛而與文人相互酬答。〔註132〕又謂其父死後英靈不滅，頗多顯靈神跡，如說：

> 戊寅，余至宛陵，梅朗三、麻孟璇、徐乾若皆言先公英靈不昧，一紳平時于先公爲難者，見先公降于其宅，鬼卒持郎當捕之，紳乃叩

〔註130〕分別詳見《思舊錄》，《全集》冊1，頁375、386。
〔註131〕詳見《黃氏家錄》（《全集》冊1頁401）。
〔註132〕分別詳見《南雷文案・卷六・萬悔菴先生墓誌銘》、《南雷文定四集・卷一・靳熊封遊黃山詩文序》（《全集》冊10頁290、96～97）。

頭乞哀而死。有僧自皋亭來，言遇先公，問其所之，云赴宛陵之任，
令之傳語。錢牧齋語余，客有請乩仙者，先公與李忠毅降之，忠毅
爲南康城隍，先公爲寧國城隍，亦與僧語相合。近讀嶺南《韓如璜
集》云：「先臣黃佐有言，劉球、毛吉爲奸盜所殺，嘗附于人。比聞
楊漣、黃尊素、周宗建亦復現形著響，貞魂耿耿，自不同他氣易散，
豈幻誕哉！」。（《南雷文定四集・卷二・遷祠記》，《全集》冊 10，
頁 132～133）

梨洲甚至侈言轉世之說，如以其孫女阿迎即是亡兒阿壽的再生、弘濟禪師前
世乃武林石屋寺僧。〔註133〕此外，又頗信夢境的預示未來及吉凶，如其記：

吳麟徵號磊齋，海鹽人，天啓壬戌進士。榜下，夢入神祠中，一人
傴而書碑，視之，乃文文山「山河破碎、身世浮沉」之句，問其人，
曰：「隱士劉宗周。」覺而報榜者至……崇禎十六年，轉史科都給事
中。明年三月……十九日，得勝門破，麟徵自經，從者解之……夜
半又自經，從者又解之。麟徵曰：「誤我，誤我。」已而其友祝淵至，
淵涕泣不能仰視。麟徵歎曰：「子亦憶我榜下之夢乎？是命也夫！是
命也夫！而又奚悲？」明日縊，乃死。南都初立，劉宗周爲左都御
史，臣之友陸符曰：「吳忠節之夢，業身驗之矣！御史大夫免乎哉？」
臣曰：「請御史大夫誌忠節之墓，以禳之，可乎？」於是宗周遂爲麟
徵墓表。乃宗周終殉國難，是命也夫！是命也夫！（《弘光實錄鈔・
卷二》，《全集》冊 2，頁 39～40）

類似的信夢實例尚多，茲不細引。〔註134〕又曾針對康熙二十九年餘姚大水災
事件加以評論說：

〔註133〕分別詳見《南雷文案・卷六・女孫阿迎墓碑》、《南雷文定四集・卷三・吳山
益然大師塔銘》（《全集》冊 10 頁 511、525～526）。

〔註134〕姑舉梨洲信夢數例於此，有興趣的讀者可以詳查原書。如：《思舊錄》（《全集》
冊 1 頁 366）的金無鍊夢「古」字；《黃氏家錄》（《全集》冊 1 頁 410、414）
的黃尊素的改名及臨禍之夢；《弘光實錄鈔・卷二》（《全集》冊 2 頁 42）的
王章之夢與陳司徒分庭作揖；如《海外慟哭記》（《全集》冊 2 頁 211）的梁
佳植之夢孫嘉績廷對第一。又如：《南雷文案・卷五・明驃騎將軍瑞巖萬公神
道碑》（《全集》冊 10 頁 224）的萬邦孚之夢軍卒乞食；《南雷文案・卷七・
左副都御史贈太子少保諡忠介四明施公神道碑銘》（《全集》冊 10 頁 232）施
邦曜之夢神告；《南雷文定後集・卷二・參議閻公神道碑銘》（《全集》冊 10
頁 242）閻世科之夢冤案；《吾悔集・卷一・外舅廣西按察使六桐葉公改葬墓
誌銘》（《全集》冊 10 頁 380）密雲之夢友疾……。

有疑天豈無權，顧令孽龍肆毒至此？年來人心敗壞，通都窮谷，黃
童白叟，無不以機械爲事，閃屍鬼魅，不可方物。五行于智屬水，
智既邪出，水亦橫行，一氣之感召，天亦不能如之何矣。(《南雷文
定四集・卷二・姚沉記》，《全集》冊 10，頁 135)

在這裏附會水與智的五行對應關係，而推論出水災係因人心奸邪所感召，如
此之說則又顯然倒退於陰陽災祥的迷思中。梨洲再進而質實地認爲宇宙間有
一上帝爲之主宰，他說：

夫莫尊於天，故有天下者得而祭之，諸侯以下皆不敢也。《詩》曰：「畏
天之威，于時保之。」又曰：「上帝臨汝，無貳爾心。」其凜凜於天
如此。天一而已，四時之寒暑溫涼，總一氣之升降爲之，其主宰是氣
者，即昊天上帝也。《周禮》因祀之異時，遂稱爲五帝，已失之矣。
而緯書創爲五帝名號……鄭康成援之以入註疏，直若有五天矣。釋氏
益肆其無忌憚，緣「天上地下，唯我獨尊」之言，因創爲諸天之說，
佛坐其中，使諸天侍立於側，以至尊者處之於至卑，劾奔走之役。顧
天下之人，習於見聞，入彼塔廟，恬不知怪，豈非大惑哉！爲天主之
教者，抑佛而崇天是已，乃立天主之像記其事，實則以人鬼當之，并
上帝而抹殺之矣。此等邪說，雖止於君子，然其所由來者，未嘗非儒
者開其端也。今夫儒者之言天，以爲理而已矣。《易》言「天生人物」，
《詩》言「天降喪亂」，蓋冥冥之中，實有以主之者。不然，四時將
顛倒錯亂，人民禽獸草木，亦渾淆而不可分擘矣。古者設爲郊祀之禮，
豈眞徒爲故事而來格來享，聽其不可知乎？是必有眞實不虛者存乎其
間，惡得以理之一字虛言之也。佛氏之言，則以天實有神，是囿於形
氣之物，而我以眞空駕於其上，則不得不爲我之役使矣。故其敬畏之
心蕩然。儒者亦無說以正之，皆所謂「獲罪於天」者也。(《破邪論・
上帝》，《全集》冊 1，頁 194～195)

此處即明白宣稱上帝(天)並非只是「理」，祂不是天地間的一套抽象的運行
規律、法則，而是眞實不虛的特殊存在物，獨一無二、高高在上、能生人物、
降喪亂、有知覺，確實主導宇宙萬物使之井井有序，因此我們應當虔敬地祭
拜，祂也會眞地來格來享；但是佛教、天主教、乃至於許多儒者，卻將之誤
降爲具有形像的低等鬼物，或予以虛化架空，完全失落其崇高的事實性，而
讓人們失卻應有的尊敬畏懼。這樣的說法，上帝似已漸漸染帶人格型態與強

烈意志的超級神明之色彩，而有既遠離了理學的人文思維、也遠離了科學的實證態度之虞。〔註 135〕

我們倘若將上述梨洲的種種說法，再對照前頭所提反對佛骨舍利、風水鬼蔭的諸多意見，乍看之下，頗有何其不類之感。不過再細繹其間，當可發現這些矛盾的說法其實都是基於「氣」的前提而來。比如他說：

《周禮疏》云：「社者，五土之總神，以句龍生時爲后土官，有功於土，死配社而食。稷者，五穀之長，立稷以表神名，棄爲堯時稷官，立稼穡之事，有功於民，死乃配稷而食，名爲田正。」按此則后土也、田正也，皆是人鬼。社稷乃是造化之迹象。天地間無一物不有鬼神，然其功用之及人，非同類則不能以相通。社稷二氣，發揚莽蕩，如何昭格，故必假已死龍棄之人鬼，與我同類而通其志氣。是故配食者，非僅報其功也。即如郊天祭地，有虞氏禘黃帝而郊嚳，夏后氏禘黃帝而郊鯀，殷人禘嚳而郊冥，周人禘嚳而郊稷，亦是此意。吾與祖宗同氣，藉其配食，以與天地相通。先儒謂以此崇其祖父，只見得一端耳。句龍之配社，棄之配稷，亦以王者之社稷而言。下此一國一鄉，莫不有社稷，則其配食者，不必同於王社，凡沒而祭於社者，皆是配食。今之城隍土穀，莫不以古來著名者實之，如文文山之爲北平城隍、周新之爲浙江城隍、呂珍之爲紹興城隍、鄭虎臣之爲會稽土穀之類，皆

〔註 135〕梨洲在《孟子師說·卷五》（《全集》冊 1 頁 123～124）解釋〈萬章上〉「堯以天下與舜」一章時說：「四時行，百物生，其間主宰謂之天。所謂主宰者，純是一團虛靈之氣，流行於人物。故民之視聽，即天之視聽，無有二也。『主事』、『事治』不必言矣，百神之享，一從民情之和悅見之，若以響應言天而求之符命讖緯，則與求之『諄諄然命之』者無異矣。天豈滯於迹象，墮於方隅者哉？」又在〈卷六〉（《全集》冊 1 頁 147）解釋〈告子下〉「舜發於畎畝」一章時說：「天降大任，以其動心忍性而知其降也。天無心而成化，未嘗擇人而降之，顧不能動忍，死於憂患，便是不降。」這些話倘若孤立地看，會以爲似乎在申說一非人格性的上帝，但一旦連結到此處《破邪論》中的說法，則可知其意係謂主宰萬物之天，乃是虛靈之氣，爲一不可撫觸的高級實質性存在，並不像人有極爲個人式的愛憎擇棄而直接表現、命示，其意旨與作用須於萬物身上見之，不能以符命讖緯求之，否則即屬有迹象方所的物體，蓋雖高於一般人物，但並非遍於萬物、生化萬物的最高級存在。因此這仍是肯定一高於人類的超級神明的存在，其所謂的非人格性，正在強調上帝的超人性，亦即一種由人的特質與能力所加以放大而來者，故實際上仍是不脫人格性的思想格局，此猶如「超人」終究還是「人」，只不過是特殊的人罷了。

　　在耳目間……蓋城隍土穀之威靈，非人鬼不能運動也。由是言之，旱
　　乾水溢，則威靈漸減，祭不能享，其變置社稷也，有何不可？（《孟
　　子師說・卷七》，《全集》冊 1，頁 160～161）

梨洲在這裏崇信社稷之神實有威靈，但要具體表現於人世，則須賴與之氣類相
同的人鬼以溝通人神之際，故以人鬼配食、祭祀鬼神的行為，皆有事實上的作
用，不只是表示人文性的感恩追思而已。我們在此見到他由氣的前提，由萬物
皆氣、同類而通其志氣的觀念出發，形成了「天地間無一物不有鬼神」不甚正
確的想法。於是可知梨洲因為認為氣是有理序的事實性基礎，所以氣所成就的
具體事物皆為有理序的事實，故一切事物皆有理序可言，而謂「在物者必有其
因」，而人便可以、也應該「推物理之自然」，這就導向了他具體客觀的考察研
究，而具有科學的呈露；但同時梨洲亦將其主觀中的想法或現象，僅因其亦具
有整齊的關聯、帶有理序的形式，即迅速將之等同於氣的事實，這就發生了偏
差的定執，竟將一些本非事實的事物當成了真實不虛，而有了種種不盡客觀的
見解。其實個人主觀中的理序，一旦沾染情感偏好，則非客觀的事物真相，梨
洲即在傳統文化氛圍的影響及崇儒斥佛的成見下，便對魂魄鬼神之類視為合理
而斷為事實，難免陷入自是其所是、自非其所非的泥淖。因此氣一觀念固令梨
洲具有人文理性、科學傾向，但亦使其步入迷信的錯誤糾結之中，所以不能遽
謂梨洲乃反對迷信的「無神論者」，〔註 136〕而誇大其思想的科學性。〔註 137〕

　　總結以上梨洲有關科學領域的探討，我們發現他對科學的性質尚未充分
了解，但不能說全無觸及，這「在那風氣未開的封建專制時代，已經是很不

〔註 136〕許多大陸學者好稱梨洲乃反迷信的無神論者，視為其唯物思想之表現，極具
　　　　近代啓蒙之進步意義，如：侯外廬《中國思想通史（第五卷）》頁 165；夏乃
　　　　儒〈黃宗羲與中國近代思維方式的萌芽〉、江汎清〈黃宗羲無神論思想的時代
　　　　特色〉（二文收於吳光主編《黃宗羲論》頁 188～199、621～624）；吳光〈清
　　　　初啓蒙思想家黃宗羲傳〉（《全集》冊 12 頁 161）、嵇文甫〈黃梨洲文集序言〉
　　　　（《全集》冊 11 頁 466）；王友三《中國無神論史綱》頁 349～353；北京大學
　　　　哲學系中國哲學史教研室編：《中國哲學史（下冊）》（北京：中華書局，1985
　　　　年），頁 192～193 等等。不過他們也都多少發現到梨洲反迷信中的不純粹成
　　　　份，但主要以殘留封建中小地主階級的思想偏見之類來做解釋。
〔註 137〕鄭師卜五在本論文口試時，提出他曾親自到過浙江的梨洲墳墓，該地的施設
　　　　全然合乎傳統風水堪輿的觀點，顯示古人大多脫不了傳統文化習俗的影響，
　　　　不可只據梨洲現存文字，即遽謂其完全不信風水之說，而須結合各方面的實
　　　　地考查，才能做出正確的研究。鄭師此見極是，附記於此，並聊補本文只專
　　　　在文字上討究的嚴重不足。

容易的了」。〔註138〕然而撇開其科學上的嚴謹、徹底、有效與否不談，當中所潛隱的總支配思想，乃是「事實性的客觀確立、精神性的實踐必要」的觀念。亦即由其對理氣的基本規定，以宇宙爲「實」，而人類對此「實」之任何探討，亦必就此「實」上去研求；而所求得者，仍是以之回到人文世界去實地應用；至於研求與應用，其間的關聯之所以必然成立，則係此「宇宙之實」與「人文律則」本即同質相符所致，人的精神性與宇宙的事實性乃一體同在的。因此他既破斥假象數的不合事實，但又認爲「大化流行，有一定之運」、「天以日月星辰爲言語文字，詔告天下萬世，聖人寫天象以爲象數，不過人事之張本」，企圖在實證當中尋求人文世界的運作規律，固然不夠科學，卻亦突顯出人文價值的取向，成爲人生必然的行動指南，從而確定了實證活動的動機與目的，使之服膺、服務於道德精神與民生日用。

〔註138〕引語見吳光〈清初啓蒙思想家黃宗羲傳〉(《全集》冊 12 頁 135)。